이토록 멋진 휴식

32인의 창의성 대가에게 배우는 10가지 워라밸의 지혜

TIME OFF

이토록 멋진 휴식

존 피치, 맥스 프렌젤 지음
마리야 스즈키 그림 | 손현선 옮김

현대
지성

좋은 휴식 뒤에 도약이 일어날 수 있으며
그렇게 해서 인생은 더 강하고 날카로워진다

세네카(BC 4~ AD 65)

좋은 휴식의 본질을 밝혀
삶에 적용하도록 돕는 책

시대에 따라 정신과를 찾는 사람들의 호소도 달라진다. 최근에는 번아웃을 호소하는 이들이 참 많아졌다. 그중에는 수면 및 휴식 시간이 충분한데도 번아웃에 빠지는 이들이 의외로 많다. 왜 그럴까? 휴식의 양이 아니라 질이 문제이기 때문이다.

이들은 무엇보다 일과 휴식의 경계가 불분명하고, 어떻게 쉬어야 에너지가 충전되는지를 잘 모른다. 그저 푹 쉬어야 한다는 강박만 있을 뿐이다. 심지어 누군가에게 좋았다는 이유로 자신에게 맞지 않는 여가활동을 억지로 만들어 해보느라 되레 스트레스만 받는 이들도 있다. 한 마디로, 일하는 것도 아니고 쉬는 것도 아닌 혼탁한 시간 속에서 살아가는 것이다.

하지만 최고의 능력을 발휘하는 이들에게는 일과 휴식의 전환이 잘 이루어진다. 일할 때 일하고, 쉴 때 잘 쉬는 것이다. 그것은 단지 칼같이 퇴근해 휴식 시간을 잘 지킨다는 의미가 아니라 고된 일을 잊을 만큼 휴식을 즐긴다는 것을 말한다. 그렇게 보면 워라밸의 본질은 '시간'의 균형이 아니라 '해야 하는 것work'과 '하고 싶은 것life' 사이의 균형balance이라고 볼 수 있다.

당신의 휴식은 어떤가? 2020년도에 실시한 한 통계조사에 의하면 무려 70퍼센트 이상의 직장인이 번아웃을 경험한 것으로 드러났다. 그런 우리에게 필요한 것은 '그저 일하지 않는 휴식'이 아니라 '자기 내면을 좋은 에너지로 채우는 의식적 휴식'이다. 이렇게 좋은 휴식을 라틴어로는 '오티움Otium'이라고 한다.

이 책이 돋보이는 것은 바로 이 부분이다. 휴식에 대한 일반적인 내용이 아니라 좋은 휴식의 본질을 꿰뚫어 보여주고, 삶에 적용하도록 구체화했기 때문이다. 그리고 여기서 말하는 이야기들이 하나같이 식상하지 않고 공감이 간다. 직접 심한 일중독과 번아웃에 빠졌다가 활력을 되찾아본 저자들의 생생한 체험 덕분이다. 거기에 더해 자신들의 주관적 경험에 갇히지 않고자 32인의 창의적 대가들이 경험한 좋은 휴식을 파헤쳐서 누구에게나 적용할 수 있도록 보편화했기 때문이다.

책 서두에 나온 스토아 철학자 세네카의 이야기가 오랫동안 기억에 남는다. "좋은 휴식 뒤에 도약이 일어날 수 있으며, 그렇게 해서 인생은 더 강하고 날카로워진다." 이 책을 계기로 당신의 삶 또한 더 강하고 선명해지기를 바란다.

문요한(정신건강의학과 의사, 『오티움Otium』 저자)

목차

11장. 일의 미래

12장. 우리의 이야기

한 번 배우면 평생 써먹는
휴식의 철학

2019년 세계보건기구는 국제질병분류의 직업 관련 현상에 '번아웃'(burnout, 탈진 또는 무기력)을 포함시켰다. 오늘날은 스트레스, 불안, 환멸이 만연하며, 이런 현상은 특히 밀레니얼 세대(20·30대)에서 두드러진다. 중압감과 과로는 창의력을 억누르며 사회의 발목을 잡고 있다.

자신을 24시간 내내 효율적으로 관리할 수 있는 로봇처럼 부리고 싶더라도 우리는 분주한 일상과 거리를 둘 필요가 있다. 설령 하루도 빠짐없이 전력 질주할 수 있을지라도 그래선 안 된다. 인간이 경험하는 멋진 일들은 대개 쉼과 성찰과 회복의 한복판에서 일어나기 때문이다. 우리의 심신은 끊임없이 시간과 지력을 독촉하는 압박과 요구에서 벗어나 숨 돌릴 곳이 필요하다.

다음 상황을 머릿속에 떠올려보자. 이 몇 가지 사례 속에 당신의 창의력이 최대치로 솟아올랐던 순간이 들어 있을 것이다.

– 정처 없이 집 근처 산이나 공원으로 여유 있는 산책에 나선다. 산책이 끝날 무렵 요즘 추진 중인 핵심 프로젝트에 관한 신선한 아이디어가 불현듯 떠오른다. 다음 단계에서 무슨 일을 추진해야 할지 명료해진다.

- 집중할 일이 있어 휴대폰을 방해금지 모드로 돌려놓거나 태블릿의 수면 버튼을 누른다. 알림이 잠잠해지고 시간이 지나자 창의력이 솟구친다.
- 하루를 꽉꽉 채워 일한 후 깊은 숨을 몰아쉬며 편안한 매트리스에 몸을 던진다. 그대로 8시간 숙면하고, 다음날 개운하게 일어나 새로운 열정으로 하루를 맞이한다.
- 경력에 방점을 찍을 굵직한 일을 하나 끝낸 후, 곧장 다른 일에 뛰어드는 대신에 잠시 안식 휴가를 갖기로 한다. 파스타 요리를 배우기 위해 이탈리아에 가거나, 몇 주간 뉴질랜드로 여행을 떠날 수도 있다. 이런 휴가의 유일한 목표는 인생 스토리의 '다음 행선지'를 찾는 것이다.
- 수요일 오후에는 무조건 책상에서 벗어나 취미에 몰두하는 시간을 확보한다. 황홀하게도 세 시간이 눈 깜짝할 사이에 흘러가버린다. 의도적으로 이런 시간을 끼워 넣는다.
- 두 시간 동안 느긋하게 오랜 지기와 저녁식사를 한다. 친구의 배꼽 빠지는 웃음에 나도 덩달아 웃음이 터진다. 오랜만에 일 얘기는 덮어둔 채 어릴 적에 함께 저지른 황당한 일들로 대화의 꽃을 피운다.
- 부모님과 길게 통화한다. 앞으로 이런 대화가 몇 번이나 가능한지 알 수 없기에 시간을 내어 서로의 마음을 나누는 것이 감사하다.

위와 같은 순간들을 떠올려보면 왠지 마음이 평안해지지 않는가? 이런 순간을 마지막으로 경험한 때는 언제인가? 분주함에서 벗어날 기회를 자신에게 얼마나 자주 허락하는가? 분주한 만큼 많은 성과를 내고 있는가?

우리는 보통 '쉼'이 '일'의 반대라고 생각한다. 쉬든가 생산적이든가 둘 중 하나다. '타임오프time-off'란 단어를 들으면 저절로 주말이나 직장 휴가가 생각난다. 소파에 파묻혀 비디오 게임을 하거나 해변에 앉아 칵테일을 홀짝이는 자신을 떠올린다. 하지만 이 책은 휴가에 관한 책이 아니다. 적어도 핵심 주제는 아니다. 게으름을 부추기거나, 허송세월하는 법을 알려주는 지침서도 아니다. 오히려 이 책은 과로와 중압감 없이도 행복하고 풍성한 삶이 가능함을 이야기한다. 가장 생산적이고 창의적인 상태에 이르는 길을 안내한다. 지금은 어느 때보다 이런 '인식의 전환'이 절실한 시대가 아닌가.

크게 숨을 들이마신 다음 내쉬지 말고 참아보라. 불편함을 느끼지 않은 채 얼마나 오래 들숨 상태를 유지할 수 있는가? 30초? 몇 분? 다들 얼마 못가서 숨을 내쉬어야 한다.

당신의 근로 윤리를 들숨(우리 몸에 공기가 필수인 것처럼 일하는 데도 근로 윤리는 필수다)이라고 해보자. 훌륭한 근로 윤리가 받쳐주면 기획, 제작, 실행, 조율, 관리 등 온갖 일을 말끔히 처리할 수 있다. 말하자면, 들숨은 할 일 목록과 같다. 프로젝트를 실행하고 아이디어를 실현하는 과정이 들숨이다.

하지만 이 '들숨 상태'를 계속 유지할 수는 없다. 결국에는 숨을 내쉬어야 한다. 이 날숨이 바로 쉼 윤리다. 쉼 윤리는 근로 윤리만큼이나 필수 불가결하다.

견실한 쉼 윤리는 우리에게 영감과 아이디어와 회복을 전해준다. 의욕을 키우고 열정을 지속하게 한다. 참신한 시각을 얻게 해주는 시간이다. 프로젝트를 구상하며 무릎을 탁 치는 '아하!' 하는 순간이 날숨이다. 마음속에 빅 아이디어를 싹 틔우는 것이 날숨이다. 깊은 날숨이 더 나은 들숨의 준비 과정이듯 쉼 윤리를 통해 더 나은 근로 윤리가 가능하다. 벌여놓은 대단한 일들을 완성하려면 근로 윤리만큼이나 강력한 쉼 윤리가 필요하다.

쉼 윤리란 발상을 좀 더 깊이 탐구하기 전에 먼저 훌륭한 근로 윤리가 무엇인지부터 정의해보자. 그저 열심히 일하는 것과 훌륭한 근로 윤리를 혼동하는 경우가 많기 때문이다. 제이슨 프라이드와 데이비드 하이네마이어 핸슨은 공저 『일을 버려라It Doesn't Have to Be Crazy at Work』에서 이 부분을 탁월하게 정의한다.

> 훌륭한 근로 윤리는 요청받을 때마다 일하는 것이 아니다. 이것은 하겠다고 말한 바를 해내고, 하루치의 공정한 분량만큼 일하며, 일을 존중하고, 고객을 존중하고, 동료를 존중하고, 시간을 허투루 쓰지 않고, 남이 쓸데없이 일하게 만들지 않고, 스스로 병목이 되지 않는 것이다.

이보다 나은 정의가 또 있을까? 과도한 근로 시간이 양질의 일을 보장하지 않는다. 훌륭한 근로 윤리는 본질적으로 일의 양이나 분주함이 아닌 질에 관한 것이다. 시중에는 근로 윤리를 개선하고 다듬게 해주는 걸출한 책이 많이 나와 있다. 『성공하는 사람들의 7가지 습관』, 『끈질김Relentless』, 『마스터리의 법칙』, 『터닝 프로Turning pro』 같은 책들만 읽어도 충분할 것이다.

하지만 우리는 이 책에서 당신의 쉼 윤리와 여가 그리고 타임오프를 통해 샘솟는 창의력과 강력한 아이디어에 초점을 맞추려 한다. 이것은 단지 휴가를 내거나 일을 며칠 쉬는 것 이상의 과정이다. 탁월한 쉼 윤리는 그저 일을 덜 하는 것이 아니라 시간을 '의식적으로' 사용하는 것이다. 또한 분주함이 종종 생산성의 반대임을 깨달으며, 숨 돌릴 시간과 거리 두기의 필요성을 인정하고 존중하는 것이다. 분명한 경계를 세우고 더 자주 거절하는 것이기도 하다. 이 모두가 아이디어가 싹트는 시공간을 확보하기 위해서다. 쉼 윤리는 성공이 의미하는 바를 직접 정의하게 하고, 궁극적으로 당신의 가장 깊은 곳에 깃든 창의력과 잠재력을 발견하고 풀어놓는다.

　쉼 윤리와 근로 윤리, 둘 다 필요하다. 둘은 동전의 양면이다. 그러나 오늘날엔 너무 오래 숨을 참고 뛰어다니기만 하는 사람들이 많다. 열정과 창의력이 빠진 근로 윤리가 과연 얼마나 효과적일까? 스트레스에 시달리며 번아웃된 상태에서 어떻게 유능한 리더가 되고, 세상이 필요로 하는 크고 혁신적이며 강력한 아이디어를 제시할 수 있단 말인가?

　이 책을 쓴 사람들이 먼저 날숨의 필요성을 체험했다. 필자 존은 인생이 공중 분해되기 직전에 비로소 인생의 전환점이 된 안식 기간을 가졌다. 존은 그 시간을 통해 참신한 시간 개념을 발견했다. 또 한 명의 필자 맥스는 생산성 없이 분주하기만 나날을 보내다가, 어느 날 조용히 산속에서 시간을 보내며 한가했지만 놀라울 정도로 생산적이었던 박사 과정 시절을 떠올렸다. 삽화가 마리야는 너무 많은 프로젝트에 치여 그림 그리기에 권태를 느끼던 중 일의 양보다 질과 즐거움을 강조하는 법을 체득했다. 세 명 모두 많은 시행착오를 거쳐 쉼 윤리의 중요성을 깨달았고, 당신은 좀 더 쉬운 길을 가길 바라는 마음에서 이 책을 준비했다.

타임오프

타임오프TIME-OFF는 이 책의 원제이면서 주제를 압축적으로 드러내는 단어다. 사전적으로는 "일이 없는 한가한 시간, (활동의) 일시적 중단, 휴식" 등의 의미가 있지만, 이 책에서는 휴가를 잘 보내는 법이나 게으름 부리기, 심지어 여유로운 삶에 대한 뜻으로 사용하지 않는다.

타임오프란 본질적으로 자신의 시간을 의식하는 것이다. 여기에는 작은 순간에 유념하며, 그 순간을 소소한 기쁨으로 채우는 일도 포함된다. 단지 며칠 휴가를 내거나 좋은 곳에서 아름다운 풍경을 만끽하는 일을 넘어서, 시간을 '의식적으로' 사용하고 삶에 분명한 경계를 세우는 일로 이해할 수 있다.

다채롭고 참신한 습관, 사고의 틀, 실천 원리를 통해 타임오프를 실천한 다양한 사람들의 에피소드를 공유하면서, 당신의 삶에 어울리는 타임오프 원리를 발견할 수 있도록 돕고 있다. 과로와 중압감 없이도 행복하고 생산적인 삶을 살 수 있으며, 분주함과 전속력 질주가 피난처가 될 수 없음을 분명히 한다.

타임오프는 "당신의 내면을 좋은 에너지로 가득 채우기 위해 의식적으로 떼어놓은 시간"이며, 막힌 인생에 돌파구를 열어주는 인사이트 모먼트insight moment이다. 당신이 수고하고 몰입한 일들을 부화시켜 발현할 수 있도록 무의식의 영역에 두는 시간이기도 하다.

세계 최고의 창조성 대가들이 타임오프를 통해 어떻게 워라밸(Work-Life Balance, 일과 삶의 균형)을 달성했는지 이 책을 통해 확인해보자.

 – 무의식이 주는 섬광 같은 통찰을 얻는 법
 – 몰입과 타임오프 사이에 탄탄한 균형을 유지하는 법
 – 자신의 직업과 일상에서 타임오프를 실천하는 몇 가지 인사이트
 – 장기간 타임오프를 할 시간을 내지 못할 때 필요한 몇 가지 팁
 – 인공지능이 온 산업에 확산되는 미래, AI가 주지 못하는 창의력 확보하기

타임오프,
시대를 초월한 보편적 가치

알베르트 아인슈타인이 때때로 마음의 평정을 찾고자 쪽배를 타고 바다로 나갔던 것을 아는가? 베토벤이 그렇게 방대한 작곡을 하면서도 오후마다 장시간 산책을 하고 선술집에 들러 신문을 읽은 것을 아는가? 우리는 앞으로 대단하고 다채로운 실제 인물들(혁신가, 게임 체인저, 노벨상 수상자, 사상 리더, 억만장자, 활동적인 예술가, 평범한 이웃들…)로 이뤄진 출연진을 소개할 것이다. 다들 다채롭고 참신한 습관, 사고의 틀, 실천 원리를 통해 타임오프를 실천한 사람들이다. 그들 중 얼마나 많은 사람이 중압감이나 번아웃 없이 나름의 성공 방정식을 찾아냈는지 알면 아마 놀랄 것이다. 그들은 타임오프를 했음에도 불구하고가 아니라 타임오프를 '했기에' 높은 수준의 일을 해냈다.

여기서 소개하는 방법들이 모든 사람에게 통할 것이라고 생각지는 않는다. 사실 책 곳곳에서 상호 모순된 조언을 발견할지도 모른다. 타임오프는 사람마다 아주 다른 성격을 띤다. 어떤 사람은 고독 속에서 타임오프를 발견하고, 어떤 사람은 친구들과 어울리면서 타임오프를 발견한다. 활동을 선호하는 사람이 있는가 하면, 완전한 쉼을 통해 활력을 얻는 사람도 있다. 사실 제대로만 하면 일도 타임오프의 범주에 포함될 수 있다. 우리는 과거와 현재에 큰 성공을 거둔 사람들이 효과를 본 도구와 작전, 습관을 수집하여 최대한 다양하게 제시하고자 한다. 이 책에서 얻은 영감을 바탕으로 당신 나름대로 이리저리 시도해보면서 체화하는 과정을 밟아가길 바란다. 그 과정에서 쓸모 있는 것은 취하고 나머지는 무시해도 좋다.

수백만 달러의 자금을 동원하고 어떻게든 살아남으려고 밤낮 없이 일하지 않고도 인터넷 시대에 기업을 성공적으로 일구는 것이 가능할까? 물론이다! 그 일을 해낸 스테판 알스톨과 브루넬로 쿠치넬리 같은 이들의 이야기가 도움이 될 것이다.

경쟁력을 유지하려면 한우물만 좁고 깊게 파는 전문화가 답일까? 그렇지 않다. 앞으로도 전문화된 업무는 인공지능이 더 잘할 것이기 때문에, 광범위하고 폭넓은 분야에 쏟는 관심사야말로 시대에 뒤처지지 않게 하는 최고의 방법일 수 있다. 소프트웨어 엔지니어이자 래퍼인 브랜든 토리와 저널리스트 팀 하포드 같은 이들이 어떻게 이게 가능한지를 보여줄 것이다.

수만 명이 의지하는 거대 조직의 리더가 과연 느긋하게 여가를 누릴 수 있을까? 사실 일 잘하고 공감하는 리더가 되려면 반드시 그래야 한다. 2천여 년 전 로마의 마르쿠스 아우렐리우스 황제는 그렇게 확신했고, 오늘날 굴지의 기업을 이끄는 리처드 브랜슨도 마찬가지로 생각한다.

당신이 선택한 분야에서 쉼과 사생활을 희생하지 않고도 세계 정상의 반열에 오를 수 있을까? 당연히 그럴 수 있다! 르브론 제임스와 피라스 자하비와 같은 세계 정상급 운동선수들은 이 사실을 안다. 유명 셰프 앨리스 워터스와 매그너스 닐슨, 여배우 루피타 뇽고도 이 사실을 안다.

대기업 총수나 로마 황제나 프리랜서 자영업자가 아니더라도, 혹은 프로 운동선수나 정상급 셰프는 못 되더라도, 사무실 안팎의 반복되는 일상에서 타임오프를 접목할 방법은 많다. 사라 아라이와 피트 애드니 외 여러 사람의 실례가 이를 입증한다.

이들 모두는 분주함과 전속력이 성공으로 가는 유일한 길이라는 관념을 거부했다. "남보다 많이 일해야 한다는 머릿속 신화를 버리라"고 제이슨 프라이드와 데이비드 하이네마이어 핸슨은 촉구한다. "과도한 근로 시간이 근로 윤리를 높이지 않는다. 그런다고 앞서가는 게 아니다. 평정심을 유지하는 데도 무익하다." 그러나 좋은 쉼 윤리는 이 모든 것을 가능케 한다. 곧 보겠지만 역사상 최고의 지성들은 타임오프의 필요성을 이해했다.

타임오프가 시대에 뒤떨어진 개념도 아니다. 오늘날엔 대다수가 타임오프를 대수롭지 않게 여기지만, 타임오프는 오히려 요즘 시대에 더 효과가 크고 필수적인 개념이다. 이미 이 유구한 지혜를 깨우치고 실천에 옮긴 사람들은 타임오프로 엄청난 유익을 거두고 있다.

이 책 전반에 걸쳐 우리는 타임오프의 여러 면모를 살펴보고자 창의성, 잠, 놀이 같은 구체적인 주제 속으로 뛰어들 것이다. 모두 과학적 논증을 거쳐 영감을 불러일으키는 실제 사례를 바탕으로 했고, 나름의 쉼 윤리를 키워 가도록 구체적 실천 지침을 함께 소개했다. 책 말미에 가선 그리 멀지 않은 미래에 자동화 기술과 AI의 발전으로 (기계가 복제할 수 없는) 창의력, 혁신 그리고 인간다움에 대한 수요가 극대화되리라는 우리의 비전을 나눌 것이다. 그러한 미래에 접근하려면(그리고 앞서가려면) 어느 때보다 견실한 쉼 윤리와 여가에 대한 깊은 이해가 요구된다. 한마디로 타임오프가 필요하다.

이 모든 논의를 시작하기 전에 한 가지 질문을 던지고 싶다. 대체 어디서 어떻게 꼬였길래 우리는 이 정도로 타임오프를 망각하게 된 걸까?

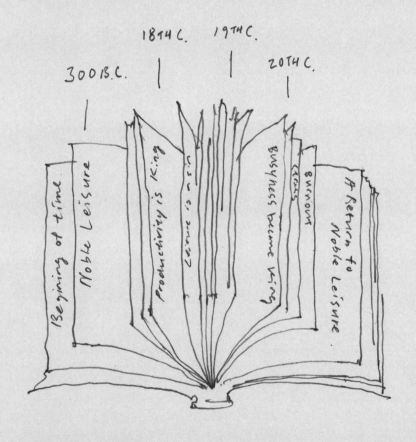

역사상 위대한 지성들을 살펴보면 그들을 관통하는 한 가지 두드러진 특징이 있다. 수천 년의 시간대와 광범위한 분야와 직종을 아우르면서도 가장 영향력 있는 사상가, 행동가, 창조자 들에게 공통적으로 나타나는 특징이다. 바로 나름의 고유한 방식으로 타임오프의 가치를 깊이 이해하고 있다는 점이다. 그들이 보통 사람들보다 위대하고 당대를 훌쩍 뛰어넘는 명망을 얻은 것은 타임오프 덕분이다.

1932년 버트런드 러셀은 에세이 『게으름에 대한 찬양』에서 "우리가 현재 문명의 최고 위업이라고 간주하는 많은 것을 달성할 수 있었던 까닭은 여가를 찬미했기 때문"이라고 말했다. 러셀은 "유한계층leisure class은 사회 정의상 합당한 근거 없이 혜택을 누렸다"라고 인정하면서도 "우리가 문명이라고 칭하는 것은 대부분 유한계층의 공헌으로 이루어졌다. 그들은 예술 활동을 하고 과학적 발견을 이루었다. 책을 쓰고 철학을 발전시키고 사람들과 관계를 맺었다. 유한계층이 없었다면 인류는 상당 기간 야만의 시대를 탈피하지 못했을 것이다"라고 말했다.

그런데 오늘날 근로계층을 보면 정확히 반대로 가고 있다. 우리는 분주함, 스트레스, 과로를 성취도와 중요도를 입증하는 영예 훈장인 양 달고 다닌다. 정시에 퇴근하며 하루 일과 틈틈이 충분한 휴식을 취하는 사람은 날마다 장시간 격무에 시달리며 책상 붙박이로 있는 사람만큼 생산적일 수가 없다는 것이다. 정말 그런가?

버트런드 러셀이 문명의 참 원동력에 관해 제대로 알지 못하고 헛소리를 한 이름 없는 몽상가도 아닌데… 무언가 앞뒤가 맞지 않는 듯하다. 역사가 잘 흘러오다가 어느 지점에선가 곁길로 빠져 우리는 쉼의 가치를 이토록 철저히 망각하는 지경에 이르렀다. 나심 탈렙은 "고된 일이 수치가 아닌 긍지의 징표가 된 것은 역사적으로도 최근의 일이다"라고 말했다. 이 그릇된 긍지로 우리 문화는 여러 정신건강 문제와 번아웃, 만연한 불행감의 위기를 만났다. 이는 우리가 간절히 추구해온 '생산성'이라는 가치에도 큰 부담으로 작용한다.

오래전부터 사람들은 일할 때 온전히 몰입하려면 작업 모드의 전원을 꺼야 하며 양질의 쉼과 일 사이에 균형을 이뤄야 한다는 사실을 알고 있었다. 그러나 오늘날엔 중간에서 배회하는 사람들이 많다. 그들은 일에 온전히 몰입하거나 집중하는 법이 없다. 그들은 쉬는 동안에도 일로부터 온전한 거리 두기를 하지 못한다. 완전히 켜진 것도 아니고 완전히 꺼진 것도 아닌 상태다.

이 상태의 문제점은 수고가 누적되지 않는다는 데 있다. 생산성에서 50퍼센트 능률로 두 시간 일하는 것과 거의 100퍼센트 능률로 한 시간 일하는 것은 전혀 비할 바가 못 된다. 특히 창조성이 요구되는 일이라면 더욱 그렇다(점점 더 많은 업무가 창의력을 요구한다. 단순반복의 공장 작업 시대는 거의 수명을 다했다).

다행히도 타임오프에 관한 지식의 명맥을 지켜온 선택받은 소수가 있다. 그들은 벤처기업을 경영하면서도 걸출한 옛 위인들과 똑같이 사회에 영향력을 미치는 인물들이다. 그리고 갈수록 많은 사람이 타임오프 실천의 가치를 재발견하고 있다.

타임오프를 논하기 전에 먼저 무엇이 잘못되었는지 살펴보자. 우리는 어쩌다가 이토록 왜곡된 (그리고 반생산적인) 우선순위를 가지게 된 걸까? 어떻게 쉼과 타임오프가 필수라는 사실을 잊어버린 걸까? 어떤 일이 일어났는지를 이해하기 위해 간략하게나마 전 역사에 걸쳐 일과 여가를 어떻게 인식해왔는지를 살펴보도록 하자.

새로운 시간 개념의 등장

옛날의 시간은 우리가 아는 대로 시간이 흐르지 않았다. 수렵·채집자인 선조들에겐 자연의 리듬과 눈앞의 단순한 필요가 가장 중요했다. 그들은 배가 고프면 사냥하러 나갔다. 날이 어둑해지고 몸이 노곤해지면 잠자리에 들었다. 오늘날 우리가 생각하는 일 개념은 없었다. 일은 그저 '생계 공급'과 동의어였다. 일이란 자연에 무방비로 노출되지 않도록 주거를 마련하고 굶지 않도록 음식을 공급하는 것이었다.

인구밀도가 낮은데다 풍성한 자연 속에 산 덕분에 이 채취자들은 손쉽게 양식을 얻었다. 하루에 몇 시간의 가벼운 노동으로도 3일 정도 연명할 수 있었다. 채취자의 평균 '근로시간'은 하루 세 시간 미만으로 추정된다. 남은 시간엔 무엇이든 하고 싶은 일을 해도 될 정도로 시간이 충분했다. 충분한 잠과 여가가 가능했다. 만성 스트레스에 시달리는 라이프스타일은 찾아볼 수 없었다(간간이 몸집이 큰 포식 동물이 나타나면 건강한 수준의 스트레스를 겪긴 했다).

이 모든 것이 대략 1만 년 전에 바뀌었다. 신석기 혁명이 일어났고, 이와 함께 영구 정착과 농업이 출현했다. 이젠 눈앞의 필요에 반응하기보다는 장기적으로 생각하며 미래의 추수를 위한 씨 뿌리기를 해야 했다. 농업의 출현으로 인간은 농작물을 재배하고 가축을 키우기 위해 엄청난 수고를 해야 했다. 수렵·채집자가 했던 것과는 비교도 안 될 정도로 멀리 내다보고 사전에 수확을 계획해야 했다. 새로운 시간 개념이 생긴 것이다.

채취자 시절에는 부족의 기본 필요를 넘어서까지 일하는 것은 쓸데없을 뿐 아니라 낭비였다. 그러나 정착 사회에서 형성되기 시작한 개인의 부 개념으로 사람들은 남보다 더 일하려고 노력하기 시작했다. 시간과 노동을 많이 투입하는 것과 노력의 대가를 거두는 것 사이에 직접적 상관관계가 있음을 알게 되었다.

적어도 초기엔 새롭게 발견한 안정성과 더 큰 규모의 부락 공동체가 인류에게 많은 유익을 안겨주었다. 메소포타미아인은 바퀴를 발명하고 수학을 정립했다. 중국인은 비단을 직조하고 종이를 제조했다. 이집트인은 피라미드를 건설하고 정교한 종교 전통을 개발했다. 문화가 꽃피웠다. 동방의 문화 중심지뿐 아니라 고대 그리스와 로마에서도 중요하고 강력한 아이디어가 유례없이 쏟아졌다. 단기간에 세계의 근간이 된 민주주의, 철학, 천문학, 수학, 연극, 문학 등이 탄생했다.

그러나 이 모든 문명의 발전에도 불구하고 (최소한 가난하거나 노예가 아닐 정도로 운이 좋았던) 대다수 고대 그리스인과 로마인의 일상을 현대인의 시선으로 본다면, 한량이라는 딱지를 붙이기 안성맞춤일 것이다. 문명에 크게 공헌한 사람일수록 자신이 일하지 않은 삶을 선망한다는 것을 분명히 밝혔다(그들에게는 일해야 한다는 건 성공하지 못했다는 뜻이었다). '여가 위주의 삶'과 거기서 비롯된 여유 시간에 추구하는 철학, 놀이, 문학, 가족, 스포츠 덕분에 문화가 활짝 꽃피웠다. 후일에 버트런드 러셀이 말한 대로 여가는 "문명에 필수적"이었다. 아리스토텔레스는 여가가 필수일 뿐 아니라 누구라도 선망하는 최고 경지의 이상이라고 보았다. 일은 필요한 것이고, 여가는 고귀한 것이었다.

아리스토텔레스 시대의 사회는 여가 위주로 돌아갔다. 가톨릭 철학자 요제프 피퍼가 그의 책 『여가: 문화의 기반*Leisure; the Basis of Culture*』에서 밝혔듯 '여가'에 해당하는 고대 그리스어 '스콜레σχολή'는 라틴어 '스콜라scola'와 현대 영어 '스쿨school'의 어원이다. '스쿨'의 본래 의미는 사람들이 문화와 여가의 삶을 살도록 준비하는 과정이었다. 사실 고대 그리스어나 라틴어엔 '일'을 뜻하는 단어조차 없었고, 그저 여가의 부재로만(그리스어로 a-scolia, 라틴어로 neg-otium) 표현되었다는 점은 시사하는 바가 크다.

"나는 왜 이 일을 하는가?"

아리스토텔레스(BC 384~322)   그리스 철학자

늘 일에 쫓기거나 오로지 더 많은 일을 하기 위한 회복 과정으로 이완의 시간을 가진다면, 우리는 덕 있는 삶을 살고 있지 못한 것이다. 이렇게 해서는 사회와 문화에 공헌할 시간이나 영감을 얻을 수 없다. 여가 없는 사회가 된다. 여가 없는 사회는 빅 아이디어 없는 사회로 귀결된다.

기원전 330년경 그리스 아테네. 아리스토텔레스는 그가 세운 페리 파토스학파가 있는 리케이온에서 논리, 형이상학, 수학, 생물학, 식물학, 윤리, 정치 등에 관한 사색과 토론에 열중하고 있었다. 아리스토텔레스에겐 오늘날 우리가 '지식노동'이라고 분류할 만한 것들이 대체로 여가였다.

아리스토텔레스는 일과 여가를 구분하는 결정적 차이는 '왜 하는가'란 질문으로 응축된다고 보았다. 일은 실용적인 목표와 목적이 있지만, 여가는 순전히 그 자체를 위해, 목적이 아닌 의미를 찾아서 하는 활동이다. 이러한 이유로 아리스토텔레스는 쉼을 여가로 여기지 않았다. 그의 정의에 의하면 쉼엔 늘 '무엇으로부터의 쉼인가?'란 질문이 따른다. 반면에 여가는 오로지 그 자체로 정의된다. 여가가 위계의 맨 위에 있다.

오늘날 우리는 아리스토텔레스가 추구한 활동을 '일'로 여기지만, 그에게는 대체로 여가였다. 그는 사색에 관해 "사색 행위 자체를 빼면 어떤 소득도 없는… 그 자체로 진가를 인정받는 활동"이라고 생각했다. 그는 "어떤 공리적인 목적을 위해서가 아니라 앎을 얻기 위해 학문을 추구했다". 쓸데없는 무언가는 쓸모 있는 것을 넘어서며 그 자체로 진정한 선이 될 수 있다.

안타깝게도 오늘날엔 '순수' 지식 근로자들 중에서도 이렇게 목적과 연관하지 않은 사고방식을 찾아보기 어렵다. 우리는 더 이상 '고귀한 여가noble leisure'라는 개념을 이해하지 못한다. 이는 개인적, 사회적 차원에서 우리 삶에 엄청난 영향을 미친다. 아리스토텔레스의 말을 달리 표현하자면 참된 여가, 고귀한 여가는 수동적이거나 기분전환용 쉼이 아니다. 이는 인간의 최고 가치를 실현하는 활동이다. 여가를 갖는다는 것은 (음악, 시, 철학 같은) 덕의 함양을 목표로 하는 공부와 활동을 추구할 자유를 누리는 것이다. 이것이 고귀한 여가의 올바른 목적이다. 잠시 생각해보자. 일 외에 당신이 가장 보람을 느끼는 활동은 무엇인가? 그동안 그런 활동을 외면하며 살진 않았는가?

아리스토텔레스의 여가에 대한 발상은 대체로 잊혔을지라도, 그의 사상은 후대의 사상가들에게 영감을 불러일으켜 시대를 초월하여 명맥을 이어왔다.

아리스토텔레스는 "사람은 모름지기 필요하고 쓸모 있는 것을 염두에 둬야 하지만 고귀한 것을 더 염두에 두고 행해야 한다"라고 우리를 일깨운다. 그러므로 우리 모두 단지 더 많은 일을 위한 쉼이 아니라 그 자체로 목적이 되는 고귀한 여가로 우리의 일을 보완하자. 여가가 정확히 어떤 양상으로 구현될지는 각자 개인적으로 발견해 가야겠지만, 이것이 다른 모든 것의 출발점이 된다는 사실만큼은 분명하다.

실천하기 ▷ 당신만의 '고귀한 여가'를 찾아보라

고귀한 여가라는 개념은 이 책의 나머지 여정을 인도할 길잡이가 되어줄 것이다. 고귀한 여가로 복귀할 수 있다면 타임오프 기술을 터득한 셈이다. 그러자면 먼저 그 가치를 깨달아야 한다. 그다음 아리스토텔레스가 말한 "제1의 논점: 인간은 어떤 활동으로 여가를 채워야 할까?"로 진도를 나갈 수 있다. 오늘날 우리는 각자의 답을 찾아나서야 한다. 이후로 책을 읽어가며 제1논점을 스스로 정의하고 고귀한 여가로 복귀하는 자신만의 고유한 방정식을 찾아가길 바란다.

여가에 대한 인식의 변화

피퍼가 "삶이 통째로 일에 빨려 들어가는" 세계라고 부르는 오늘날의 세상에선 '일하기 위해 산다'는 발상이 종종 당연시된다. 오히려 그 반대가 정신 나간 생각처럼 보일 정도다. 이런 세태 속에서 관점 전환은 가당치 않아 보이지만, 우리는 여전히 고대인으로부터 많은 것을 배울 수 있다. 아니, 배워야 한다.

'지식노동자' 개념도 전적으로 현대적이며 일에 대한 우리의 사고방식과 인식이 얼마나 변했는지를 단적으로 보여준다. 전통적으로 지적 추구는 늘 일과는 거리가 먼 유한계층의 전유물이었다. 고대인은 지식을 대체로 수용적인 것으로 생각했다. 즉, 세상을 관찰함으로써 수동적으로 지식을 받아들인다는 얘기다.

지식 수용엔 숨 돌릴 공간과 사색의 시간이 필요하다. 고대 그리스 철학자 헤라클리투스는 이를 "사물의 본질에 귀 기울이기"라고 묘사했다. 여러 면에서 고귀한 여가는 지식 업무knowledge work의 토대를 형성한다.

하지만 사회가 발달해오면서 어느 단계에선가 우리는 요점을 잃어버리고 말았다. 일과 여가의 역할을 혼동하고, 여가를 게으름이나 나태와 동일시하게 된 것이다. 시간이 흐르며 근면이 도덕적 선과 같은 의미가 되었다. 아리스토텔레스와 그 동시대인들은 이런 현대적 개념을 매우 낯설게 여길 것이다. 앞으로 살펴보겠지만, 일과 도덕성이 점차 한 덩이가 되면서 오늘날까지 여전히 우리의 뒷덜미를 잡고 있다. 이러한 변화를 주동한 결정적 요인은 시간에 대한 인식의 진화였다.

시간 1.0: 생산성이 왕이다

인류 역사의 상당 기간 동안 일은 대체로 감독 없이 이루어졌다. 사람들은 성과를 내는 한 어떻게든 원하는 방식대로 자신의 기술과 삶을 운용할 자유를 누렸다. 옛날에는 누군가의 물건이 아닌 그 사람의 시간을 산다는 발상을 터무니없다고 여겼을 것이다. 시간에 대한 개념 자체가 달랐다. 그때는 자연의 주기나 특정 작업을 달성하는 데 얼마나 오래 걸리는가로 시간을 측정했다.

역사학자 E. P. 톰슨은 논문 「시간, 노동규율, 산업 자본주의」에서 '소 시계'를 따르는 옛날 사람들은 가축을 돌보거나 사회적 관계를 갖는 데 얼마나 오래 걸리는가를 보고 시간을 측정했다고 밝힌다. 소를 데리고 풀밭에 나가는 때가 하나의 시간 단위가 된다. 후에 양을 풀어놓는 때가 또 하나의 시간 단위가 된다. 그사이에 낀 시간도 마찬가지다. 마다가스카르에선 대략 30분 정도의 '밥 짓기'가 유효한 시간 단위였다.

작업 위주의 시간관념은 지극히 자연스럽다. 소가 준비가 될 때 젖을 짤 수 있었다. 배는 조류에 맞춰 띄우는 것이었다. 이런 시간 개념을 인간은 쉽게 이해했고, 톰슨에 의하면 "일과 삶 사이를 잘 구분하게 하며 … 하루 노동 시간은 작업에 따라 연장되거나 단축되어 노동과 시간의 흐름 사이에 크게 충돌한다는 느낌이 없었다". 시간 자체에 관해 크게 염려하지 않고 그저 할 일을 하면 되었다.

그러나 활동이 점점 복잡해지고 다수가 협업해야 할 필요가 많아지면서 자연스레 노동 시간을 측정하는 쪽으로 흘러갔다. 이제 '작업 위주'의 틀이 무너지고 시간제 노동이 표준이 되었다. 이제 다른 사람들과 나의 스케줄을 동기화하고 '제시간에' 출근해야 했다.

갑자기 이 새로운 틀을 준수하지 않는 사람은 누구든 "낭비하고 긴박감이 떨어지는" 사람으로 보였다고 톰슨은 말한다. 고용인의 시간과 자기 시간 간에 분명한 구별이 생겼다. "결과물이 업무가 아니라 돈으로 환원되며 시간의 가치가 지배했다. 즉, 시간이 화폐가 되었다. 시간은 흘러가는 게 아니라 소비하는 것이 되었다." 요컨대 당신의 시간이 다른 누군가에게 대가를 받고 교환하거나 양도할 수 있는 가치를 가지게 된 것이다. 시간은 더 이상 전적으로 당신에게 속한 것이 아닌 상품이 되었다.

이 변화는 시간뿐 아니라 여가에도 전환점이 되었다. 시간이 돈으로 맞바꿀 수 있게 되자 여가의 가치가 줄어들었다. 여가는 심지어 돈을 태워버리는 것처럼 여겨졌다. 시간이 있는데도 뭔가를 생산하지 않는다면(생산고가 없다면) 시간을 낭비한 것이었다. 생산성이 가장 중요해졌다. 사실 앉아서 '아무것도 안 하는' 것에 돈을 지불할 사람은 없다. 당신의 시간으로 얻어낸 무언가에는 돈을 지불하겠지만. 당신이 얼마만큼 생산했느냐가 어떻게 소중한 시간을 사용했는가를 선명하게 가시적으로 보여주는 지표가 되었다.

14세기 이래 대도시와 상업 지역의 공공장소와 교회 탑에는 시계가 설치되기 시작했다. 시각적 신호보다 소리가 전달하기 쉬우므로 교회 종소리와 공장 호루라기 소리가 사람들에게 시간을 알리고 지혜롭게 시간을 사용하라고 상기시키는 신호탄이 되었다. 시끄러운 시간지기들이 꼬리에 꼬리를 물고 탄생했다. 현재 그 최고봉은 '서둘러! 가자! 늦겠어!'라고 외치며 날마다 우리를 깨우는 스마트폰의 알람시계다. 이제 시간은 가치와 불가분의 관계가 되었고, 여가는 가치를 낭비하는 것이 되었다. 그런데 여기에 또 다른, 좀 더 은밀한 세력이 개입한다.

적게 일하고도 양질의 결과물을 내다

카이로스와 크로노스   그리스 신

크로노스 시간에 집착하지 않고 타임오프를 할 때, 우리는 속도를 늦추고 새로운 가능성을 탐사하게 된다. 시간을 경험하는 다른 방식에 접근할 기회를 얻는다. 시간의 흐름에 초점을 맞추는 대신 순간순간의 밀도에 집중하는 것이다.

미처 몰랐을 수도 있겠지만 우리는 고대 그리스 신 크로노스와 자주 마주친다. 손목시계나 스마트폰 잠금 화면과 오븐에 부착된 시계에 이르기까지 어디서든 목격하는 '시간'이다. 우리는 스케줄을 정확하게 조율하고 늦지 않으려고 수시로 시간을 확인한다. '제시간'에 맞추지 못할까 봐 종종 스트레스를 받기도 한다. '시간의 아버지'로 묘사되는 크로노스는 '측정된 시간'을 상징한다. 분, 초, 구글 캘린더 초대 그리고 매일의 만남 약속을 지키라고 우리를 놀라게 하는 알람 시계 등이 이에 해당한다.

그러나 크로노스와 상당히 다른 또 다른 방식의 시간이 있다. 카이로스란 그리스 신은 크로노스만큼 주목받지 못하지만 별개의 강력한 시간 개념을 상징한다. 크로노스가 시간의 아버지라면, 카이로스는 당신이 좀 더 자주 어울려야 하는 쿨한 삼촌이라고 하겠다.

신학자 브루스 밀러는 『삶의 리듬Your Life in Rhythm』에서 카이로스 신을 이렇게 묘사한다. "카이로스 신은 제우스의 막내아들이었다. 사람들은 그를 기회의 혼령으로 보았다. 이솝이 묘사한 카이로스는 빨리 달리는 자로서 이마 위 머리 한줌을 빼고는 대머리여서 오로지 앞에서만 움켜잡을 수 있었다. 그것도 내게 다가올 때만 움켜잡을 수 있다. 지나간 후엔 제우스조차 그를 잡아당길 수 없다."

밀러는 일상 경험을 들어 두 유형의 차이를 묘사한다. "사랑하는 사람과 세 시간짜리 데이트를 할 때는 시간이 날아가지만, 지루한 세 시간짜리 강의를 들을 때는 시간이 기어간다. 크로노스 시간은 똑같이 세 시간이다. 카이로스 시간은 날아가기도 하고 기어가기도 하는 등 딴판이다. 크로노스는 활동에 들어간 시간의 양과 관련되지만, 카이로스는 시간의 질을 본다."

고대 그리스인은 두 신이 건넨 각각의 다른 리듬, 지혜와 조화를 이루며 살아갔다. 어느 하나가 더 낫다는 말이 아니다. 어느 것에 주목해야 할지 알면 현재의 일상에 더 충실하고 균형을 맞출 수 있다는 얘기다. 과하게 계획을 세우고 시계에 나타난 시간에 집착하다 보면 무언가를 위한 타이밍을 놓칠 수 있다. 업무가 넘치고 과로에 시달리고 있다고 느낀다면, 당신은 지금 크로노스에 집착하고 있을 공산이 크다. 이럴 때는 카이로스 관점을 보강하는 게 도움이 된다.

카이로스는 시간의 양이 아니라 질을 본다. 여러 시간 일하고도 내놓을 만한 양질의 성과물이 없는 날이 있었는가? 그런데 어떤 날엔 훨씬 적게 일하고도 뿌듯한 성과물을 낸 적이 있지 않은가? 카이로스는 이런 종류의 '몰입 상태'와 어울린다. 카이로스 시간은 우리가 샤워나 산책을 하다가 문득 돌파구를 찾았을 때, 머릿속 전구가 환하게 켜지는 순간에 임한다. 언제 카이로스가 출현할지는 알 수 없다. 하지만 시계 시간에 너무 엄격하다 보면 카이로스가 바로 눈앞에 있더라도 눈뜬장님처럼 못 보고 지나칠 수 있다. 타임오프 동안에 우리는 카이로스 기회를 만날 가능성이 크다.

사실 우리는 크로노스에 집착하기 쉽다. 다들 시간이 '넉넉한' 적이 한 번이라도 있었는지 불평한 적이 있다. 우리는 시간이 모자를까 봐 더 많은 시간을 쥐어짜내려고 안간힘을 쓴다. 그런데 어릴 적에도 그랬던가? 우리는 아이일 때 더 많은 카이로스 시간을 경험한다. 직관적이고 즉흥적이던 우리는 친구들과 더불어 모험과 경이가 가득한 기적 같은 나날을 경험했다. 누구도 늦거나 일찍 오지 않았으나 다 같이 시간보다 순간에 몰입하고 사로잡혔다. 왠지 그런 나날은 어른이 되어서 보내는 하루하루보다 더 긴 듯하다. 어릴 적 우리는 특별한 일이 없어도 즉흥적으로 옮겨 다니며 이런저런 활동을 했다. 그러다가 어른이 되면서 '현실' 세계에 살아야 한다는 이유로 대부분 소싯적 일을 졸업했다.

크로노스 시간에 집착하지 않고 타임오프를 할 때, 우리는 속도를 늦추고 새로운 가능성을 탐사하게 된다. 시간을 경험하는 다른 방식에 접근할 기회를 얻는다. 시간의 흐름에 초점을 맞추는 대신 순간순간의 밀도에 집중하는 것이다.

인내심의 한계를 시험하는, 별 안건 없는 직장의 업무 회의는 저밀도의 순간이다. 친구들과 소풍을 가서 새로운 통찰의 불꽃이 튀는 깊은 대화에 빠져들었던 어느 특별한 날은 고밀도의 순간이다.

이런 방식으로 시간을 바라보는 관점은 필자 존이 그리스에서 터득한 지혜다. 그리스 이카리아 섬 출신의 현명한 한 여성이 식사 도중 존에게 카이로스에 관한 이야기를 들려주었다. 죽기를 잊어버린 사람들의 섬이라는 이카리아는 섬 주민들이 장수하는 것으로 유명했다. 존은 섬 주민들의 건강 비결이 궁금했다. 그 여성은 섬 주민들이 생의 대부분을 크로노스 시간보다는 카이로스 시간에 관해 생각하며 살기 때문이라고 믿었다. 우리가 세상만사의 타이밍을 통제할 순 없기에 크로노스에 집착하면 스트레스가 심해진다고 그녀는 설명했다. 염려는 크로노스에 지나치게 관심을 가질 때 나타나는 삶의 부산물이다. 이카리아 주민들의 스트레스 지수가 낮은 이유는 의도적으로 벽시계와 손목시계에 매이려 하지 않기 때문이다. 그들은 삶 가운데로 양질의 순간이란 선물을 초대하며 열린 공간을 마련한다.

| 실천하기 | **크로노스 없는 하루를 즐겨라** |

작정하고 손목시계나 벽시계에 신경 쓰지 않는 날을 하루 정하라. 이런 방법으로 우리는 직장이나 여타 활동 가운데서 리듬을 조정할 수 있다. 크로노스 시간을 따라가는 만큼 카이로스 시간도 키우려고 노력하라. 여기서 중요한 것은 균형보다는 둘 사이를 매끄러운 리듬으로 오가는 능력이다.

노동, 현대판 희생제사

크로노스가 점령하고 절대적, 보편적 시간 관념이 우리 삶에 스며들면서 18세기 초 '시간 규율'이라는 발상이 생겨났다. 이 무렵부터 헌신적으로 기술을 익힌 뒤 작업장이나 사업체를 차려서 나가는 전통 도제식 진로를 따르는 사람들이 점점 줄었다. 대다수가 고정 시간을 공장에서 일하면서 더 이상 일이나 근무 외 시간을 무엇으로 채울지 고민하지 않게 되었다. 얼마 못 가서 (대다수는 청교도인) 중산층과 상류층은 가난한 사람들이 남은 시간에 무얼 하는지 걱정하기 시작했다. 시간이 남아도는 일단의 사람들이 남들은 시간을 어떻게 쓰는지에 관심을 보이기 시작한 것이다.

이는 엘리트층이 일의 미덕을 강요하는 방향으로 흘렀다("가난한 자는 늘 일자리가 있어야 한다. 즉 고용된 상태여야 한다. 그렇지 않으면 빈둥거리고 술이나 마실 테니까!"). 엘리트들은 '정신 수양'이 덜 된 하층민들이 점잖은 방식으로 여가를 선용하지 못할 것을 우려했다. 그럴 바에야 차라리 일하는 편이 낫다는 게 그들의 지론이었다. 다음은 톰슨이 인용한 1755년판 소책자의 한 대목이다. "일찍 기상해야 하는 가난한 자는 억지로라도 제시간에 잠자리에 든다. 그러면 자정 술 파티의 위험을 미연에 방지할 수 있다." 이어서 톰슨은 같은 소책자에서 이른 기상 때문에 "가족 내 정확한 규칙성이 생겨서 그들의 가정살림에 탁월한 질서가 세워질 것이다"라는 대목도 인용했다. 그렇다. 이는 엘리트가 하층민을 통제하는 데는 도움이 되었으나 그들의 유익을 위한 건 아니었다.

프로테스탄트 상류층은 (일이 미덕이라는) 새로운 발상을 설득하고자 종교를 동원해서 일에 신적 타당성과 의미를 부여했다. 사회학자

막스 베버는 '프로테스탄트 직업윤리'라는 신조어를 만들어냈다. 이 새로운 사고방식에 의하면, 신은 우리 인간이 노동을 통해 그분의 일을 완성하도록 의도적으로 세상을 미완 상태로 남겨두셨다. 이 신흥 복음을 강력하게 주장한 토마스 칼라일은 이렇게 말했다. "면 실 뽑기를 포함해 모든 일은 고귀하다. 오직 일만이 고귀하다. … 자기가 할 일을 발견한 사람은 복되다. 그로 하여금 다른 복을 구하게 하지 말라. 그에게는 일, 즉 인생의 목적이 있기 때문이다. 모든 참된 일 속엔 신성함이 깃들어 있다."

여가가 필요하고, 쓸모 있고, 고귀하다는 아리스토텔레스로부터 참 멀리도 지나왔다. 여가를 정죄하며 "오직 일만 고귀하다"라고 선포한 칼라일이 원한 것은 여가와의 완전한 절연이었다. 당대의 많은 성직자가 칼라일에 동조하여 일제히 목소리를 냈다. 톰슨은 위의 글에서 영국 청교도 지도자 리처드 백스터의 시간 사용에 관한 금언을 인용한다. "일 분 일 초를 지극히 귀하게 사용하고 허투루 쓰지 않는 것을 의무로 삼으라." 또 다른 청교도 올리비아 헤이우드는 사는 동안 빈둥거리면 지옥에 간다고까지 했다. "오 그대여, 지금 자다가 속량받을 길 없는 지옥에서 깨어나오." 고귀한 여가는 단지 잊힌 게 아니라 죄악시되었다.

이것으로 오늘날까지 이어진 분주함과 일 숭배를 위한 밑돌이 놓였다. 프로테스탄트 직업윤리는 누차 일과 도덕성을 결부시킴으로써 우리 문화 속으로, 더 나쁘게는 우리 자아상 속으로 잠식해 들어왔다. 그리고 종교가 시대적 영향력을 상실한 지 한참이 지난 지금까지 그 잔재가 끈질기게 남아 있다. 이제 시간을 어떻게 보내느냐가 당신이 어떤 사람인가와 동일시되었다. 당신은 생산적인가? 아니면 게으른가? 우리는 일이 도덕적으로 선하다는 발상을 고스란히 내면화했고, 그 결과 그런 생각을 지식 경제에서도 (아니면 어쩌면 지식 경제에서 더더욱) 떨쳐버리기가 극히 어려워졌다.

"일이 선한 것이라는 차원을 넘어 일하지 않는 것이 아주 나쁜 것이라는 폭넓은 공감대가 존재하는 듯하다. 특별히 즐기지도 않는 일을 원하는 수준보다 더 열심히 노예처럼 일하지 않는 누군가는 나쁜 사람, 식객, 게으름뱅이, 동정이나 공공구호를 받을 자격이 없는 한심한 기생충이라는 것이다." 인류학자 데이비드 그래버가 그의 책 『불시트 잡스: 하나의 이론*Bullshit Jobs: A Theory*』에서 한 말이다. 근면한 사람은 마땅히 존경받고, 일을 기피하는 사람은 멸시받는 게 당연하다는 생각이다.

어쩌다 그런 생각을 갖게 됐는지는 몰라도, 바쁘고 스트레스와 격무에 시달리는 듯해야 봉급을 받을 자격이 있고, 일을 충분히 즐기면서 돈을 받을 수는 없다는 생각을 은연중에 갖고 있다. 자신의 존엄성과 가치를 일로 정의하면서도 동시에 자기 직업을 싫어하는 묘한 상황에 갇힌 사람도 많다. 그래버는 이를 "오늘날 일의 역설"이라고 부르지만, 청교도적 관점에서 역설은 존재하지 않는다(모든 것이 완벽하게 이치에 맞을 뿐이다). 우리가 일을 인격 형성의 도구로 본다면, 일을 싫어할수록 바람직한 것이다. 분주함, 스트레스, 과로는 자기를 불살라 올려드리는 현대판 희생제사가 되어버렸다.

당신의 시간을 소유한 사람들

19세기 초입 산업혁명에 가속도가 붙을 즈음엔 이미 프로테스탄트 직업윤리가 우리의 문화와 심리에 깊숙이 들어와 박혀버렸다. 노동과 생산성이 곧 지고한 도덕적 선이라는 것은 의심의 여지가 없는 사실이 되었다. 많은 노동자가 근면함으로써 자신의 격이 높아질 수 있다고 생각했다. 인류학자 디미트라 두카스와 폴 뒤렌버거는 〈부의 복음, 일의 복음〉이란 글에서 "일은 성스런 의무이자 나태한 부자에 비해 높은 도덕적, 정치적 우월성을 주장할 수 있는 근거"라고 썼다.

그러나 점차 종교가 사회에서 그 장악력을 잃어가면서 왜 일이 선인지에 관한 인식 변화가 엘리트 가운데서 움트기 시작했다. 신흥 산업가 계층은 나태함을 또 다른 도덕적 악덕인 도둑질과 동일시했다. 그들이 피고용인의 시간에 대해 돈을 지불했으므로 그 시간을 소유한다는 논리였다.

이는 일이 이뤄지는 방식에 선명한 변화를 몰고 왔다(늘 고용주가 바라는 결과는 아니었지만). 원래 시간을 돈과 맞바꾸려면 먼저 시간을 생산고와 바꿔야 했다. 그런데 이제 중간 단계는 거의 제거되다시피 했다. 시간당 임금을 받으니 일을 빨리 하면 받는 보상이나 칭찬은 사라지고 대신 무의미한 분주함이란 징벌이 그 자리를 대신했다. 일을 마쳐도 의자에 엉덩이를 붙이고 있어야 했다. 상사가 거기 있으라고 급여를 주었기 때문이다.

이런 인식 변화에 적응하는 과정에서 근로자의 요구 역시 달라지기 시작했다. 이제 그들은 시간당 임금 인상과 시간외 수당과 근로시간 단축을 요구했다(모두 시간을 판다는 맥락에서 이치에 맞는 개념이다). 그리고 근로자가 평균 10~16시간 교대로 주 6일 노동한다는 점에서 그중 많은 요구는 타당성이 충분했다. 근로자들은 타임오프를 위해 투쟁하기 시작했다. 오늘날 공휴일인 5월 1일은 근로자의 날 또는 세계노동자의 날로 알려져 있다. 이 메이데이는 1886년 5월 1일 세계 곳곳의 노동 운동가들이 "우리 뜻대로 할 시간"과 하루

8시간 근무, 8시간 수면, 8시간 여가를 요구하며 궐기한 저항운동을 기념하는 날이다.

수십 년이 걸렸지만 그들의 요구는 결국 이뤄졌다. 1926년 헨리 포드가 주 5일 8시간 근무제를 도입한 것이다(동시에 산업 표준보다 높은 수준으로 급여를 대폭 인상했다). 포드는 왜 이렇게 했을까? 그가 착한 사람이었기 때문이 아니다. 훨씬 더 현실적인 사업상 이유로 내린 결정이었다. 첫째, 포드는 최고로 좋은 근무 조건을 제공하면 최고의 인재가 온다고 믿었다. 예상은 적중했다. 가장 숙련도 높은 근로자들이 경쟁사에서 나와 포드의 공장에서 일하려고 줄을 섰다.

둘째, 사람들에게 자유시간이 없거나 녹초가 되어 여가를 사용할 수 없다면 돈을 많이 못 쓴다는 것을 알았다. 포드의 말이다. "여가는 성장하는 소비시장의 필수 요소다. 근로자들이 자동차를 비롯한 소비재를 사 쓰려면 충분한 자유 시간이 있어야 하기 때문이다." 포드는 여가에 집중한 고대 그리스와 로마에서 문화가 만개한 것처럼 현대에도 같은 이치가 통하리라고 믿었다. 더 많은 자유시간이 경제 부흥으로 이어질 것을 기대했다.

마지막 동기는 어쩌면 이 책의 메시지와 가장 근접한 것인데, 포드는 근로자들이 더 적은 시간 일하면 일을 더 잘할 수 있음을 알았다. 시간 제약이 더 큰 혁신과 더 나은 방법으로 이어지기 때문이다. 사람들은 주어진 대로 꾸역꾸역 일하기보다 '어떻게' 일할지를 궁리한다. "5일간 최소한 6일치 일한 것만큼의 생산량을 뽑아낼 수 있고, 어쩌면 더 큰 생산량을 얻어낼지도 모른다. 압박을 받으면 더 나은 방법을 찾게 되어 있다." 일반적으로 근로자가 휴식을 충분히 취할수록 능률이 올라가고 동기부여가 되고 값비싼 실수를 덜 하기 마련이다. 포드는 단순 반복적인 노동에서도 분주함을 생산성과 동일시하는 것은 일정 수준까지만 통하는 이야기임을 알았다.

여가 문화로의 복귀를 부르짖는 선구자가 되었다. 특히 그는 쉼의 윤리가 중요하다는 것을 깨달은 최초의 경영자이기도 했다. 그는 "여가와 나태함 사이엔 근원적 차이가 있다"면서 "여가를 꼼짝 안 하는 것과 혼동해선 안 된다. … 더 많은 여가는 대다수 사람이 생각하는 것과는 정반대 결과를 가져올 것이다"라고 말했다. 그는 미래를 과감하게 예측하기도 했다. "주 5일 근무나 하루 8시간 근무가 종착점이 아닐 것이다. … 아마도 다음 단계는 1일 근로 시간을 더 단축하는 방향으로 나아갈 것이다."

포드가 더 많은 여가를 밀어붙이며 보여준 성과로 다른 경영자들도 앞다퉈 그의 선례와 낙관주의를 따랐다. 1938년 미국은 주 근로 시간을 최대 40시간으로 제한하는 공정노동표준법을 제정했다. 존 스태프와 피트 데이비스가 월간지 『패스트 컴퍼니』 기사에 썼듯이 "미국인은 여가에 너무 저돌적이라 많은 전문가는 근로 시간이 계속 줄어드는 방향으로 갈 것이라고 생각했다. 경제학자 존 메이너드 케인즈는 기술 진보로 2020년대엔 주 15시간 근무제를 실시할 것으로 보았다. 1965년 상원 소위원회는 2000년도 즈음엔 주 14시간 근무제가 도입될 것이라고 예견했다."

그러나 여가에 대한 저돌성은 그리 오래가지 않았다. 일의 도덕성이 너무도 깊이 박혀 있는 나머지 우리는 여가를 얻어도 어떻게 사용할지 몰랐다. 지평선 너머 고귀한 여가라는 약속의 땅에 들어가기 전에 우리는 번아웃 된 지식근로자들의 실상을 먼저 접한다. 이 흑암의 계곡을 탐사하기 전에, 그 시대의 누구보다 여가의 참 의미와 중요성을 제대로 간파한 지성인 한 사람을 소개하고자 한다.

우리는 지나치게 많이 일한다

버트런드 러셀(1872~1970) 영국인 수학자, 철학자

"내가 진심으로 말하고 싶은 것은 근로가 미덕이라는 믿음이 현대 사회에 막대한 해를 끼치고 있다는 것이다. 따라서 행복과 번영에 도달하려면 조직적으로 일을 줄여가는 수밖에 없다. … 여가는 문명에 필수적이다. 이전 시대에는 다수의 노동이 있어야 소수의 여가가 가능했다. 이제 현대 사회는 기술 발전으로 문명에 피해를 주지 않고도 얼마든지 공정하게 여가를 분배할 수 있게 되었다."

위키피디아는 버트런드 러셀을 "철학자, 논리학자, 수학자, 역사가, 작가, 수필가, 사회 비평가, 정치 운동가, 노벨 문학상 수상자"라고 소개한다. 수학자로서 그는 모든 수학의 논리적 토대를 만들고자 했고, 이와 관련하여 알프레드 노스 화이트헤드와 함께 수학 역사에 기념비적으로 남을 3부작 『수학 원리』를 썼다(1+1=2를 증명하는 데 수백 쪽을 할애했다). 또한 철학자 러셀은 분석 철학의 창시자로 간주된다. 그에게 수여된 노벨문학상은 "인본주의적 이상과 사상의 자유를 옹호하는 다양하고도 의미심장한 저술"에 대한 인정이었다. 러셀의 업적과 수상 경력을 일일이 열거하려면 지면이 부족하다. 한마디로 그의 삶은 게으름과 연관할 만한 게 전혀 없었다.

그런데 놀랍게도 러셀은 여가와 게으름의 신봉자였다. 1932년 『하퍼스』지에 기고한 에세이 〈게으름에 대한 찬양〉에서 그런 사실이 뚜렷이 부각되었다. 이 에세이는 처음 발표되었을 무렵에도 시의적절했지만 오늘날에는 더욱 그렇다. 그는 '게으름은 부도덕하다'는 통념을 건드리며 글을 시작한다. "내 생각에 세상은 지나치게 많은 일을 하고 있으며, 이 막대한 해악은 "근로가 미덕"이라는 신념에서 나온다. 현대 산업국가에서는 이제껏 해온 것과 사뭇 다른 이야기를 해야 한다." 세상이 달라졌다. 근로자는 현대 기술 덕분에 자신과 가족을 부양하는 데 필요한 것보다 훨씬 많은 것을 생산할 수 있다. 그러나 우리의 사고방식은 기술과 보조를 맞추어 발전하지 않았다. 사실 우리의 사고는 전혀 변하지 않았다.

여기서 몇 가지 문제가 발생한다. 그중 하나가 불평등이다. 이에 관해 러셀이 든 예시다.

누군가가 같은 인원으로 전보다 두 배의 핀을 생산할 수 있는 기계를 발명했다. … 합리적인 세상이라면 핀 생산에 종사하는 모든 이들의 노동 시간을 8시간에서 4시간으로 조정할 것이고, 그러면 모두 전과 다름없이 잘 굴러갈 것이다. 그러나 실제 세상에서 이렇게 하면 무질서해진다. 사람들은 여전히 8시간씩 일할 것이고, 핀은 자꾸 남아돌고, 파산하는 고용주들이 생기고, 핀 생산 인원 중 절반이 직장에서 쫓겨날 것이다. 결국 모두 4시간씩 일했을 때 나올 수 있을 만큼의 여가가 창출되겠지만 인력의 절반이 손 놓고 노는 동안 나머지 절반은 여전히 과로에 시달려야 한다. 이런 식으로 불가피하게 생긴 여가는 행복의 원천이 되기는커녕 사방에 고통을 야기할 뿐이다. 이보다 더 정신 나간 짓을 상상할 수 있을까?

러셀은 그릇된 도덕심이 일에 대한 우리의 인식을 어떻게 저당잡고 왜곡하는지를 깊이 의식하고 있었다. "근로의 도덕은 노예의 도덕이며, 현대 세계에 노예제도는 필요없다"라고 그는 썼다. 게으름을 적극 수용하고 분배한다는 역발상은 통념을 거스른다. 계속해서 러셀의 주장이다.

이러한 발상은 부자들에게 충격적이다. 가난한 사람들은 여가가 많이 주어져도 어떻게 사용할지 모를 것이라고 믿기 때문이다. 미국에는 이미 유복한데도 장시간 일하는 사람들이 많다. 이들은 실업이란 암울한 징벌 형태가 아니라 근로 소득자에게 여가를 준다는 발상에 분개한다.

고대인과 똑같이 러셀은 게으름이 문명과 문화를 꽃피우는 데 결정적 요소임을 헤아렸다. "예전에는 사람들이 속편하게 놀 줄 알았다. 그러나 능률 숭배로 인해 그런 부분은 사라졌다. 현대인은 모든 일을 다른 목적을 위해 행한다고 생각하며, 그 자체를 목적으로 일하는 법이 없다." 그 때문에 우리는 그나마 얼마 안 되는 자유시간을 통해 문명과 문화에 이바지할 활까지 잃었다. 러셀은 말한다. "도시 사람들의 즐거움은 대체로 수동적인 것이 되어버렸다. … 이렇게 된 것은 그들의 적극적인 에너지가 모조리 일에 흡수되었기 때문이다. 여가가 더 있다면, 그들은 예전에 적극적인 부분을 담당하며 맛보았던 즐거움을 다시 누리게 될 것이다." 수동적 소비가 아닌 적극적 참여가 관건이다.

러셀은 근로시간을 하루 4시간으로 단축할 수 있고, 또 그래야 한다고 과감히 제안했다. 그러나 한편으로는 "모든 남는 시간을 순전히 신변잡기에 흐지부지 써야 한다는 의미는 아니다"라고 덧붙였다. 여분의 시간과 활력은 교육과 문화에 재투자되어야 한다. 근로시간이 단축되면 사람들이 자연스레 이 방향으로 흘러가리라고 러셀은 믿었다. "아무도 하루 4시간 이상 일하기를 강요받지 않는 세상이라면, 과학적 호기심을 가진 사람은 자신의 호기심에 탐닉할 것이고, 모든 화가는 굶지 않고 그림을 그릴 수 있을 것이다." 러셀은 더 많은 게으름이 존재하는 세상에서는 "무엇보다 인생의 행복과 환희가 충만할 것이다. 신경쇠약과 피로와 소화불량 대신에 말이다"라는 단상으로 에세이를 맺는다.

실천하기 ▷ **타임오프를 위해 에너지를 비축하라**

여가를 적극적으로 보내는가, 수동적으로 보내는가? 수동적이라면 혹시 일에 너무 치여 시간을 최대한 활용할 에너지가 바닥난 것은 아닐까? 어떻게 일을 멈추고 (단 30분 만이라도) 시간을 확보하여 비축한 에너지를 당신의 호기심, 창의력, 배움에 재투자할지 성찰해보라. 막연히 꿈꾸지 말고 업무에 임하듯 '여가 계획'을 짜라.

시간 2.0: 분주함이 왕이다

20세기 초에는 많은 기업경영자와 사상가가 여가를 지지하고 장려했다. 그렇다면 지금쯤 우리가 고대 그리스와 로마 때처럼 여가를 가치 있게 여기고 타임오프를 적극적 환영하는 문화 가운데 살고 있어야 하지 않을까? 헨리 포드도 그러리라 생각했다. 그는 1926년 자신이 하루 10시간 넘는 근로시간을 8시간으로 바꾼 것을 시발점으로 향후 근로시간이 점점 감축되리라고 예상했다.

하지만 안타깝게도 그의 예상은 완전히 빗나갔다. 근로일과 근로시간 감축으로 나아가는 추세는 멈췄을 뿐 아니라 오히려 뒤집어졌다. 2014년 갤럽 조사로 밝혀진 미국인의 평균 근로시간은 주 47시간이었다. 과거 1926년 포드 공장 근로자에 비해 꼬박 하루를 더 일하는 셈이다. 그것도 평균치가 그렇다. 미국인 중 무려 18퍼센트는 주 60시간 넘게 일한다. 한마디로 우리는 19세기 후반이나 20세기 초의 표준으로 되돌아갔다.

우리는 고귀한 여가를 누리며 적어도 일과 삶의 합리적 균형점으로 돌아갈 기회가 있었고, 거의 손에 잡힐 듯했다. 그러나 망가진 도덕 나침반이 우리를 엉뚱한 방향으로 인도하고 말았다. 우리는 그 어느 때보다 분주한 삶을 칭송한다. 스트레스와 번아웃과 바쁨에 시달리면서도 생산적이진 않다. 스트레스와 과로에 시달리면 성취도 비례한다고 믿는 경향이 강하다. 우리가 계속 이 길로 간다면 과로사 당할 때까지 일하든지 로봇에 의해 대체되든지, 둘 중 하나일 것이다.

어쩌면 우리가 처한 이런 상황은 육체 노동에서 지식 노동으로 이행했기 때문일 수도 있다. 지식 근로자는 8대의 T모델 포드 자동차를 만들듯이 하루치의 수고를 입증할 수 없다. 지적 노동의 산출물은 계량화하기가 훨씬 어렵다. 작가이자 컴퓨터학과 교수인 칼 뉴포트는 『딥 워크*Deep Work*』에서 이 문제를 '계량의 블랙홀'이라고 명명한다. 그는 대다수 현대 지식 근로자의 경우, 생산성과 깊이 있는 일, 즉 진정으로 창의적이며 혁신적인 돌파구로 이어지는 일은 계량화하기가 만만치 않다고 주장한다. 그래서 우리는 '생산성의 대체물'로 바쁨을 내세운다. 생산성이나 창의력에 비해 한결 단순하게 측정할 수 있으며, 금세 성취감을 얻게 하는 손쉬운 방법이다. 안타깝게도 바쁨은 동료와 상사로부터 인정과 환심을 살 수 있는 가장 직접적인 방법이기도 하다.

이 문제가 유독 심각하게 나타나는 이들이 기업가와 창작자들이다. 돌아서면 또 한 방의 주사에 급급한 마약중독자처럼 우리는 분주함에 중독되어 있다. 구체적인 진척의 평가 기준이 없는 상태에서, 우리 시간이 자기 것임을 끊임없이 일깨우는 상사 밑에서, 시간이 곧 도덕이라는 내면화된 의식이 점점 강고해진다. 아리스토텔레스의 생각대로 살기를 선택해야 할 사람들이 오히려 반대 극단으로 치닫는다.

지금은 그 어느 때보다 고귀한 여가가 필요하다. 진정으로 생산적인 지식노동은 분주함이라는 차원에서 더 어려운 심사숙고가 필요하기 때문이다. 그러자면 타임오프를 진지하게 대해야 한다. 견실한 근로 윤리뿐 아니라 같은 무게감을 지닌 쉼 윤리가 있어야 한다. 훌륭한 지식노동의 토대는 단순반복적인 업무의 양이 아니라 숙련도와 품질이다.

우리는 창의적인 일의 생산성이 육체 근로자의 단순한 생산성보다 훨씬 다면적임을 인정해야 한다. 그래버는 "어떤 이유에선지 우리 사회는 긴 세월을 스프레드시트 입력을 하거나 홍보 미팅용 마인드맵을 작성하는 '척'하며 보내는 것이 일에서 벗어나 뜨개질하고 개와 놀고, 차고에서 음악 밴드 활동을 하고, 새로운 요리를 시도하고, 카페에서 정치 토론을 벌이고, 친구들의 복잡다단한 연애사에 대해 이야기하는 것보다 낫다는 집단적 판단을 내렸다고 안타까워한다."

창업가이자 작가인 슈테판 아르스톨도 이에 동조하는 글을 썼다. "매일 오후 1시에 일이 끝난다면 각자의 관심사에 따라 각기 다른 유형의 생산성을 발휘하리라 예상된다. 운동, 학습, 부모노릇, 사회적 대의, 공동체 등에서 전혀 다른 의미의 생산성을 발휘할 수 있다. 사회 진보를 위한 생산성, 주변 세상을 더 낫게 만드는 생산성은 그저 직장에서만 생산적인 삶보다 훨씬 중요하다." 이는 경제뿐 아니라 문화와 단순한 삶의 기쁨에 더 초점을 두는 고대적 의미의 생산성이다. 이는 우리 삶을 의미로 채우는 생산성이다. 한마디로 고귀한 여가에 기초한 생산성이다.

우리 눈에는 저 언덕 위 고귀한 여가의 귀환을 약속하는 눈부신 아크로폴리스가 보인다. 그러나 우리가 발 딛고 있는 계곡은 무수한 발자취로 깊이 패여 있고, 눈앞의 절벽은 가파르게만 느껴진다. 수세기에 걸쳐 주입된 사상의 기원은 잊은 지 오래일지라도 그 잔재는 여전히 떨치지 못하고 있다. 그래서 계곡 안에 머무르려 한다. 더 나은 길을 알지 못하기에 더 깊숙이 땅속으로 파고 들면서.

이 계곡이 얼마나 깊은지 몸소 체험하고, 그곳에서 벗어나는 길도 발견한 사람이 있다. 바로 아리아나 허핑턴이다.

휴가와 타임오프는 동의어가 아니다

아리아나 허핑턴(1950~)　**미국 언론사 창립자, 작가**

"세계보건기구가 인정한 번아웃(고갈과 탈진, 부정적 생각, 냉소주의, 직무상 능률 저하) 증상을 경험하는 사람들 중에 최고치의 능력을 발휘하는 사람이 있을까? 아니면 설렁설렁 일하거나 그만둘 가능성이 클까?"

휴가를 내는 정도로는 『허핑턴 포스트』의 창립자 아리아나 허핑턴을 구할 수 없었다. 그녀가 만든 뉴스와 블로그 사이트는 급속도로 성장하여 인터넷에서 가장 널리 읽히며 가장 많이 링크되고 인용되는 미디어 브랜드로 발돋움했다. 누가 봐도 허핑턴은 크게 성공한 사람이었다. 그녀는 『타임』이 선정한 '세계 100대 영향력 있는 인물'이었다. 2007년 당시 허핑턴은 『허핑턴 포스트』를 운영한 지 2년차였고, 하루 18시간씩 일하고 있었다.

그러던 어느 날 광대뼈가 부러져 피를 철철 흘린 채 책상 아래 쓰러져 있는 자신을 발견한다. 말 그대로 콧대를 납작하게 만드는 삶의 경종이 울린 것이다.

"나는 어떤 잣대로 봐도 잘나갔지만 사무실 바닥에 피 흘리며 쓰러져 있는 걸 보면 성공한 인생이라고 볼 수도 없었어요." 허핑턴은 한 인터뷰에서 이렇게 회고했다. 뭔가 의학적 문제가 있다고 생각해서 이 병원 저 병원을 다녔다. 뇌종양이라고 짐작했다. 그런데 알고 보니 아니었다.

너무 많이 일해서 탈진한 것이었다. 이것이 비단 자신만의 문제가 아님을 알았다. 창업가 정신으로 해결해야 할 새로운 문제가 생긴 셈이었다. 그녀는 이 참담한 문제를 해결하고자 실천에 나섰고, 그 결과 '스라이브 글로벌Thrive Global'이란 기업 및 소비자를 위한 웰빙 플랫폼을 개발했다. 이 조직은 성공하려면 번아웃이란 대가를 지불해야 한다는 집단적 망상에 종지부를 찍고 일하는 방식을 바꿔가고자 했다.

이후로 허핑턴은 사람들이 자신을 돌보고 그녀가 겪은 일을 미연에 방지하도록 돕는 일을 하고 있다. 허핑턴은 이렇게 고백한다. "번아웃을 '닥쳐야 아는' 영역에서(2007년에 수면 부족과 탈진으로 쓰러지면서 광대뼈가 부러졌을 때 그랬다) 형체가 있는 직장 문제의 영역으로 옮김으로써 이 문제를 더 효과적으로 다룰 수 있게 되었다. 가장 큰 문제가 뭔지 제대로 아는 것이야말로 효과적인 대처의 출발점이다."

직장 내 타임오프를 실천하라고 하면, 대다수 관리자들은 회사 내규에 두루뭉술한 휴가 규정을 신설하면 끝이라고 여긴다. 허핑턴은 휴가로는 충분치 않음을 깨닫고 회사에 '스라이브 타임thrive time' 이란 타임오프 개념을 도입했다.

그녀의 설명이다. "스라이브 타임은 앞과 뒤 양방향을 바라보는 것이다. 즉 마감 일정을 맞추는 과정에서 고갈된 것을 회복하고 다음 번 마감을 맞추는 데 필요한 자원을 스스로 충전하는 것이다. 이는 한 프로젝트의 마지막 단계이자 다음 프로젝트의 첫 단계다. 우리는 스라이브 타임이 일의 맥을 끊고 쉬는 게 아니라 일상적인 근무 주간이란 전체 직물을 직조하는 데 없으면 안 되는 실이라고 본다."

스라이브 글로벌은 오늘날 시장에 존재하는 숱한 기업과 마찬가지로 제한된 자원으로 많은 것을 달성해야 하는 신생 기업이다. 그들 역시 성과를 내야 한다는 압박과 마감 등에서 자유롭지 않다. 때로는 제 날짜에 제품을 출시하기 위해 팀이 연장근무를 해야 할 때도 있다. 그러나 그들은 이러한 행동이 번아웃을 조장하지 않도록 유의하며 치열하게 일한 시기를 의도적 쉼으로 보상하고자 애쓴다. 허핑턴은 말한다. "스라이브 타임 덕분에 우리는 이런 기조를 지속할 수 있었다. 스라이브 타임이란 마감 일정을 맞추고 제품을 출시하고 시간외 주말 근무를 했을 때, 회복하고 재충전할 타임오프를 갖는 것을 의미한다. 그것은 단 몇 시간일 수도 있고 오전 내내, 하루 종일, 혹은 더 긴 시간일 수도 있다."

또 하나 주목할 점은 스라이브 타임이 휴가나 병가, 기타 유급휴가에 포함되지 않는다는 것이다. "회복이 일과 별개가 아님을 확실하게 하라. 회복은 일의 필수불가결한 부분이다. 스라이브 타임을 쓰는 것은 보상이 아닌 책임이다. 그렇기에 관리자의 권유로 스라이브 타임을 쓰는 경우도 빈번하다. 팀의 수행력을 유지하고 번아웃을 막기 위해 평소에 직원을 잘 관찰하고 보살피는 것은 관리자의 소임이다."

다행히 번아웃과 과로 방지를 비중 있게 고려하는 기업가가 점점 늘고 있다. "번아웃에 관심이 집중되면서 타임오프는 더 이상 '하면 좋은 일'이 아니라, 장기적 성공을 원한다면 누구나 '반드시 해야 하는 일'이 되었다. '문명의 질병'을 치료하려면, 번아웃의 근본 원인에 다가가려는 굳센 의지가 필요하다."

쉼 없이 일하는 나쁜 습관을 탈학습하는 것이 도리어 불편을 야기할 수 있고, 단기간에 너무 많이 바꾸려다가 실패하는 이들도 많다. 허핑턴은 말한다. "우리는 대부분 너무 거창하게 시작한다. 완전히 새로운 라이프스타일로 일거에 바꾸려고 마음먹거나 순전히 의지력으로 목표치에 도달하려고 한다. 하지만 이런 방식은 인간의 의지력에 관해 무지한 것을 보여준다." 이러한 이유로 허핑턴과 스라이브 글로벌 팀은 '마이크로 스텝microsteps'을 신봉한다.

행동변화 연구자이자 스탠포드대학의 설득기술연구소 소장인 B. J. 포그의 연구가 허핑턴에게 영감을 주었다. "핵심은 '최소한의 유효한 노력'을 하는 것이다. 가능한 한 작게 간다는 의미다." 포그의 표현을 빌리자면, "새로운 습관을 만들려면 행동을 단순화해야 한다. 우스울 정도로 작은 행동으로 나누라. 작지만 좋은 행동은 실천하기가 쉽다. 그리고 빠르다".

장기간의 근무를 마쳤지만 바로 안식휴가를 낼 형편이 못 될 수 있다. 그래서 허핑턴은 번아웃을 방지하기 위한 생활 속 소소한 실천 아이디어를 몇 가지 갖고 있다. 이를테면 숙면하기 위해 일정 시간이 되면 전자기기 전원을 *끄*거나 잠자리에 들기 30분 전에 알람이 울리도록 설정하기, 활동량을 늘리기 위해 동료에게 걷기 회의 제안하기, 창의력을 높이기 위해 낯선 길로 발길을 옮겨 새로운 사람과 풍경과 감성 발견하기, 재충전을 위해 오늘 할 일을 못 마쳤더라도 하루 일정이 끝났음을 선포하기 등이다.

실천하기 ⟩ **'지금' 타임오프로 한 걸음을 내딛으라**

쉼 윤리를 실천하려고 휴가 때까지 기다리지 말라. 이 책이 제안하는 실천사항 중에서 당장 마음에 와닿는 것을 고르라. 소소한 실천 단계를 실행하여 작더라도 성공을 맛보라. 내일부터라도 시작하자. 아니, 지금 당장!

스트레스와
번아웃에서 탈출하려면

세계보건기구는 2019년판 국제질병분류에 번아웃을 포함시키고 "제대로 관리하지 못한 만성적 직장 스트레스 증후군"으로 개념화했다. 세계보건기구는 번아웃의 세 가지 핵심 증상을 이렇게 제시했다. "에너지 고갈과 피로감, 직장이나 업무와 관련한 거부감과 부정적인 생각 및 냉소주의 증가, 업무 효율 감소." 왠지 익숙하게 들리지 않는가?

슈테판 아르스톨은 "지식 근로자의 하루 8시간 근무는 산업 근로자의 하루 16시간 근무에 맞먹는다"면서 "8시간 근무는 정신이 아닌 육체를 위해 도입된 것"이라고 말한다. 1세기 전에 사람들이 건강하고 지속 가능한 신체 역량을 초과해서 과로했듯이 지금 우리는 정신적으로 비슷한 경험을 하고 있다. 산업화 초기의 공장 근로자가 육체적으로 혹사당하고 탈진했듯이, 현대의 지식 공장 근로자들은 정신적으로 동일한 고통을 당하고 있다.

밀레니얼 세대는 유독 번아웃을 많이 겪는 듯하다. 이는 우리가 자신의 가치를 지나치게 직업과 결부시켜놓고 단기간에 연속된 성취를 좇아다닌 탓도 있다. 한편으로는 한껏 치장한 소셜미디어 속 페르소나를 통해 접하는 타인의 성공을 자신의 성취와 비교하는 탓도 있다. 우리는 취미와 여가 시간조차 부업이나 사업 기회로 삼아야 할 것 같은 부담감을 자주 느낀다. 안 그러면 왠지 시간을 낭비하는 것 같다.

뉴스 사이트 〈버즈피드〉에 실린 "어떻게 밀레니얼 세대는 번아웃 세대가 되었나"에서 저널리스트 앤 헬렌 피터슨은 자신의 경험담을 술회한다. 그녀의 번아웃은 지극히 단순한 일, 즉 모임 약속, 이메일 답신, 우체국 방문 같은 일상의 잡무를 잘 수행하지 못하는 양태로 나타났다. 피터슨은 많은 이들이 고기능 일중독자가 되었다면서 굵직한 일은 감당해도 가장 평범하고 단순한 일은 어려워하고 초조해한다고 개탄한다.

그녀는 자신의 경험을 이렇게 묘사한다. "일하지 않고 푹 쉬면 기분 좋게 느껴야 하는데 오히려 기분이 나빠졌다. 일을 안 하는 것에 죄책감을 느끼기 때문이다. 언제나 일에 치여 살면 기분 나빠야 정상인데도 기분이 좋아졌다. 성공에 필요한 일을 하고 있다고 생각하기 때문이다." 프로테스탄트 근로 윤리를 주창한 칼라일과 그의 동료가 피터슨의 글을 읽었다면, 그들이 벌인 캠페인의 장구한 영향력에 흐뭇한 미소를 지었을지도 모르겠다. 피터슨은 번아웃 전문 정신분석학자 조시 코헨의 말을 인용한다. "내면의 자원을 소진했으나 그럼에도 계속 가야 한다는 강박적 신경증에서 벗어나지 못할 때 번아웃을 느낀다." 그 강박적 신경증이 바로 내면화된 프로테스탄트 근로 윤리다. 그리고 해독제는 바로 타임오프다.

다시 말하지만 우리는 게으름이나 나태, 정체 문화를 주창하는 게 아니다. 우리는 생산성과 삶의 즐거움이 있는 문화를 이야기하고자 한다. 단지 경제적 산출물이 아니라 훨씬 폭넓은 의미의 생산성을 추구하는 문화다. 창의적, 과학적, 영적, 인간적 성장이 가능한 문화다.

앞으로 이어지는 장들에서 당신의 쉼 윤리에 포함시킬 만한 타임오프의 여러 면모를 발견하게 될 것이다. 우리는 이런 아이디어들을 성공적으로 사용하여 우리 세상에 반향을 일으키고 더 나은 세상을 만들어가는 몇몇 개인과 기업을 만날 것이다. 이런 사례들이 영감을 불러일으켜 당신만의 타임오프로 가는 길을 찾기 바란다. 아리스토텔레스도 자랑스러워할 만한 창의적이고 영향력 있으며 잘 쉬는 사람이 되도록 독자들을 돕고 싶다.

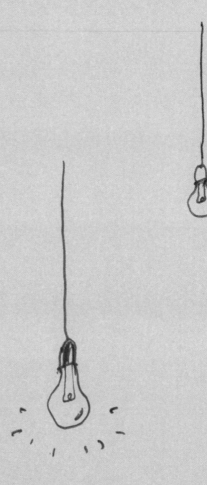

20세기 중반에 이르자 광학, 즉 빛에 관한 연구는 대체로 일단락된 문제로 여겨졌다. 대다수 과학자들은 이 분야의 흥미진진한 발견은 이미 다 이뤄졌다고 믿고 다른 주제로 눈을 돌렸다. 그러나 한 과학자는 분자가 빛과 상호작용하는 방식에 강한 호기심을 느끼며 계속 연구에 매진했다.

찰스 H. 타운즈는 분자를 특정 방식으로 자극하여 (전구와 같이 넓은 스펙트럼의 주파수를 방출하는 대부분의 광원과는 달리) 분자가 단일 주파수에서 집중적으로 광선을 방출하는 방법에 관심을 가졌다. 가장 큰 도전은 기기 과열과 폭발 없이 필요한 에너지를 얻는 방법을 찾는 것이었다.

1951년 어느 봄날 아침, 당시 미국 컬럼비아대학 교수였던 타운즈는 타임오프를 가졌다. "아침에 날씨가 좋아 공원에 나가 진달래 덤불 옆 벤치에 앉았다. 아름다운 아침이었다. 왜 진작 이런 시간을 가지지 못했을까 생각했다."

공원 벤치에 앉은 타운즈는 자유롭게 이 생각 저 생각을 떠돌았다. 그러다가 그가 훗날 "돌연한 계시"라고 묘사한 것이 찾아들었다. 고에너지의 특정 분자를 선별적으로 자극해서 기기 손상 없이 집중적으로 빛을 방출할 묘안이 떠오른 것이다.

그로부터 3년 후인 1954년, 타운즈와 그의 학생들은 시제품 제작에 성공했다. 그들은 이 기기를 메이저MASER(전자기파의 유도방출에 의한 마이크로파 증폭)라고 불렀다. 얼마 후 타운즈와 그의 아이디어를 토대로 여타 과학자들이 마이크로파 대신 가시광선을 사용하는 방법을 발견했다. 레이저는 이렇게 탄생했다.

타운즈는 이 연구의 공을 인정받아 1964년 노벨 물리학상을 수상했다. 아이러니하게도 타운즈는 훗날 연구의 돌파구가 된 영감을 1927년 출간된 알렉세이 톨스토이의 공상과학 소설『가린의 살인광선』에서 얻었다고 밝혔다. 러시아의 살인광선 기기에 관한 소설 덕분에 미국 과학자가 러시아인을 제치고 먼저 레이저를 개발한 셈이다. 이 모든 일이 냉전 초기에 일어났다. 소설 같은 실화다.

정작 타운즈는 호기심을 좇아갔을 뿐이다. "나는 응용을 염두에 두지 않았다. 환한 빛이나 다른 무언가가 될 레이저 광선을 생각하지 않았다. 다만 입자에 관해 더 알고 싶었고, 입자를 연구하기 위해 더 짧은 파장을 얻고 싶었다. 응용과는 거리가 먼 기초 연구였다. 그런데 이제 여기서 파생된 모든 것을 보라." 오늘날 타운즈의 호기심이 낳은 결과물은 슈퍼마켓의 바코드 스캐너부터 각종 가전제품, 의료기기, 군장비 등 도처에서 찾아볼 수 있다.

이것이 바로 타임오프가 작동하는 방식이다. 목적이 아닌 오로지 의미를 찾으며 타임오프를 즐길 때 상상 못한 방식으로 문명의 진보를 이룬 창의적 돌파구 말이다. 2015년 99세의 나이로 별세한 타운즈는 2014년까지 UC버클리대학의 사무실에 계속 출근했다.

타운즈가 순전히 응용에 초점을 맞췄다면 여느 동료들이 간 길을 좇아 광학을 등졌을 가능성이 크다. 그랬다면 우리 삶도 크게 달라졌을 것이다. 그는 창의적 관심사를 좇았고, 자신의 정신에게 이리저리 방황하고 탐색할 공간을 허락했다. 타운즈의 말이다. "닳고 닳은 길에도 언제나 뒤집어보지 않은 돌들이 있는 법이다. 그 돌들을 주목하고 뒤집어보는 수고를 한 사람에게 새로운 길이 열리는 법이지." 이런 사례들이 입증하듯 타임오프는 뒤집어보지 않은 돌들에 주목하게 한다. 덕분에 다른 사람들은 바빠서 놓친, 훤히 감춰진 창의적 발견을 하게 된다.

창의적 과정과 타임오프

그레이엄 월러스는 1858년 북잉글랜드의 소도시 선덜랜드에서 태어났다. 영국 옥스포드대학에서 공부한 후 잠시 교편을 잡았다가 1914년 런던경제대학의 창립 멤버가 되어 초대 정치학 교수로 봉직했다. 아마도 그가 세상에 남긴 가장 큰 족적은 1926년, 생의 끝자락에 출간한 책 『사고의 기술*The Art of Thought*』일 것이다. 월러스는 (우리가 나중에 만나게 될) 헤르만 폰 헬름홀츠와 앙리 푸앵카레 같은 과학자들의 작업 습관에서 영감을 받아 최초로 창의적 사고의 작동 방식을 모형화했다. 월러스의 발상은 1세기가 넘은 오늘날까지도 창의성을 연구하는 이들에게 지대한 영향을 미치고 있으며, 그의 책은 지금도 학계에서 널리 인용되고 있다.

월러스는 창의적 사고의 4단계를 다음과 같이 정리했다.

· 준비 단계: 앉아서 열심히 일하기
· 부화 단계: 의식하던 것을 멈추기(또는 다른 일에 관여하기)
· 발현 단계: 간절히 찾던 깨달음의 순간
· 검증 단계: 계시가 타당한지 확인하는 추가 작업

꽤 직관적으로 보이는 과정이지만, 일부러 이 과정을 자세히 생각해 본 사람은 드물 것이다.

첫째, 우리는 자리에 앉아 당면한 문제를 다각도로 검토하고 속속들이 파악한다. '몰입해서 일하기Deep Work'와 연결되는 대목이다. 칼 뉴포트는 동일한 제목의 『딥 워크』란 책에서 '딥 워크'를 "인지능력을 한계까지 밀어붙인 집중 상태에서 수행하는 직업 활동. 새 가치를 창출하고 능력을 향상시키는, 따라 하기 어려운 노력"으로 정의한다. 훌륭한 준비는 그 자체로 일종의 타임오프가 된다. 관심을 오롯이 당면 문제에 쏟아 산만함으로부터 벗어나게 하기 때문이다. 이는 모든 창조의 필수 단계다. 그러나 이 단계만으론 원하는 해결책에 다다를 수 없다. 준비에 불과하기 때문이다. 다음으로 우리는 부화 단계에 들어선다.

하던 일을 중단하면 의식이 쉬거나 다른 무언가에 집중한다. 이때 우리의 무의식이 입장하여 작업에 들어간다. 무의식은 색다른 개념과 과거 경험들과의 느슨한 연관점을 찾아내며 의식과는 사뭇 다른 방식으로 일한다. 우리는 해결책이 임박했다는 느낌을 받는다. 이 시점에서 월러스는 해결책을 강요해선 안 된다고, 그러면 통찰이 사라질 수도 있다고 경고한다. 우리는 무의식이 제 몫을 해낼 것을 신뢰해야 한다.

무의식은 당면 문제 자체가 아닌 다른 무언가에 몰입할 때 부화한다. 몰입하는 일이 등산이든 다른 관련 없는 일이든 상관없다. 관건은 그저 멍하니 딴 생각을 하거나, 계속해서 이 일 저 일을 바꿔가며 하는 것이 아니라 '온전한 몰입'이 되어야 한다는 점이다. 부화를 위한 시간을 마련하고 무의식의 힘을 신뢰할 때 마법이 일어난다.

다음으로, 우리는 갑자기 떠오르는 영감 또는 계시의 순간인 발현 단계에 다다른다. 머릿속에서 '유레카!'라고 외치고 모든 것이 맞아떨어지며 전구에 불이 켜지는 듯한 순간 말이다. 월러스는 이 순간을 '번득임' 또는 '맞아떨어짐'이라고 표현한다. 이는 또한 의식이 다시 사고의 주도권을 잡는 때이기도 하다. 월러스가 썼듯이 "무의식 작업은 장구한 계산 결과로 기성품을 내놓지 않는다. … 우리는 무의식 작업의 열매인 영감에 이런 것을 기대한다."

이제 우리의 비상한 아이디어가 실제로 기대만큼 비상한지 검증하기 위해 추가로 몰입하는 시간을 가져야 한다.

물론 이 4단계 과정은 상당히 단순화한 것이다. 실제 상황에서는 준비와 부화를 여러 번 왔다갔다하다가 마침내 발현에 들어가기도 하고, 몇 가지 문제에 대한 작업이 동시다발적으로 진행되기도 한다. 이 창의적 과정에 관여한 사람은 "때로 며칠 전 스스로에게 제시한 어떤 문제에 대해서는 '부화'하면서, 두 번째 문제는 '준비'로 지식을 축적하며, 세 번째 문제는 결론을 '검증'하는 중일 수 있다." 그리고 문제가 충분히 복잡하다면 단일 문제 안에서도 특정한 한 면에는 '부화'하는 동시에 다른 면에는 다른 단계로 작업을 진행할 수 있다. 그러므로 난관에 봉착했다고 똑같은 문제를 붙들고 늘어지거나 계속 머리를 싸매고 있지 말라. 타임오프를 하며 다른 일에 초점을 맞추다 보면 부화 기간에 숨겨진 마법이 일어날 것이다.

창의적인 4단계, 즉 준비, 부화, 발현, 검증 모형은 시간의 검증을 통과했다. 1926년 처음 선보였을 때만큼 오늘날의 현실에도 여전히 유효하다는 얘기다. 이를 통해 우리는 진짜 창의적인 일 중 우리가 흔히 '일'이라고 여기는 것은 절반도 안 된다는 것을 알 수 있다. 똑같이 중요한 나머지 절반은 우리가 타임오프를 하며 문제에 의식적으로 관여하지 않는 동안에 일어난다. 부화와 발현이 무의식

과정이라고 해서 우리가 통제할 수 없는 건 아니다. 그 과정 역시 하나의 기술로 다뤄야 한다.

이 책 자체도 창의적인 4단계 과정의 산물이다. 먼저, 우리는 준비를 했다. 상당한 시간 동안 독서와 메모, 생각 정리, 인터뷰, 쪽글과 긴 글 쓰기 등에 몰입했다. 이 책을 구성하는 많은 어휘와 아이디어는 우리가 글을 쓰는 동안 의식이 만들어낸 게 아니라, 긴 산책 중에 또는 낮잠에 빠져들 때 즉흥적으로 떠오른 것들이다. 타임오프 순간에 섬광 같은 통찰로 우리를 찾아왔다.

창의성은 타임온(준비, 검증)과 타임오프(부화, 발현)의 부단한 협연이다. 관건은 두 상태 사이에서 적절한 균형점을 찾으며 힘을 빼고 자연스레 타임온과 타임오프를 오가는 것이다. 많은 사람이 부화가 일어날 시간이 필요하다고 생각하면서도 실제로는 시간을 잘 내지 않는다. 우리는 부화를 위해 시간을 내야 한다(그래서 훌륭한 쉼 윤리가 필수적이다).

몰입해서 일하기와 타임오프 사이에 탄탄한 균형을 가꿔간 두 창작자가 있다(둘 다 오랜 시간 산책하는 식으로 일상 속에 의도적으로 부화의 시간을 마련했다). 둘 다 역사상 가장 위대한 작곡가로 꼽히는 그들을 만나보자.

자연을 타임오프 파트너로

루트비히 판 베토벤(1770~1827)　**독일 작곡가**

"덤불과 풀숲 사이로, 나무 아래로, 돌 위로 산책할 수 있어 얼마나 행복한지 모릅니다. 나처럼 전원을 사랑하는 사람은 없을 겁니다. 숲과 나무와 돌은 인간이 간절히 원하는 울림을 전해줍니다."

"언제 악상이 떠오르는지… 확실하게 말할 수는 없다. 예상치 않은 때에 직간접적으로 오기 때문이다. 나는 악상을 자연에서, 숲속에서, 산책하면서, 밤의 침묵 속에서, 이른 새벽에 포착할 수 있었다."

표트르 차이콥스키(1840~1893)　**러시아 작곡가**

"나의 작업, 나의 독서, 나의 산책을 방해할 사람이 없다니 얼마나 큰 축복인가."

두 작곡가는 숲길을 거닐 때 영감의 방문을 믿고 기다렸다.

차이콥스키는 날마다 두 시간씩 어김없이 산책을 했으며, 안 그러면 자신에게 "큰 불운"이 임한다고 여길 정도였다. 영감이 일어나 몹시 흥분될 때 그가 심신을 진정시키는 방법은 산책이었다. 그는 "우리가 영감이라고 부르는 상태가 쉼 없이 장시간 지속된다면 어떤 예술가도 살아남지 못할 것"이라고 믿었다. 간간이 타임오프를 건너뛴다면 맹렬한 불에 사로잡힐지도 모른다고 여길 정도로 차이콥스키의 영감은 타올랐다. 오늘날 대다수 사람들은 번아웃이라면 스트레스가 넘치는 사무직 일을 연상한다. 하지만 차이콥스키는 알았다. 자기 일을 즐겁게 해내는 이들조차 치밀하게, 의도적으로 쉼을 갖지 않으면 번아웃의 운명에 처할 수 있음을.

아울러 주의산만이 몰입에 얼마나 치명적인지도 날카롭게 의식했다. "마법 같은 〔몰입〕 과정의 한복판에 있을 때, 외부의 방해가 몽환 상태에 있던 나를 종종 흔들어 깨운다. 초인종이 울리거나 하인이 들어오거나 자명종 시계가 울릴 때다. 이런 방해는 실로 끔찍하다. 어떤 경우에는 상당 시간 이어온 영감의 맥이 끊겨 다시 영감을 찾아 헤매야 한다. 하지만 실패할 때가 많다." 차이콥스키는 두어 시간 산책을 하면서 이런 방해로부터 거리를 둘 수 있었다. 요즘에는 '하인'이 들어와 방해받을 사람은 거의 없겠지만, 차이콥스키 시대나 지금이나 근원적인 문제는 매한가지다. 친구의 문자 한 통, 무심코 어깨를 치고 지나가는 동료 등. "딱 5분만"은 실제 5분보다 훨씬 많은 시간 낭비로 이어진다. 몰입의 맥이 끊기면 아주 사소한 방해로도 몇 시간을 잃어버릴 수 있다.

차이콥스키와 마찬가지로 베토벤 역시 산책하며 에너지와 창의성을 키워갔다. 그는 몸을 건강하게 유지하는 것이야말로 창의성을 뒷받침하는 최고의 비결임을 알았다. 베토벤의 전기작가 로메인 롤랜드는 말한다. "베토벤은 체력을 유지하기 위해 정력적인 냉수욕과 꼼꼼한 위생관리에 힘썼고 매일 점심식사 직후 산책을 했다. 이 산책은 오후 내내 계속되거나 저녁까지 이어질 때도 많았다. 그런 다음 깊고 긴 낮잠을 잔 그는 감사한 줄도 모르고 잠에 대해 불평을 했다! 그의 삶의 방식은 단순하지만 알찼다."

베토벤과 차이콥스키가 지은 선율 중 얼마나 많은 음정의 조합이 작곡 작업 외의 시간에 탄생했을지 생각해보면 기가 막히다. 어쩌면 이 전설적인 작곡가들과 협업한 자연의 고독과 타임오프의 고요에 더 큰 찬사를 돌려야할지도 모르겠다. 자연이란 협업 파트너 덕분에 우리는 지금 베토벤 〈교향곡 7번〉과 차이콥스키 〈백조의 호수〉의 격동적 선율에 빠져들 수 있다.

책상 앞에 붙어 있는 것은 참신한 통찰을 얻는 데 가장 안 좋은 방법일 때가 많다. 쉬는 시간을 내서 산책하거나 가벼운 운동을 하는 것이 건강을 지키고 창의성도 유지하는(또는 재활성화하는) 최상의 방법일 수 있다. 이제라도 당신의 가장 소중한 프로젝트에 자연과 타임오프를 협업 파트너로 초청하라. 무조건 오래 의자에 엉덩이를 붙이고 있거나 악착 같이 일하려고만 해선 안 된다.

실천하기 ▷ **도무지 새로운 아이디어가 떠오르지 않는가?**
일로부터 (말 그대로) 걸어 나와라

긴 산책을 해보라. 자연 속을 거닐 수 있다면 금상첨화다. 두 다리와 생각을 자유롭게 놓아주라. 이 축복받은 상태에 홀연히 임할지도 모르는 영감을 기록하기 위해 베토벤처럼 늘 필기구를 소지하라.

슬로우모션 멀티태스킹

대다수 사람들에게 올더스 헉슬리는 디스토피아와 유토피아의 비전을 제시한 소설 『멋진 신세계』와 『아일랜드』 등으로 알려져 있다. 그러나 최근 심령술에 대한 관심이 다시 고조되면서 『지각의 문*The Doors of Perception*』(김영사 역간) 같은 논픽션 고전 작품 역시 새롭게 인기를 끌고 있다. 헉슬리는 작품세계를 통해 사회와 인간 존재의 근원적 문제를 탐구했는데, 그가 가장 우려했던 문제는 동시대인의 무너진 균형감각과 "이거 아니면 안 돼" 정서였다.

헉슬리는 전문화와 협소한 식견을 사회 문제로 보았으며, 특히 교육계의 가장 큰 문제라고 보았다. 그의 에세이집 『내면의 신성*The Divine Within*』의 한 대목이다. "모든 일이 서류함 속에서 일어난다. … 그러나 현재 우리 학제에 필요한 것은 서류함 사이의 나무 칸막이를 넘나들며 모든 서류를 들여다보고 무슨 일을 해야 할지 파악할 소수의 사람이다."

앞으로 보겠지만 지금이야말로 역사상 어느 때보다 모든 서류함 속을 들여다보며 칸막이를 넘나드는 사람이 되는 것이 유효하고도 영리한 선택이 되었다.

부화는 우리가 긴장풀기를 할 때만 일어나는 게 아니라 다른 일을 하고 있을 때도 일어난다. 월러스는 말한다. "마찬가지로 우리가 한 자리에서 한 가지 문제에 대한 작업을 끝내는 경우보다 연속적으로 여러 문제에 착수하여 몇 가지를 미완의 상태로 놔둔 채 또 다른 문제로 관심을 돌릴 때 더 큰 성과를 얻는 경우가 종종 있다." 직업 외에 다른 관심사를 좇고자 직업상의 일에서 타임오프를 하는 것이 바로 현대판 고귀한 여가다. 이는 의식적으로 타임오프를 실천하는 사람들 가운데 공통적으로 발견되는 현상이기도 하다. 가령 친구들에게 요리해 주는 것은 일이지만 그 일을 통해 보람을 얻고 직업상의 일로부터 거리 두기를 할 수 있다면, 그 시간에 부화가 일어날 수 있다.

영국 작가 아놀드 베넷이 1908년에 그의 책 『하루 24시간 어떻게 살 것인가 *How to Live on 24 Hours a Day*』(더스토리 역간)에서 설파했듯, 다양성은 그 자체로 쉼만큼이나 효과적인 타임오프가 될 수 있다(다음 장에서 살펴보겠지만 다양성은 실제로 일종의 쉼이다).

> 뭐라고? (일하지 않는) 그 16시간에 쏟은 에너지가 업무 8시간의 가치를 축소시킬 것이라고? 그렇지 않다. 오히려 정반대로 업무 8시간의 가치를 분명히 높여줄 것이다. 일반인이 배워야 할 가장 중요한 사실은 우리 정신이 고강도의 연속된 활동을 감당할 수 있다는 것이다. 정신은 팔다리처럼 쉬이 피로해지지 않는다. 정신이 원하는 것은 쉼(잠자는 것은 제외)이 아니라 변화다.

반직관적이지만 여가에 더 많은 시간을 들이면 우리의 전반적인 활력이 배가된다.

아서 쾨슬러 역시 그의 책 『창조의 행위 *Act of Creation*』에서 부화가 창의성에서 차지하는 중요성을 고려했다. 복잡한 문제일수록 무의식 작업이 더 필요하다는 것이 그의 설명이다. 아울러 그는 (기존 통념에 반하지만) 일을 쪼개는 것이 창의적 사고에 필수라고 강조한다. "창조 행위에는 혁명적 또는 파괴적인 면모가 있다. 역사의 뒤안길에는 그 피해자가 즐비하다. 예술계의 폐기된 여러 이념과 과학계의 주전원周轉圓과 플로지스톤 phlogiston 이론이 단적인 예다." 기꺼이 파괴하려는 자세는 오직 탐구를 통해서만 갖출 수 있다고 믿는다. 이는 끊임없는 탈학습을 요한다. 쾨슬러는 너무 합리적인 인간이 되지 않도록 주의하라고 경고한다. "합리적 인간은 다차원의 머리가 아닌 일차원의 머리를 가지고 있다. 그들은 적응력이 뛰어나고 파괴적이지 않으며, 혁명가가 아닌 계몽된 보수파다. 그들은 적절한 길잡이를 따라 배우려는 열의는 있지만 자신의 꿈을 길잡이로 삼지는 못한다."

이 이분법의 좋은 예가 여러 다른 장르 직업 음악가들의 상반된 경험이다. 저서 『늦깎이 천재들의 비밀*Range: Why Generalists Triumph in a Specialized World*』(열린책들 역간)에서 데이비드 엡스타인은 아주 어린 나이부터 무수한 시간 반복에 의한 정규 훈련을 통해 기량을 연마한 클래식 음악가를 연구한 결과를 제시한다. 그들이야말로 의도적 연습으로 똘똘 뭉친 전문가들이다. 그들이야말로 쾨슬러가 말하는 '합리적 인간'이다.

반면 엡스타인은 대부분의 초일류 재즈 음악가들은 어린 나이에 현저히 적은 양의 정규 훈련을 받았다는 사실을 발견했다. 그들은 가장 좋아하는 악기에 정착하기 전에 여러 다양한 악기를 시도해보며 나름의 방식으로 실험하는 시기를 거쳤다. 적잖은 이들이 악보 읽는 법조차 배우지 못했다.

클래식 연주자들의 엄청난 기량을 폄하하려는 건 아니지만, 다년간 엄격한 훈련을 거친 이들 중 즉흥연주가 안 되는 사람이 꽤 많다. 재즈(다양화)에서 클래식(전문화)으로 전향하는 것이 역방향 전향보다 훨씬 쉽고 흔하다. 폭넓게 접근하여 전체 지형을 탐사한 후 깊게 한 우물을 파고 들어가는 것이 깊이 한 우물을 파다가 폭넓은 탐사를 시도하는 것보다 훨씬 쉽다. 엡스타인은 재즈 연주가로 시작했다가 후에 클래식 기타에 대한 매력을 발견하여 거장 기타리스트가 된 잭 체키니를 예로 든다. "재즈 음악가는 창작 예술가이고 클래식 음악가는 재창작 예술가다."

AI는 창작보다 재창작을 훨씬 쉽게 완수한다. 사실 필자 맥스는 인공지능과 음악의 교차점에서 활동하고 있다. 그는 인간이 참신한 방식으로 음악을 창조, 선별, 연주하는 데 컴퓨터 기법이 어떻게 도움이 되는지를 모색하는 과정에서 비즈니스 파트너뿐 아니라 여러 예술가와 협업했다. 현재 AI 음악 실험의 지평을 보면 인간 연주자나 작곡가를 흉내 내는 시도는 죄다 클래식이나 테크노 같은 전자음악 장르에 집중되어 있다. 둘 다 (나름의 방식으로) 매우 엄격한 규칙과 패턴을 따르고 있어 기계학습에 아주 적합하기 때문이다. 재즈 즉흥연주는 아직 기계가 넘보기에는 벅찬 경지다.

현재 인공지능의 알고리즘은 매우 협소한 영역에서는 상당한 수준에 도달했지만 여러 영역을 넘나들며 아이디어들을 연결 짓는 데는 아직 형편없는 수준이다. 이러한 상태가 가까운 미래에 달라질 일은 없을 것 같다. 당신은 삶과 일의 어느 지점에서 재즈 즉흥연주를 하고 있는가? 미래의 AI 시대에는 팔방미인이 한 우물을 파는 대가를 이길 확률이 크기 때문이다.

우리가 전문화가 아닌 다양화의 길을 택한다면 여러 다채로운 경험을 통합해야 한다. 그러기 위해선 쉼과 고요의 시간이 필요하다. 클래식 음악 애호가인 올더스 헉슬리는 〈쉼은 침묵이다〉란 제목의 에세이에서 소리의 공백이 클래식의 핵심이라고 설명했다. "침묵은 모든 훌륭한 음악의 정수다. 베토벤이나 모차르트의 음악에 비해 음정이 쉴 새 없이 쏟아져 나오는 바그너의 음악은 침묵 면에서 보면 한참 수준이 떨어진다. 어쩌면 이것이 바그너 음악이 베토벤이나 모차르트 음악보다 훨씬 덜 의미 있게 보이는 이유 중 하나일지도 모른다. 바그너의 음악은 쉼 없이 말하기에 덜 말한다." 우리는 세상이 제공하는 폭넓은 아름다움에 자신을 노출시킨 다음 한발 물러나 이 모든 것을 흡수해야 한다. 우리가 하는 일 사이사이에 타임오프라는 양질의 침묵을 흩뿌린다면, 그 일의 창의성과 의미가 한층 증가할 것이다.

성공하려면 전문화해야 한다는 통념은 완전히 빗나갔다. 갈수록 득보다는 실이 커질 것이다. 무수한 사례에서 보건대 우리는 한 가지 이상의 일을 탁월하게 할 수 있다. 탁월성을 가지는 것이 가능하다. 구획화해서는 탁월해질 수 없다. 우리의 열정을 따로따로 추구하기보다는 자유롭게 경계를 넘나들며 열정 간의 공통점을 발견하고 교집합에 집중함으로써 탁월함을 얻어야 한다. 이것이 바로 윈윈win-win 구조다. 이런 식의 삶과 일은 새로운 연결점을 발견하고 창의적 잠재성을 온전히 실현하는 데 유익할 뿐 아니라(AI에 대한 우위를 유지하는 데도 유익하다) 타임오프와도 밀접하게 접목될 수 있다. 우리의 모든 관심사를 수용하면 부분의 총합보다 훨씬 큰 무언가를 성취하며 번아웃 없는 탁월함과 성공을 이룰 수 있다.

아직도 100퍼센트 설득되지 않았다면, 창의적 탐색과 다양한 관심사를 수용함으로써 성공을 거둔 두 사람을 만나보자.

멀티태스킹을 완벽히 활용하는 법

팀 하포드(1973~)　　**영국 경제학자, 저널리스트, 대중 강연자**

"현대 사회는 우리에게 양자택일을 요구한다. 브라우저 창들 사이를 정신없이 옮겨 다니며 살지 않으려면 다른 모든 것과 담 쌓고 한 우물만 파는 은둔자처럼 살아야 할까? 나는 이것이 그릇된 딜레마라고 생각한다. 우리는 천부적 창의력을 발휘하며 멀티태스킹을 할 수 있다. 다만 속도를 늦추면 된다."

전형적인 작업 환경을 생각해보라. 당신은 책상에 앉아 음악이나 팟캐스트를 들으며 새로운 프로젝트 제안서를 작성하고 있다. 슬랙 단톡방에서 당신의 이름이 언급되었다는 알림이 뜬다. 무슨 일인지 확인한 다음 다시 제안서 작업으로 돌아온다. 문득 이메일을 확인한 지 좀 됐다는 생각에(한 5분 되었나?) 이메일을 확인한다. 이제 다시 제안서로 돌아온다. 한 문장을 쓰고 나니 시야 한쪽으로 휴대폰에 뜬 공지가 보인다. 혹시 중요한 공지일지 모르니 확인해 봐야지. 이런, 별거 아니네. 다시 일로 복귀한다. 1분 후 동료가 책상 옆으로 다가와 얼마 전 고객이 보낸 이메일을 확인했느냐고 묻는다. '아, 봤어요, 나중에 답할게요.' 다시 제안서 작성으로 돌아간다. 일은 진척되고 있다. 작업에 방해되는 일들이 좀 있기는 하지만 신경 쓰지 않는다. 당신은 멀티태스킹에 능하니까. 안 그런가?

안타깝게도 우리가 스스로의 인지를 인지하는 방식인 메타인지 metacognition는 형편없는 수준이다. 우리가 스스로의 멀티태스킹 능력을 대단히 과대평가하고 있다는 말이다. 사실 신경과학의 견지에서 보면, 에드워드 M. 할로웰이 저서『크레이지 비지Crazy Busy』에서 일갈한 바와 같이 진정한 의미의 멀티태스킹은 애당초 가능하지 않다. 우리의 뇌는 한 번에 한 가지만 활발하게 처리할 수 있다. 결국 우리는 끊임없는 '업무 갈아타기'를 하고 만다(여기엔 지대한 대가가 따른다). 하지만 성공적 멀티태스킹 방법이 있을지도 모른다. 멀티태스킹을 하는 시간 단위(그리고 깊이)를 바꾼다면 말이다.

경제학자 팀 하포드는 2019년 〈타고난 창의력을 높이는 강력한 방법〉이란 테드TED 강의에서 자신이 개발한 '슬로우모션 멀티태스킹' 개념을 선보였다. "중요한 활동을 할 때는 한 번에 두 가지 일, 또는 서너 가지 일을 하는 것이 정확히 우리의 목표가 되어야 한다고 주장하고 싶습니다." 여러 권의 경제학 서적을 집필하고 『파이낸셜 타임즈』에 '언더커버 이코노미스트'란 제목의 칼럼을 장기 연재했으며 왕실통계학회 명예회원이기도 한 그가 제안한 한 번에 여러 작업을 수행하는 방법이 실제로 도움이 될지도 모른다.

그러나 '한 번에'라는 표현이 문자적으로 '한 번에'를 뜻하는 게 아님을 주목해야 한다. 하포드의 제안은 여러 프로젝트의 시간대가 겹쳐야 한다는 말이다. 우리는 몇분, 몇 시간, 어쩌면 며칠에 걸쳐 초점을 흐트러지지 않게 유지하며 몇 주, 몇 달, 몇 해에 걸쳐선 여러 가지 일을 추구해야 한다. 가령 당신의 다양한 프로젝트와 관심사를 나열해보고 각각에 꼬박 한 주씩을 할당한다. 되도록 한 주에 한 가지에만 최대한 집중하려고 노력하라. 다음 주에는(또는 다음 달 또는 당신에게 가장 적합한 시간 단위에는) 또 다른 일로 전환한다.

각각의 프로젝트는 나름의 시간과 관심을 받을 자격이 있다. 멀티태스킹 속도를 늦추면 일이 빨리 진척된다. 하포드는 "슬로우모션 멀티태스킹이 반직관적 아이디어처럼 느껴질 수 있다"고 인정한다.

"내가 여기서 설명하려는 것은 동시에 다수의 프로젝트를 진행하는 것입니다. 기분이 이끄는 대로, 또는 상황이 요구하는 대로 여러 주제를 넘나드는 거죠. 이것이 반직관적으로 보이는 이유는 우리가 다급한 멀티태스킹에 익숙해 있기 때문입니다. 우리는 모든 일을 허겁지겁 한꺼번에 처리하고 싶어합니다. 멀티태스킹 속도를 늦춘다면 이 방식이 신기하리만치 잘 작동한다는 것을 발견할 겁니다."

이런 종류의 거시적 멀티태스킹은 우리 대다수가 일상에서 경험하는 바와 거리가 멀다. 하포드는 당대의 여러 저명한 과학자들처럼 다방면의 과학 분야에 매진했던 알버트 아인슈타인을 예로 든다. "그는 브라운 운동, 특수 상대성, 광전효과를 동시에 연구했습니다.

이건 스냅 채팅을 하면서 동시에 드라마 《웨스트월드》를 시청하는 멀티태스킹과는 좀 다릅니다. 사실 아주 다릅니다. 물론 아인슈타인은 뭐랄까… 남다른 독보적 존재죠. 하지만 아인슈타인이 보여준 행동 패턴은 전혀 독보적이지 않습니다. 매우 창의적인 예술가와 과학자들에게서도 보편적으로 찾아볼 수 있는 패턴입니다."

물론 다방면의 과학 분야에서 유의미한 공헌을 하기에는 아인슈타인 시대가 훨씬 유리했을 것이다. 하지만 오랜 세월 창의성과 생산성을 유지한 대단히 성공적인 과학자들은 다들 폭넓은 주제를 함께 연구하는 경향이 있다. 심리학자 버니스 이더슨은 20세기 중반 일류 과학자와 이류 과학자를 구분 짓는 결정적 차이를 연구했다. 그가 발견한 일류 과학자의 핵심 특징은 여러 다양한 주제를 연구한다는 것이다. 전문화의 선봉에 있는 첨단 과학계에서도 다방면의 탐구가 전문화를 이긴다.

흥미롭게도 이더슨이 발견한 또 다른 결정적 차이는 많은 일류 과학자에게 고독이 필요했다는 사실이다. "거의 모든 일류 과학자가 고독의 시기를 경험했다. … 이 시기에 그들은 위안과 즐거움을 얻고자 내면의 자원에 눈을 돌렸고, 그 과정에서 자신의 능력을 실험하고 확장했다. 그들은 혼자만의 시간을 편하게 여겼고 이 시기를 공상, 문제 해결, 독서 등에 즐겨 사용했다." 고독 중에 타임오프를 발견한 과학자들은 자신의 정신을 탐구하며 창의력과 장난기를 실천에 옮기는 법을 체득했다.

장난기 역시 멀티태스킹에 필히 포함시켜야 할 요소다. 하포드는 말한다. "창의적인 사람은 … 동시에 여러 프로젝트를 진행하며 대다수 사람들에 비해 진지한 취미생활을 이어갈 확률이 매우 높다. 창의성은 어떤 아이디어를 원래 맥락에서 추출하여 다른 곳에 대입할 때 일어난다." 탐구를 실천할 때 창의성도 일어난다.

느림보 멀티태스킹의 유익은 실로 크다. 우리는 몇 분마다 한 번씩 업무를 갈아치우며 미시적 단위에서는 정신없이 일하지만 거시적 단위에서는 거의 변화를 주지 않는다. 그러나 슬로우모션 멀티태스킹은 몇 시간, 몇 날 단위에서는 일관성을 유지하고, 몇 주, 몇 달 단위에서는 변화를 찾는 기존의 멀티태스킹 방식을 뒤집은 것이다. 그러니 속도를 늦추고 창의적 몰입이 이끄는 대로 천천히, 여유롭게 프로젝트와 프로젝트 사이를 넘나들라.

실천하기 ▷ **슬로우모션 멀티태스킹을 실천하라**

동시다발적으로 여러 업무를 처리해야 하는 상황을 만나면 기가 죽는가? 속도를 늦추고 달력에 각 업무마다 하루 또는 한 주씩을 할당해보자. 어떤 일 한 가지에 완전히 집중하다 보니 막다른 골목에 이른 느낌인가? 관심을 분산하여 부차적인 프로젝트나 취미에 가중치를 두고 시간을 할당해서 규모를 키워보자. 느린 걸음으로 거시적 멀티태스킹을 시도한다면 스스로도 감탄할 만한 창의적인 통찰을 얻을지도 모른다.

과학과 예술 사이에 경계선은 없다

브랜든 토리(1989~)　　**미국 소프트웨어 엔지니어, 래퍼**

"직업과 직업 외에 하는 일을 분리시키는 방식이 반생산적이라고 생각한다. 나는 이 일을 부업으로 보지 않고 내가 진짜 사랑하는 두 가지 일을 하고 있다고 본다. 나는 그저 창작하며 재미있게 살려고 노력할 뿐이다."
"인간에게는 일생에 한 가지 이상의 꿈을 성취할 역량이 있다고 믿는다."

매사추세츠 브록튼의 한 노숙자 아이가 버려진 전자부품 쓰레기 더미를 뒤지고 있다. 아이는 컴퓨터의 작동 원리를 알려고 버려진 컴퓨터를 뜯어 조립하고 고치기를 반복한다. 교회에서 연 여름 컴퓨터 교실에 등록하여 직접 구입한 책으로 C언어 코딩도 독학한다. 그는 컴퓨터를 사랑하지만 누구에게도 그 이야기를 터놓고 하지는 못한다. "꽉 막힌 모범생처럼 보이긴 싫었다." 그는 훗날 털어놓는다.

캘리포니아 쿠퍼티노의 애플 본사 사무실에 있는 책임자급 소프트웨어 엔지니어는 동료들이 우러러보는 C++, 파이톤, 자바 전문가다. 그런데 음악에 꽂힌 그는 매주말마다 왕복 10시간씩 운전해야 하는 로스앤젤레스로 간다. 그곳에서 그는 파티를 주도하고 노래 가사를 쓰고 레코딩을 하고 언더그라운드 행사에서 공연을 한다. 애플 사 동료들은 그가 음악에 특별히 관심이 있는지도 모르고 이런 식으로 주말을 보내는지도 모른다. 그는 사람들이 자신의 이중생활을 어떻게 생각할지 두렵다.

짐작했겠지만 15세부터 18세까지 노숙자였던 아이와 애플의 소프트웨어 엔지니어는 동일 인물인 브랜든 토리다. 토리는 힘든 환경에서 자랐지만 MCAS와 SAT 모두 높은 점수를 받고 존·아비가일 아담스 장학금을 받으며 매사추세츠대학을 다녔다. 그는 전자공학 학위를 땄으나 공학이 그렇게 근사하지는 않다고 느꼈다. 그래서 졸업 후 음악을 직업으로 삼고자 자신의 운을 시험해 보았다. 초반엔 로스앤젤레스에서 어느 정도 성공을 거뒀지만 결국 벌이가 시원치 않아 개인파산을 했다.

2016년 그는 공학 기술을 사용하기로 마음먹고 실리콘밸리로 가서 소프트웨어 개발자가 되고, 결국 애플 사에 취업했다. 이때부터 엔지니어와 뮤지션의 삶을 오가는 이중생활과 장거리 운전이 시작되었다. 그러나 그는 각각의 공동체에서 이면의 삶이 들통날까 봐 두려웠고 부끄러웠다. "어릴 적부터 자기 정체성과 씨름하고 자신에 대한 기대치로 힘든 시간을 겪었다." 시간이 갈수록 이 위장술이 점점 큰 스트레스로 다가왔다.

마침내 누이의 격려에 힘입어 토리는 자신의 이중생활을 담은 단편 다큐멘터리를 제작하기로 마음먹었다. 과학과 예술 사이에 엄격한 경계선이 있음을 믿지 않는 신세대 엔지니어와 창작가들을 부각하는 1분짜리 애플 모의광고 영상이었다. 그는 2019년 인터뷰에서 "나는 험악한 동네에서 자라 랩을 사랑하는 아이기도 하고 5단계 머신러닝 엔지니어이기도 합니다"라고 말했다. "다른 사람들도 그럴 수 있습니다. 이게 제 메시지였어요." 그는 이 영상을 애플 임원단에 보냈다. 수확이 있었다. 지미 아이어빈이라는 애플뮤직 총괄 임원이(그 역시 프로듀서였다) 토리에게 연락해왔다.

아이어빈의 멘토링과 길잡이로 토리는 자신의 개인 철학을 '멀티드림 이론'이라고 그가 정의한 아이디어로 개발했다. 그는 두 삶을 분리시켜 각각 숨겨두는 것이 엄청난 불안을 일으킬 뿐 아니라 두 분야의 성장을 가로막고 있음을 깨달았다. 그가 『미디엄 매거진』에 쓴 글이다. "내 안의 엔지니어는 과학에 집중하고 싶어하고 내 안의 뮤지션은 문화와 예술에 집중하고 싶어 한다. 내가 깨달은 바는 그런 갈등 자체가 예술이라는 사실이다. 이젠 경계선이 흐려졌고 난 더 이상 두 삶을 별개로 살기를 거부한다. 나는 절대 완벽한 엔지니어가 아니고 완벽한 래퍼도 아니고 완벽한 남편, 완벽한 아버지도 아니다. 인생의 비밀은 우리의 꿈이 흘러넘쳐 변신하도록 허락하는 데 있다고 생각한다." 우리 꿈의 지류가 뻗어나갈 시공간을 허락한다면 여러 꿈의 공통점이 드러나기 시작한다. 다양한 꿈들이 서로 간섭하기 시작하며 서로를 자양분으로 삼아 어느 한 부분도 희생하지 않고 하나의 멀티드림으로 성장한다.

대부분의 꿈을 관통하는 핵심 주제는 창의성이다. "인간이 이토록 특별한 이유는 창의성 때문이다. 반복되는 업무를 감당할 머신러닝 모델과 인공지능을 만들어내는 과정에서 이 점이 더욱 확연하게 드러나고 있다." 토리는 미래 세대가 더 이상 자신의 전 생애를 편협한(종종 시시한) 전문화로 한정하지 않고, 훨씬 덜 단선적인 직업적 진로를 따를 것이라고 본다(여러 갈래로 길이 갈라지다가 원을 이루며 교차하다가 궁극적으로는 우리의 창의성을 온전히 탐구하는 방향으로 인도할 것이다).

그후 토리는 음악을 더 진지하게 추구하기로 결심했다. 그는 애플을 퇴사한 뒤 LA로 돌아와 구글에서 책임자급 AI 소프트웨어 엔지니어로 일하며 동시에 음악 커리어에 집중하고 있다. 그는 자신의 다양한 열정에 대해 내적 평안을 찾았고 자신의 멀티드림을 온전히 구현하며 살고 있다.

실천하기   ▷   **멀티드림을 실현하며 살라**

직장 동료에게 당신의 꿈을 자랑스레 이야기하거나 소개한 적이 언제였는가? 일 외의 열정에 관해 많이 나눌수록 관계가 돈독해질 것이다. 단 하나의 꿈을 좇느라 나머지 모든 것을 포기하지 않아도 된다. 여러 꿈을 동시에 달성할 수 있다. 하나가 나머지에 동력을 제공하고, 하나에서 타임오프하는 것이 나머지를 위한 시간이 되게 하라. 꿈을 추구하기 위해 꼭 하나에 올인해야 하는 건 아니다. 토리가 말하듯 "말 그대로 내 모든 걸 바쳐야 어느 하나에서 탁월해질 수 있다면, 상황 바꾸기는 늘 틀린 선택일 것이다." 당신의 꿈은 각각 독립된 변수가 아니라 모두 연결되어 있음을 발견하라. 연결점을 찾아내고 활용할 수 있다면, 어느 하나의 진보가 나머지 모두의 진보로 이어질 것이다.

새로운 관점을 얻으려면
거리를 두라

창의성은 본질적으로 점 연결하기다. 광범위한 관심사를 탐구하다 보면 풍성한 점들에 접근할 수 있다. 얼마나 많은 점이 있든지 간에 준비 단계에 갇혀 한 점을 쥐어짜거나 한 점에만 과하게 몰입하면, 계속 근거리 점들만 잇게 된다. 그러면 사고가 경직되고 아이디어 순환이 일어나지 않는다. 진짜 흥미로운 연결점을 발견하려면 새로운 관점과 일정한 거리 확보가 필요하다.

이는 여러 차원에서 일어날 수 있다. 우선 미시적 차원에서 정신적으로 고갈되거나 어떤 문제에 갇힌 느낌을 받을 때 한 시간, 아니 단 몇 분만이라도 문제에서 벗어나 탈연결을 가능케 하는 활동을 해보라(자연을 벗 삼는 짧은 산책 등). 문제로부터 약간만 거리를 둬도 다시 복귀했을 때 참신한 시선으로 문제를 볼 수 있다. 중단기적 차원에서는 하루 내지 한두 주 지속되는 타임오프를 가져보라. 이렇게 하면 문제로부터 더 큰 거리를 확보할 수 있고, 더 멀리 있는 아이디어들을 연결 지을 수 있다. 마지막으로 적어도 몇 주 이상 지속되는 장기적 타임오프를 생각해볼 수 있다. 특히 장기 여행과 결합된 타임오프는 매우 효과적인 형태의 부화이며 기발한 아이디어로 이어질 수 있다. 이는 새로운 관점을 얻고 평소의 사고 패턴으로부터 거리 두기를 하는 데 탁월한 도구다.

타임오프의 중요성을 아는 것은 첫걸음에 불과하다. 따라다니는 안타까운 낙인들을 극복하고 제대로 실천으로 옮기는 것은 또 다른 차원의 문제다. 수백 년간의 그릇된 길잡이로부터 서서히 탈학습하는 과정이기 때문이다. 이는 개인의 수준을 넘어 사회적 차원에서 관점 변화를 요하는 일이다.

우리는 진정한 일 중독자답게 창의적 과정에서 적극적 준비 단계와 검증 단계에 지나치게 치중하며 공을 돌릴 때가 많다. 그 단계들이 더 적극적이라는 이유만으로 분명 더 도덕적이고 좋을 것이라고 여기며, 부화 단계와 발현 단계의 중요성을 애써 외면한다. 그러나 부단히 일하며 해결책을 쥐어짜고 아이디어 부족을 순전히 노동 시간으로 만회하려는 시도는 우리를 비참하게 만들 뿐 아니라 비생산적이다. 아이러니하게도 맹렬한 생산성 추구는 오히려 우리의 목표와 정반대 결과를 낳는 경우가 허다하다. 깊은 통찰에서 나오는 새로운 시각이 어려워지기 때문이다. 특히 대부분의 지식 근로자는 창의성을 필요로 하는 업무가 주를 이루며 단선적이거나 부가적이지 않다. 그런 식으로 일하면 아무리 많은 시간을 투입해도 돌파구가 되어줄 통찰은 일어나지 않을 것이다.

그레이엄 월러스는 창의성 이론을 개발할 당시 이 사실을 알았다. 물리학자 헤르만 폰 헬름홀츠도 그랬다. 월러스는 헬름홀츠의 말을 인용했다. "문제에 대한 전방위 조사〔후에〕 … 행복한 아이디어는 흡사 영감처럼 별 힘을 들이지 않은 상태에서 예기치 않은 순간에 찾아온다. 적어도 내 경우엔 머리가 지쳐 있을 때 아이디어가 떠오른 적은 한 번도 없었다. … 아이디어는 화창한 날 천천히 숲길을 거닐 때 유독 쉽게 떠오른다." 부화(궁극적으로는 발현)가 제대로 일어나려면 타임오프, 거리 두기, 신선한 관점이 있어야 한다.

쉼은 창의적 과정을 거드는 수준에서 그치지 않고 말 그대로 핵심 요소다.

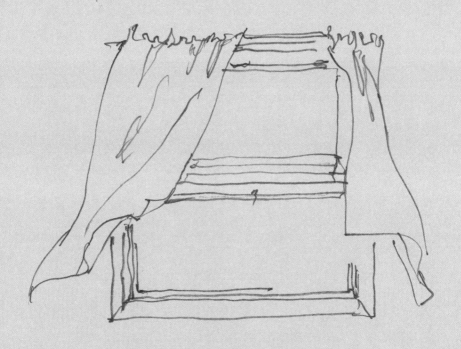

필자 맥스는 몇 개월째 아이디어와 씨름 중이었다. 그는 오랜 시간 공부와 학술논문에 파묻혀 지냈다. 자료를 읽지 않을 때에는 머릿속에서 문제를 요리조리 뒤집어보며 궁리했다. 그는 무엇이 문제인지, 어떤 목표를 달성해야 하는지 정확히 파악하고 있었다. 다만 어찌해야 할지 방법을 모를 뿐이었다.

AI 연구자인 맥스가 고민한 문제는 우리가 일상에서 흔히 접하는 (스트리밍 서비스가 제공하는 이미지·영화·노래 추천, 사진 태그 내용 검색 같은) AI 앱의 데이터 구현 방식이었다. 데이터 과학자들은 이런 작업을 위해 작업 대상인 데이터를 '지도화'한다(전문용어로 '잠재 공간'이라고 한다).

'지도상' 두 사물이 가까울수록 데이터 유사도가 높다. 문제는 현재 알고리즘으로는 지도에 감춰진 계곡이나 산이 있을 때, 시스템이 제공하는 결과에 영향을 미친다는 것이다. 구글 지도가 목적지로 가는 최단 코스를 100미터로 추정했는데, 이 코스에 깊은 계곡이나 가파른 절벽이 포함된다는 사실을 언급하지 않았다고 생각해보라. 데이터 지도의 문제점이 그러했고, 맥스도 이것은 개선하려고 했다.

맥스는 계곡과 산이 어디에 있는지 파악하는 방법은 알았지만, 이 정보를 거리에 반영하는 방법을 알아내는 데 난관에 부딪혔다.

그에게 필요한 건 거리가 더 많은 의미를 포함하도록 지도를 왜곡하는 방법이었다. 그는 수개월간 이 문제를 붙들고 씨름했지만 별 성과가 없었다. 그때 맥스는 이 모든 것을 뒤로한 채 등산 여행을 떠났다.

하코네는 일본 중부의 온천과 후지산 풍광으로 유명하고 주말여행에 안성맞춤인 지역이다. 맥스와 친구 아야코는 여행의 매순간을 만끽했다. 둘은 첫날 대부분의 시간을 산과 자연으로 둘러싸인 아름다운 노천탕에서 보냈고, 둘째 날에는 장거리 등산을 했다. 맥스는 곤혹스런 데이터 지도화 문제 따위는 머릿속에서 지운 듯했다. 그는 대화와 등산에만 충실하고자 했고, 가파르고 좁은 등산로에 널린 돌부리와 나무뿌리에 걸려 넘어지지 않으려고 주의를 집중했다. 그런데 어느 지점에선가 아야코가 무심코 던진 한 마디가 생각의 도화선에 불을 붙였다.

두 사람은 몇 시간째 등산을 하다가 어떻게 호텔로 돌아갈지 고민하기 시작했다. 인근 관광 안내소에서 받은 버스 노선 지도를 펼쳐보았다. 손그림 형식의 단순한 지도였다. 지도는 지형을 정확히 축척해서 표시하지 않았고, 관광 명소와 노선을 부각하고자 왜곡되어 있었다. 그때 아야코가 얼마 전 지도 제작 역사에 관한 책을 읽었다며 맥스에게 이런 말을 했다. "옛날 사람들은 지도를 그릴 때 중요하다고 생각하는 사물을 더 크게 그렸대. 재밌지 않아?"

그 순간 맥스는 머리를 한방 맞은 듯했다. 흔히 말하듯 번개가 내리치고 터널 끝에서 서광이 비치는 순간이었다. 찾아 헤매던 답이 바로 눈앞에 있었다.

카토그램이라는 주제지도는 지역의 GDP, 인구, 농업 생산량 등 관심 분야의 특성에 따라 면적을 왜곡해서 축척하는 방식을 사용한다. 맥스는 카토그램 기법을 사용하면 얼핏 무관해 보이는 데이터 구현 문제를 해결할 수 있음을 깨달았다. 데이터 지도에 '능선'이 있다면, 산 능선으로 분리된 두 지점이 더 멀어 보이도록 산을 확대할 수 있다. 거리가 멀수록 '더 높은' 산이 된다.

맥스는 집으로 돌아오자마자 자신의 직관을 실험해보았고, 이틀 만에 이것이 상당히 합리적으로 작동함을 확인했다. 몇 차례의 실험과 세부 분석 후 동료 두 명과 함께 이 새로운 방법에 관한 논문을 썼다. 이 모든 것이 하코네에서 등산하던 중 갑자기 떠오른 아이디어에서 나왔다. 그는 일의 진척을 이루기 위해 일로부터 벗어나야 했다. 그에게 필요했던 건 얼마간의 쉼이었다.

1만 시간인가, 4시간인가

찰스 다윈은 하루 세 번 90분씩 일했고, 나머지 시간에는 긴 산책을 하거나 낮잠을 자거나 상념에 잠겼다. 엄청난 다작가이며 사상가였던 앙리 푸앵카레는 오전 10시부터 정오까지 1차 작업을 한 뒤 오후 5시부터 7시까지 2차 작업을 했다(어떤 문제로 머리를 싸맸다가 무의식에게 바통을 넘기기에 딱 좋은 시간이었다). 마찬가지로 수학자 G. H. 하디는 의식적 작업은 '하루 4시간'이 최대치이며, 나머지 시간을 너무 많은 '바쁜 일'로 채우면 매우 비생산적이라고 믿었다.

그러고 보니 다윈, 푸앵카레, 하디 모두 같은 이야기를 하고 있다. 제대로 초점을 맞추고 진짜 집중력을 발휘한다면, 그리고 이 시간을 양질의 쉼으로 뒷받침한다면, 위대한 성취에 필요한 시간은 하루 4시간이면 족하다는 것이다. 이는 우리의 바쁨 문화에 정면으로 위배되는 발상이다.

위대함을 낳는 '1만 시간의 법칙'은 앤더스 에릭슨과 동료들의 공동 연구로 탄생한 이래 숱하게 인용되었고, 말콤 글래드웰의 책 『아웃라이어』로 대중의 주목을 크게 받았다. 이 법칙은 어떤 분야에서든 전문가 수준에 도달하려면 1만 시간의 의도적 연습이 필요하다는 주장이다. 바쁨과 스트레스와 과로를 악덕이 아니라 미덕으로 간주하는 세상은 쌍수를 들어 이 법칙을 환영했고, 지금도 많은 사람은 이 법칙을 마치 교리처럼 신봉한다. 그런데 에릭슨의 실제 연구에는 매일의 의도적 연습이 효과적 수준을 넘지 않도록 제한해야 한다는 내용도 담겨 있다. 그리고 하루에 투입해야 할 이상적 시간으로 4시간을 제시했다.

더 흥미롭지만 종종 도외시된 사실은 이 연구에서 정상급 수행자가 쉬는 방식이 평균적인 수행자의 쉼과는 다르다는 부분이었다. 그들의 여가 시간은 평균인들에 비해 더 체계적이고 계획적이었다. 그들은 연습만 의도적으로 한 게 아니라 '쉼'도 의도적으로 했다. 그들은 평균보다 한 시간가량 더 잠을 잤다. 사실 창의적인 사람과 성공한 지도자 가운데 많은 사람이 4시간의 집중을 완수한 후 낮잠이라는 강력한 부화 도구를 활용한다.

이 방법을 쓰면 낮잠이 한 덩어리의 깊이 있는 작업을 둘로 쪼개어 하루 일을 '2교대 근무'로 분할하는 효과를 가져온다. 수면을 더 완벽하게 활용하려고 더 세심한 조치를 취한 사람들도 있다. 살바도르 달리는 강력한 창의적 통찰을 얻고자 "한손에 열쇠를 들고 살짝 잠드는" 독창적인 방법으로 가수면 상태에 접근했다. 곧 알게 되겠지만 쉼은 단순한 수면 시간의 장단을 훨씬 능가하는 개념이다.

쉼은 생산적이다

　흔히 일의 반대가 쉼이라고 생각한다. 쉬든지 일하든지 둘 중 하나라는 것이다. 그러나 일과 쉼을 엄격히 분리하는 것은 현대의 그릇된 통념이다. '일'을 그저 우리 대다수가 9시부터 5시까지 하는 무언가가 아니라 생산성과 창의성의 총체적 과정이라고 정의해보면 어떨까? 그렇다면 우리 모두가 날마다 수행하는 바쁜 일만큼이나 쉼이 일의 일부분이 될 것이다.

　오랫동안 사람들은 쉴 때 뇌의 활동력도 떨어진다고 생각했다. 그러나 날로 발전하는 뇌 영상화 기술에 힘입어 뇌 과학자들이 실제로 관찰한 뇌의 활동상은 전혀 그렇지 않았다. 연구자들은 우리가 쉬는 중에도 머릿속은 전혀 텅 빈 상태가 아니라는 사실을 발견했다. 쉬는 동안 뇌의 전반적인 활동량은 감소하지 않았다. 다만 활동성이 뇌의 '다른 영역'으로 옮겨갔을 뿐이다. 마침내 연구자들은 쉬는 동안 활성화된 영역을 '디폴트 모드 네트워크'DMN라고 총칭하게 되었다.

　추가 연구를 통해 DMN이 고도로 활동적일 뿐 아니라 결정적으로 중요하다는 사실도 밝혀졌다. 미국 USC대학의 신경과학자 메리 헬렌 이모르디노-양과 그의 동료들은 DMN 활동이 지능, 공감, 정서적 판단뿐 아니라 전반적인 정서와 정신 건강과도 높은 연관성이 있음을 발견했다.

　특히 창의적이고 혁신적인 유형의 일은 활발히 일에 임하는 시간만큼이나 쉼과 긴장 풀기를 필요로 한다. 우리가 쉴 때 뇌는 부지런히 기억을 조합하며 조용히 당면 문제의 해결책을 찾는다. DMN이 활성화되면 우리의 직관이 주도권을 가지고, 창의성과 문제해결

기술이 보다 더 비단선적으로 움직이며 멀리 있는 요소와 연관점을 찾아내기 시작한다. 산책이나 샤워 도중에 강력한 생각이나 통찰이 떠올랐다면 DMN에 감사하라. 당신이 푹 쉬고 있다고 느끼는 순간에도 DMN은 조용히 당신이 해결하려던 문제에 관한 '큰 그림' 전략이나 창의적 돌파구를 탐색하는 중이다. 그러나 당신이 뭔가에 정신이 팔려 있다면 이 과정에 차질이 생긴다. 효과적이고 의도적인 쉼은 텔레비전 앞에서 멍하니 있거나, 뉴스거리를 훑어본다거나, 유튜브에서 고양이 동영상을 계속 클릭하는 것과는 아주 다르다.

창의적인 사람의 뇌는 DMN이 더 강력하게 개발되어 휴식 시간에 더 효과적으로 일한다는 연구 결과가 있다. 흥미롭게도 창의적인 사람의 DMN에는 일반인에 비해 더 '위축된' 영역이 있다. 바로 무의식적 아이디어 평가를 담당하는 좌측 측두-두정엽이다. 이 영역이 일반인에 비해 덜 활발하기에 아이디어 억제를 덜하므로 여러 아이디어가 의식의 수면 위로 더 많이 부상할 수 있는 것이다. 이런 시간이 쌓이다 보면 웬만해선 도달하기 힘든 '아하!'의 번득이는 통찰의 순간으로 이어진다.

더 많은 시간을 쉼에 쓰고 활발히 일하는 시간을 줄이면 창의력과 행복감이 증진될 뿐 아니라 일에 쓴 시간의 능률이 올라간다. 웹 개발업체 '베이스캠프'는 근무일을 단축하여 주말을 하루 연장하는 실험을 했다. 그들은 실험을 통해 이런 사실을 발견했다. "5일 근무와 비교해서 4일간 거의 동일한 분량의 업무를 완수했다. … 3일 주말을 보낸 사람들은 월요일에 한결 개운한 상태로 출근할 수 있었다. 사람들은 주 4일 근무 동안 실제로 더 열심히, 더 능률적으로 일했다."

일단 쉬는 데 더 많은 시간을 들이면 일에 직접적인 유익이 돌아간다. 스스로 부과한 시간 제약이 있기에 본질에 더 집중한다. 자신이 일하는 방식과 사용하는 방법을 재평가하게 된다. 보여주기 식 바쁨의 덫에 걸릴 확률이 줄고, 무의미한 회의 일정을 잡거나 프레젠테이션 자료에서 이미지를 이리저리 옮겨 붙이는 일을 멈추고 진짜 중요한 일이 무엇인지 고민하기 시작한다. 자신의 시간을 단지 돈과 맞바꾸는 환전 수단이 아니라 스스로에게 가치 있는 것으로 인식하여 가장 의미 있게 시간을 투자할 방도를 궁리한다. 시간의 참가치에 대한 의식이 제고되는 것이다. 창의성에 날개를 다는 비결 중 하나가 이처럼 시간을 다양한 열정에 투자하는 것이다.

하루 4시간만 일한 남자

앙리 푸앵카레(1854~1912)　　프랑스 수학자, 이론 물리학자

"난제를 연구할 때 첫 번째 공략에선 어떤 좋은 결과도 얻지 못한다. 그럴 때면
길든 짧든 쉼을 가진 후 다시 새롭게 작업에 임한다. … 문득 결정적인 아이디
어가 떠오른다. 의식적 작업의 맥을 끊고 쉼을 통해 정신에 힘과 신선함을 되돌
려줬기에 더 큰 결실을 거뒀다고 할 수 있다."

당시 앙리 푸앵카레는 오늘날 '푸크스 함수'라고 알려진 수학 함수의 존재 불가성을 증명하고자 2주째 머리를 싸매고 씨름 중이었다. 그러다가 그는 오늘날 우리에게 너무나 익숙한 행동을 한다. 커피를 너무 많이 마신 탓에 침대에 누웠지만 잠들지 못하고 천장만 응시한 것이다. 그런데 돌연 머릿속에 이리저리 떠다니던 아이디어들이 아귀가 맞물리기 시작했다. 그는 함수가 존재하지 않음을 증명하는 대신 정반대의 발견을 했다. 푸앵카레는 스르르 잠에 빠져들며 푸크스 함수의 특정 하위분류의 존재를 증명할 수 있겠다고 확신했다. 다음날 아침 그는 "결과를 옮겨 적기만 하면 그만이었고, 몇 시간 만에 작업을 끝마쳤다."

그로부터 얼마 후 푸앵카레는 후속 문제를 연구하다가 훌쩍 '지리 탐사'를 떠났다. 그는 "여행이란 사건으로 수학 작업을 잊어버렸다"라고 말한다. 하지만 며칠간 여행 후 버스에 올라타려고 "버스 계단에 첫 발을 딛는 순간 [결국 문제풀이의 열쇠가 된] 아이디어가 떠올랐다. 이 아이디어로 가는 길목을 열어주는 어떤 예비적 사고도 한 적이 없었다."

여행에서 돌아온 푸앵카레는 새로운 통찰을 검증한 다음 다른 문제로 또다시 난관에 부딪쳤다. "계속되는 실패에 넌더리를 내며 나는 바닷가에서 며칠을 보내려고 훌쩍 떠났다. 그곳에선 딴 생각을 하며 지냈다. 어느 날 아침 절벽 위를 거닐던 중 예전과 똑같이 간결하게, 돌연히, 즉각적인 확신의 형태로 아이디어가 떠올랐다."

수학과 과학 역사상 앙리 푸앵카레만큼 다작을 하고 영향력이 큰 사람도 드물다. 그가 수학계와 과학계에 남긴 다양하고 방대한 공헌을 묘사하려면 어디서 시작해야 할지 난감할 정도다. 그의 영향에서 벗어난 분야를 찾아보기가 어렵다. 앞서 언급한 푸크스 함수에 대한 연구는 수세기 동안 수학자들에게 수수께끼였던 '페르마의 마지막 정리'의 증명으로 이어졌다. 그는 악명 높은 또 다른 문제 '푸앵카레 추측'의 창안자이기도 하다. 클레이수학연구소는 이 추측의 중요성을 인정하여 이를 증명하는 사람에게 100만 달러의 상금을 수여하겠다고 내걸었고, 결국 2006년 그리고리 페렐만이 증명에 성공했다. 푸앵카레의 작업을 다 열거하고 설명하자면 몇 권의 책으로도 모자랄 것이다.

푸앵카레는 이처럼 누구보다 직관과 무의식의 힘을 굳건히 믿었고, 쉼과 타임오프가 직관과 무의식의 가장 믿음직한 원동력이자 생산적인 도구라고 생각했다. 그는 오전 10시부터 정오까지, 오후 5시부터 7시까지, 이렇게 하루 두 차례 각각 2시간씩 일했다. 그는 무의식이 일하고 아이디어가 부화하며 무르익을 시간을 확보하고자 의도적으로 연구 사이의 시간을 활용했다. 그의 결과물은 양으로 보나 시대를 뛰어넘는 중요도로 보나 더 이상의 설명이 필요치 않다.

더 긴 시간 단위로 보자면, 나름의 슬로우모션 멀티태스킹에 기초한 푸앵카레의 연구 습관을 꽃에서 꽃으로 날아다니는 벌에 비유할 수 있다. 미국 수학자 에릭 템플 벨은 푸앵카레를 "마지막 보편주의자"라고 불렀다. 푸앵카레의 무의식은 다양한 프로젝트에 관여함으로써 새로운 영감을 얻었고 그의 연구를 교차 수분受粉하면서 일면 관련 없어 보이는 문제들을 풀 수 있었다.

앙리 푸앵카레는 "한편으로 무의식적 작업이 선행되고 또 한편으로 의식적 작업이 뒤따라오는" 형태의 타임오프가 가장 풍성한 열매를 가져다준다는 사실을 깨달았다. 관건은 올바른 균형이다. 일과 쉼 둘 다 생산성과 창의성, 궁극적으로는 보람 있는 삶에 지대한 역할을 한다.

| 실천하기 > | **근무 시간을 몇 개의 덩어리, 즉 짧고 굵게 집중하는 시간과** |
| | **그 사이의 양질의 쉼으로 나누라** |

한두 시간 동안 한 가지 문제에 온전히 집중한 적이 마지막으로 언제인가? 당신이 풀고 싶은 중요한 문제를 적어보고, 두 시간 동안 그 문제만 고민해보라. 완전히 막힌 느낌이 든다면 한발 물러나 무의식에 일을 넘겨라. 늑장을 부리라는 게 아니라 의도적으로 양질의 쉼을 갖는 것이 핵심이다. 아무리 고민해도 안 풀리던 문제가 무의식에 고삐를 넘겨준 후 술술 풀리는 것을 보고 스스로 놀랄지도 모른다.

쉼은 활동적이다

와일더 펜필드는 에세이 〈게으름의 활용〉에서 "하나의 행위에 대한 최상의 쉼은 다른 행위다"라고 말했다. "여유 시간의 왕성한 활용을 통해 우리는 배움의 지경을 넓히고 더 유능한 전문가, 더 행복한 인간, 더 유용한 시민이 될 수 있다. 세상을 이해하며 내면의 자원을 함양하는 데도 이런 관점은 유익하다." 음, 솔깃하지 않은가?

흔히들 하는 오해가 정신이 피로해져서 재충전이 필요하다는 것이다. 이는 절반의 진실에 불과하다. 우리 정신은 실제로는 '변화'를 바란다. 활동적으로 여가 시간을 보내고 다음날 업무 수행에 지장이 없다면 말이다. 오히려 업무 수행력이 높아질 것이다. 완전히 색다른 도전에 몰입하면, 무의식은 전에 마주한 문제에서 흘러나오는 방해 없이 완전히 자유롭게 움직인다(부화 과정).

영향력 있는 많은 과학자가 열렬한 음악, 예술, 스포츠 애호가이기도 했다. 필자 맥스에게는 고강도 운동인 크로스핏과 마음을 평안하게 해주는 베이킹과 음악 프로듀싱이 효과적이었다. 필자 존은 주짓수 연습이나 창작자들과 어울리며 영감을 주고받는 디너 파티 열기를 즐긴다.

앞서 소개한 인물들을 통해 이미 눈치챘겠지만, 역사상 위대한 인물들 중에는 유독 긴 산책을 즐기는 사람이 많았다. 산책 중에 심오한 통찰이 무수히 일어났다. 가령 하이젠베르크의 불확정성 원리, 해밀턴의 사원수四元數, 루빅의 루빅큐브 설계 등이 있다. 또 다른 산책가 헨리 데이비드 소로는 "다리가 움직이는 순간 생각이 흐르기 시작한다"라고 말했다.

소로의 관점은 과학적으로도 뒷받침할 수 있다. 뒤에서 살펴보겠지만, 운동을 하면 근육과 심혈관계가 강화되는 것처럼 심층부의 뇌가소성이 활성화되어 직접적인 뇌 개선이 이루어진다. 운동 중에는 뉴로트로핀(뇌세포 형성 및 성장을 촉진하는 단백질) 생성이 대폭 증가한다. 지구력 운동을 하면 이리신 호르몬이 분비되는데 이때 가장 활발한 뉴로트로핀 중 하나인 BNDF 뉴로트로핀 인자의 분비가 촉진된다. 요컨대 땀을 빼면 뇌에서 새로운 연결점들, 즉 당신이 씨름하던 난제의 해결과 다음 단계의 창의적 돌파구 달성에 필요한 연결점이 생성된다는 얘기다.

덧붙이자면 운동은 스트레스를 줄이고 미래의 스트레스에 대한 수용도를 높이는 데도 도움이 된다. 우리가 활동할 때 가장 직접적인 수혜자는 뇌이고, 궁극적으로는 생산성과 창의성도 올라간다. 반직관적으로 들리겠지만 이런 활동이야말로 정신 회복에 필요한 좋은 쉼이다.

회복의 네 가지 요소

쉼을 생각하면 어떤 그림이 떠오르는가? 나무 그늘 아래 그물침대에 누워 낮잠 자기? 소파에 기대어 드라마 정주행하기? 쉼은 그저 시간 때우기가 아니고, 모든 쉼이 좋은 것도 아니다. 주식투자 카페에서 세 시간을 불사르는 행위는 낮잠 자기나 산책과 같지 않다. 우리는 생산성과 웰빙에 긍정적인 유익을 끼치려면 좋은 쉼이 필요하고, 그 쉼이 활동적이어야 한다고 이미 정리했다. 그런데 정확히 어떤 쉼이 좋은 쉼일까?

알렉스 수정 김 방Alex Soojung Kim Pang은 그의 책『일만 하지 않습니다*Rest*』(한국경제신문 역간)에서 연구를 통해 적절한 쉼과 회복에 기여하는 네 가지 요인을 밝힌다.

· 이완: 심신의 긴장 풀기
· 통제: 시간과 관심을 어떻게 사용할지 결정하기
· 기량: 몰입해야 할 만큼 충분히 까다로운 일에 도전하기
· 거리 두기: 일에 대해 잊을 정도로 다른 것에 열중하기

당신의 쉼이 그저 긴장 풀기에 국한되어 있다면 좋은 쉼의 필수 요소 중 4분의 3을 놓치고 있는 셈이다.

통제: 일상생활의 많은 요소가 우리의 통제 밖에 있다. 상사가 지난 수개월간 작업한 것을 송두리째 날려버릴 어떤 결정을 내린다. 고객이 프로젝트 마감 직전에 새로운 사양을 주문한다. 발음하기도 어려운 아이슬란드의 화산이 폭발하여 유럽의 전 항공노선이 마비되고 최악의 타이밍에 외국에서 발이 묶인다(필자 맥스가 수년 전 대학 시험기간에 겪은 일이다). 이런 일들은 큰 스트레스가 되고 정신을 쏙 빼놓고 에너지와 창의성을 고갈시킨다.

균형을 맞추려면 쉼에 '통제 요소'가 있는 것이 좋다. 그림 그리기, 요리, 작곡은 온전히 우리의 통제 아래 있다. 모험이 가득한 휴가처럼 다소 예측이 안 되는 쉼조차 회사 정책에 의거하여 행동해야 하는 업무와는 달리 어느 정도 우리 스스로 결정할 여지를 허락한다. 어떻게 시간과 에너지와 관심을 쓸지 결정하는 주체는 우리다. 이런 형태의 쉼은 다시금 아수라장이 될 때를 대비한 재충전을 가능케 한다.

기량: 악기 연주나 시 쓰기는 온전히 우리의 통제 아래에 있지만 마냥 쉽지는 않다. 그런데 아이러니하게도 마냥 쉽지만은 않은 활동이 유독 좋은 쉼이 될 수 있다. 진정한 쉼은 활동적이면서도 '기량이 필요한 체험'을 제공한다. 몰입할 만큼 충분히 도전적이고 정신적 흡인력이 있어야 한다는 얘기다(난이도가 너무 높아 지레 포기할 정도여서는 안 된다).

필자 존은 주짓수 교실에서 기량을 올리기 위해 한 가지 기술을 연마하는 데 몇 시간씩 공을 들인다. 트레이닝 파트너와 스파링을 할 때 온전히 열중하지 않으면 삽시간에 상대방에게 제압당하고 만다. 존은 트레이닝 하는 몇 시간 동안 프로젝트 생각을 멈출 수 있기에 트레이닝 후 개운함을 느낀다. 기량이 필요한 체험이 쉼의 핵심이다. 이런 체험은 몰입이 필요할 만큼 까다롭기에 머릿속의 잡다한 생각을 밀쳐내고 일에 대해 곱씹을 여지를 두지 않는다.

거리 두기: 그래서 마지막으로, 어쩌면 가장 중요한 좋은 쉼의 요소를 소개하겠다. 바로 일(또는 그것이 무엇이든 당신이 맥을 끊고 싶은 대상)을 완전히 머릿속에서 밀쳐내고 다른 것에 관심을 돌리는 능력이다. 이것이 심신 회복에 매우 중요하다. 달리 말하면, 당신은 날마다 '로그아웃'할 수 있는가? 사빈 소넨태그가 거리 두기의 중요성에 관한 연구 논문에도 썼듯이 "실증 조사에 의하면 근무 외 시간에 일로부터 거리 두기를 하는 직원이 삶에 대한 만족도가 더 높고 심리적 괴로움을 덜 경험했다. … 〔아울러 조사를 통해〕 근무 외 시간에 일로부터 거리를 두는 것과 업무 능력 간에는 긍정적 상관관계가 있음이 밝혀졌다."

정상급 수행자들의 공통된 특성은 재빨리 의지대로 두 개의 바이너리 모드, 즉 온오프 전환을 잘한다는 것이다. 온전히 온ON 되어 모든 정신과 신체 에너지를 특정 작업에 집중하는가 하면, 온전히 오프OFF 되어 평안하고 초연한 이완 모드로 들어간다. 이와 달리 우리 대부분은 '절반의 온'과 '절반의 오프' 중간지대를 배회하며 일종의 아날로그 상태에서, 결코 극단에 도달하거나 극단에서 비롯된 유익을 경험하지 못한 채 일생을 산다.

저녁이나 주말 또는 장기 휴가 시 온전한 거리 두기를 연습하는 것이 중요한 순간에 올인 하고 여타 시간에는 효과적으로 회복할 줄 아는 능력 계발에 결정적이다. 가장 창의적이고 생산적인 근로자는 일에서 완전히 플러그를 뽑을 줄 안다.

좋은 쉼은 단순히 긴장 풀기가 아니다. 이는 활동적이고 도전적이며 온전한 주의를 요한다. 이는 우리에게 자극이 되고 몰입 상태에 들어가게 한다. 우리는 잠시나마 다른 염려를 잊고 권태로움의 실체인 소리 없는 불안감을 떨치며 온전히 현재 순간에 몰두하게 된다. 누군가의 좋은 쉼은 다른 누군가에게는 일처럼 보일 수 있다. 때때로 좋은 쉼에는 적절한 변화만 있으면 된다.

인생에 윤작의 원리를 적용하라

쇠렌 키르케고르(1813~1855)　**덴마크 철학자**

"내가 보기에 가장 바보 같은 짓은 분주한 것, 즉 음식과 일에 발 빠른 사람이 되는 것이다."
"나태함은 모든 악의 뿌리이기는커녕 진정한 선의 극치다."

노련한 농부라면 매년 같은 터에 같은 작물을 재배해서는 꾸준히 높은 수확률을 기대할 수 없음을 잘 안다. 그런 식으로 농사를 지으면 토양이 황폐해지고 토사 침식과 병충해 위험이 증가한다. 똑똑한 농부는 철을 따라 다른 작물을 재배하는 윤작제를 활용한다. 이렇게 돌려짓기를 하면 토지가 특정 작물의 영향에서 회복되는 것을 도와 농지가 두루 건강해지고 수확률이 올라간다. 돌려짓기할 작물의 종류를 잘 고르기만 하면 토지가 스스로 회복되도록 휴경지로 내버려 두는 편보다 낫다. 앞서 재배한 작물이 후속 작물의 성장에 필요한 자양분을 배출하여 토양이 오히려 비옥해지기 때문이다. 이 방법은 아주 효과적이고도 단순하여 옛적부터(최소한 기원전 600년 중동에서부터) 이모저모로 활용되었다.

실존철학의 시조인 쇠렌 키르케고르는 윤작crop rotation 원리가 농업을 넘어 인간 정신의 과업에도 적용될 수 있다고 믿었다. 그는 코펜하겐의 대단히 부유한 가정에서 태어났다(평생 아버지의 유산으로 생활했으니 아주 쉽게 타임오프를 실천할 만한 형편이었다). 그가 스물두 살이 되기 전 6남매 중 다섯이 죽었다. 병약한 키르케고르는 인생 초년기부터 죽음에 에워싸였다. 어쩌면 그래서 죽기 전에 세상에 족적을 남겨야 한다는 생각에 집착했는지도 모른다. 그는 이 일을 달성할 수단으로 철학을 선택했다.

키르케고르는 권태boredom야말로 인류의 무수한 문제의 진짜 근원이라고 여겼고, 심지어 모든 악의 근원이라고 말했다. 이 대목에서 키르케고르가 말하는 권태의 개념이 흔히 생각하는 바와 다르다는 점을 짚고 넘어가야겠다. 그가 말하는 권태는 나태함이나 가만히 있는 상태 같은 게 아니다. 다음은 그가 쓴 에세이 〈윤작〉의 한 대목이다. "우리는 나태함idleness을 모든 악의 근원이라고 말하는 데 익숙하고 이를 미연에 방지하기 위해 일을 추천한다. ··· 〔그러나〕 나태함은 결코 악의 근원이 아니다. 오히려 정반대다. 나태함이야말로 무료하지만 않다면 진정 신성한 삶이다." 나태함을 악으로 여기는 것은 아주 잘못되었다는 것이다. 진짜 문제는 권태, 즉 활동하고 싶은 욕구도 있고 부단히 움직이고 싶은 마음에 조바심도 나는데 가만히 있는 상태를 못 견뎌 두려워하는 것이다.

"그 자체로는 차분하고 안정적인 권태가 활동성을 촉발한다는 것이 자못 신기하다"라고 키르케고르는 말한다. 그는 참된 나태함은 그 자체로 만족하기에 활동을 촉발하려는 욕구가 없고, 미래를 염려하지 않으며, 단순히 현재 순간에 존재한다고 주장한다.

참된 나태함을 수용한 사람은 아이처럼 별것 아닌 단순하기 그지없는 것에서도 무한한 기쁨을 발견한다. 키르케고르는 어린 시절을 회고하며 "파리 한 마리를 잡아 호두껍데기 안에 죄수처럼 가둬 두고 파리가 호두껍데기를 지고 돌아다니는 것을 보는 게 얼마나 재밌는지!"라고 말한다. 그는 불안이 엄습할 때 파리를 가지고 노는 일에 몰두했던 어린아이마냥 순간에 충실한 것에서 위안을 얻었다. 그는 저서 『불안의 개념The Concept of Anxiety』에서 "때가 찼음은 영원으로서의 순간을 말한다"라고 썼다.

키르케고르는 나태함이야말로 창의적 통찰과 상상력의 열쇠라고 보았다. 그러나 현대 사회는 대체로 나태함(또는 오늘날 우리가 권태라고 부르는 무언가)을 최악의 상태로 여기며 두려워하는 듯하다. 이런 면에서 키르케고르는 "인류의 모든 문제는 홀로 방 안에 조용히 앉아 있지 못하는 무능함에서 비롯된다"는 명언을 남긴 수학자 블레즈 파스칼과 정서상 통한다고 하겠다.

과도한 자극을 받고 있으면서도 여전히 권태로워하는 누군가를 떠올려보자. 어쩌면 그게 어떤 느낌인지 다들 알 것이다. 휴대폰은 끝없이 알림 신호를 울리고 스크롤을 애원하듯 연신 영상을 추천하지만, 우리는 여전히 믿기 어려울 정도로 '권태로워한다'. 이렇게 느끼는 이유는 활동이나 자극의 부재 때문이 아니라 의미의 부재 때문이다.

1800년대에도 키르케고르는 바쁨이 확산되는 것을 문제시했다. 그의 책 『이것이냐 저것이냐: 삶의 파편Either/Or: A Fragment of Life』의 한 대목이다.

> 쉼 없는 활동은 인간을 정신세계에서 추방하고, 본능적으로 늘 움직여야 하는 동물의 범주에 들게 한다. 어떤 사람은 매사를 사업으로 전환시키는 비범한 재주가 있다. 그들은 일평생이 사업이다. 사랑에 빠지고 결혼하고 농담하고 예술작품에 탄복하는 일도 사무실에서 일하듯 사업가의 열정으로 임한다. "나태함은 마귀의 베개다"라는 라틴어 속담이 꽤 그럴듯하게 들리지만, 마귀는 권태로워하지 않는 사람의 베개에 굳이 머리를 대려 하지 않는다. 하지만 세상에는 일이 인간의 숙명이라고 믿는 사람들이 있다. 이들 때문에 나태함이냐 일이냐 하는 안티테제가 성립된다.

200여 년 전에 쓴 글인데도 방금 쓴 글처럼 예리한 울림이 있다. 우리는 나태함을 권태와 혼동하며 일을 거의 신성의 반열에 올려놓았다.

다시 정신의 윤작 이야기로 돌아와보자. 키르케고르는 농부가 작물을 돌아가면서 심듯이 우리의 정신 활동과 프로젝트들을 '순환시키면' 엄청난 창의성을 발휘할 수 있다고(더불어 권태도 피할 수 있다고) 믿었다. 한 가지 활동에 갇혀 정신이라는 토양이 황폐해졌다면, 머리를 회복시키기 위해 다른 활동으로 옮겨갈 때가 된 것이다. 그러나 키르케고르는 이를 제대로 하지 않으면 오히려 더 권태로워질 수 있다고 경고했다. 만일 정신의 윤작을 끊임없는 멀티태스킹과 초조함을 합리화하는 구실로 사용한다면 제대로 헛다리를 짚은 것이다.

그가 제안하는 윤작 방식은 보다 체계적이고 사려 깊다. 이 방식의 원동력은 권태와 그 안에 내포된 초조함이 아니라 나태함이다. "내가 제안하는 방식은 토지를 바꾸는 것이 아니라, 올바른 윤작이 그리하듯 경작 방법과 작물의 종류를 바꾸는 것이다. 이것이 바로 세상에서 유일하게 남길 만한 제한의 원리다. … 외연을 넓혀서가 아니라 집중도를 높여 편안함을 추구하는 제한 원리의 최대치다."

이 점에서 키르케고르의 윤작 발상은 팀 하포드의 슬로우모션 멀티태스킹 개념과 매우 유사하다. 권태를 덜기 위해 천 가지 일을 도모해선 안 된다. 적은 가짓수의 일에 치열하게 임하며, 다음 일로 넘어가기 전에 충분히 시간을 들여 현재 일을 해야 한다.

실천하기 ▷ **윤작 농법을 활용하라**

주어진 시간 동안 한두 가지 활동이나 과업에만 몰입하며, 그 한계와 현재성에서 자유와 기쁨을 찾으라. 일이 잘 진척되지 않으면 다음 과업으로 옮겨갔다가 돌아와 다시 그 일에 온 관심을 쏟으라. 끊임없이 사방팔방으로 멀티태스킹을 하지 말고, 키르케고르의 연속 작업 방식을 실천해보라. 한 가지 일을 할 때, 다른 모든 일에서 타임오프한다고 생각하라. 그 일이 다른 모든 작업을 위한 정신적 토지에 거름을 주는 일이라고 생각하라.

당신의 쉼을 보호하라

쉼의 중요성을 인정한다고 해서 쉬는 시간이 마법처럼 현실화되는 건 아니다. 특히 우리의 현재 작동 모드가 바쁨이라면 더욱 그렇다.

우리는 쉼을 위해 시간을 내야 할 책임이 있다. 혹은 알렉스 수정 김 방의 말처럼 쉼을 '방어'할 책임이 있다. "진지하게 쉼을 가지려면 그 중요성을 인정하고 우리의 쉴 권리를 주장하며 삶 가운데 쉼을 위한 공간을 개척해서라도 만들고 방어해야 한다." 프로테스탄트 근로 윤리라는 이상에서 '탈퇴'하는 것도 잊지 말라.

주의력과 마찬가지로 쉼도 주변에 습관의 울타리를 둘러야 한다. 그래야 쉼을 앗아가려는 세상의 공세를 효과적으로 방어할 수 있다. 다소 반직관적이지만, 여가 시간을 일에 잠식당하지 않으려면 더 많이 고민하고 미리 계획을 짜야 한다. 특히 자영업자나 재택근무자, 열정적으로 프로젝트를 추진하는 사람일수록 이 점을 진지하게 받아들여 적극 쉼 일정을 잡아야 한다.

일을 언제 멈출지 미리 정해놓는 것도 생산성을 효과적으로 제고하는 전략이 된다. 어니스트 헤밍웨이는 미완의 문장으로 하루 일과를 마치는 것으로 유명했다. 다음에 쓸 것을 미리 알고 있으면 백지에서 시작하는 것보다 '열띤 출발'을 할 수 있다. 아울러 창작 과정을 보조하는 무의식과 디폴트 모드 네트워크DMN에 불을 지필 수 있다. 적시에 멈추려면 어느 정도 의식적인 노력이 필요하지만 그 보상은 엄청나다. 소소한 작업 마감 의식(예를 들어 다음날 할 일 목록 작성하기, 책상 위 화분에 물주기, 하루 일과를 돌아보며 일기 쓰기 등등)을 개발하는 것도 일을 멈추고 쉬는 시간으로 넘어가는 데 효과적이다.

특히 퇴근이라는 자연스런 마감 의식이 없는 재택근무자의 경우는 더욱 그렇다.

쉼과 타임오프는 우연이나 달력 공란에만 맡겨두기엔 너무나 중요하다. 미리 일정을 잡고 방어해야 한다. 회의나 중요한 업무를 위해 미리 시간을 마련하듯이 쉼과 타임오프도 따로 시간을 마련해야 한다. 흔히 근무 시간을 '하루 일과'로 보듯이 여가 시간을 '일과 속 일과'로 여기며, 이를 위해 충분히 시간을 확보하라. 가장 중요한 쉼 형태 중 하나인 잠도 마찬가지다.

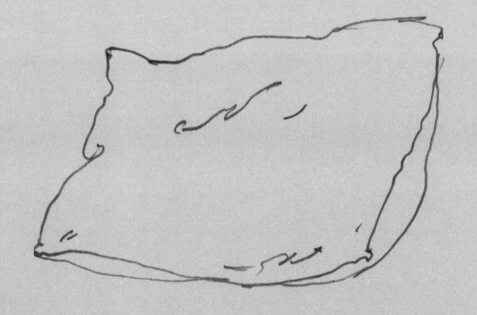

최근 몇 년간 미국 질병통제예방국과 세계보건기구 모두 수면부족을 공중보건상 유행병으로 선포했다. 충격적이게도 선진국 전체 인구 중 3분의 2 이상의 수면시간이 충분치 않다. 그런데 대체 어느 정도가 되어야 충분치 않은 걸까? 개인차가 있지만 학계는 "상습적 짧은 수면"을 하루 7시간 미만으로 정의한다. 7시간이 이상적이라는 게 아니라 최소치라는 것이다.

'어처구니없네. 난 이제껏 하루 7시간 넘게 잔 적이 없어도 잘만 살고 있는데.' 이런 생각을 할지도 모르겠다. 문제는 우리의 자기인식이 처참한 수준이라는 것이다. 대다수 사람은 자신의 수행력을 과대평가한다. 네다섯 시간만 자고도 멀쩡하다는 것은 이제껏 모든 과학 연구에 의하면 말도 안 되는 신화다. 이렇게 할 수 있다고 주장하는 사람은 자기기만에 빠진 것이다(정신 기능이 극적으로 저하되므로 자기기만이 훨씬 쉬워진다). 더욱이 잠 빚은 차곡차곡 누적된다. 매일 6시간만 자면서 일주일을 보내는 것은 하룻밤을 꼴딱 새는 것만큼이나 유해하다! 잠시 생각해보라. 지난 두어 달간 꼴딱 샌 밤들이 얼마나 누적되었는가?

곧 보겠지만 잠은 건강과 생산성에 결정적이다. 하룻밤 숙면과 같은 수준의 유익을 제공할 알약이 개발된다면 기적의 묘약으로 추앙받을 것이고, 우리 모두 앞 다퉈 그 약을 복용하려 들 것이다. 그런데도 우리는 기꺼이 잠을 희생하고 심지어 그것을 자랑하기도 한다. 베스트셀러 『우리는 왜 잠을 자야 할까*Why We Sleep*』(열린책들 역간)에서 저자 매튜 워커는 "비즈니스 문화에는 잠의 무익함을 강조하는 오만이 있다"고 지적한다. 워커는 "이런 정서가 끈질기게 지속된 건 업무에 들인 시간이 곧 업무 완수와 생산성과 직결된다고 착각하는 경영 지도자들의 탓도 일부 있다"고 말한다. 물론, 이는 사실과 전혀 다른 오해다.

잠에 대한 우리의 맹공은 프로테스탄트 근로 윤리와 그 계승자들이 남긴 또 다른 그릇된 잔재다. 잠에 대한 오해는 우리 건강에 악영향을 미칠 뿐 아니라 일터에서 막대한 생산성 손실을 초래한다. 워커가 인용한 여러 조사에 의하면, 국가적 차원에서 수면 부족은 선진국에서는 GDP의 1~3퍼센트에 달하는 손실을 초래했다. 일본은 GDP의 2.9퍼센트에 상당하는 손실을 입고 있다(이는 일본 전체 국방예산의 3배에 달하며, 교육예산에 육박한다). 미국도 GDP의 2.3퍼센트로 그리 뒤처지지 않는다. 2019년 통계를 보면, 우리가 최소한의 잠만 자도 된다고 믿은 탓에 미국에서만 연간 대략 4,930억 달러(약 550조 원)가 낭비되었다!

워커의 비유를 빌리자면, 수면 부족 상태로 활동하는 것은 저열로 냄비 물을 끓이는 것과 같다. 푹 쉬고 하루를 시작한다면 훨씬 짧은 시간에, 훨씬 에너지를 적게 낭비하며, 동일한(또는 그 이상의) 결과를 '고열'에서 달성할 수 있다. 우리가 잠을 중대하게 여긴다면 에너지 낭비를 대폭 줄이는 것을 넘어 훨씬 많은 유익을 거둘 수 있다. 일례가 행복한 결혼생활이다.

최고의 에너지 충전소, 수면 예찬

매튜 워커(1973~)　**영국 수면과학자**

"수면이 짧아지면 수명이 짧아진다."

"낮잠을 거르면 일이 꼬인다."

샌프란시스코 만에 뉘엿뉘엿 해가 지고 있다. 미국 UC버클리대학의 신경과학 · 심리학과 교수 매튜 워커는 수면 과학을 가르치고 연구하는 일과를 마친 뒤 느긋하게 쉬고 있다. 온종일 업무를 본 다음 체육관에서 운동하고 자전거로 퇴근을 했다. 마지막 (디카페인) 커피를 마신 것은 몇 시간 전이다. 지금 그는 정신없는 일과로 멍해 있기보다는 느긋하게 긴장이 풀어진 상태다. 녹초는 안 되었지만 편안히 노곤하다. 환한 화면 앞에서 진정 효과가 있는 음료를 두어 잔 들이키는 대신, 옛날 방식대로 책을 들고 등을 편히 기댄 채 배우자와 함께 취침 전 귀중한 시간을 보내며 친밀함을 나눈다. 그리고 둘 중 하나가 자려고 각자 자기 방으로 들어갈 것이고, 둘 다 밤새 숙면을 취하며 원기를 충전할 것이다.

이들 관계가 뭔가 이상한 것 같은가? 많은 사람이 건강한 부부라면 응당 같이 자야 한다고 생각한다. 하지만 이는 과학적으로는 끔찍한 발상일 수 있다. 세계적으로 손꼽히는 저명한 수면과학자 워커는 인간수면과학센터의 창립자 겸 소장이다. 그는 수면 주제에 관해 100건도 넘는 연구 논문을 발표했고, 앞서 언급한 베스트셀러 『우리는 왜 잠을 자야 할까』의 저자이기도 하다. 이런 그가 각방을 쓰는데는 이유가 있지 않을까?

워커는 결혼 1년 만에 이른바 '수면 이혼sleep divorce'이라는 절충안을 마련했다. 그는 연구를 통해 부부가 잠을 잘 못 자면 정서적, 신체적 친밀감이 떨어진다는 것을 알고 있다. 심지어 열에 하나는 삼과 관련된 문제로 파국에 이른다(피곤하거나 예민한 사람일수록 감정 대립이 많다). 그래서 워커는 배우자와 각방을 쓰기로 결정했고, 그 선택을 후회하지 않는다. "일은 아주 잘 풀렸다. 우리 둘 다 훨씬 푹 쉰다는 느낌이었고, 모든 면에서 관계가 개선되었다. 잠을 많이 잘

수록 친밀감의 욕구가 커진다. 더 깊이, 더 오래 잘수록 남녀의 성욕 발동에 결정적인 테스토스테론 호르몬 수치가 올라간다. 나는 이 메시지를 널리 전파하여 각방 쓰기에 대한 고정관념을 없애야 한다고 믿는다. 우리의 관계뿐 아니라 모두의 건강을 위해서라도."

그는 이것이 획일적인 해법은 아님을 강조한다. 같이 자도 충분히 양질의 수면을 취하는 부부도 있다. 잠이 개인 편차가 크다는 것은 워커의 다른 연구에서도 강조되는 중요한 발견이다. 저녁형 올빼미든 아침형 종달새든 우리 모두 나름의 고유한 '크로노타입chronotype'을 가지고 있다. 자신의 크로노타입을 파악하고 생체리듬에 가장 적합한 시간대(저녁 8시부터 새벽 4시, 또는 새벽 2시부터 오전 11시까지 등)에 자고 깨도록 스케줄을 맞추는 것이 이상적이다.

문제는 현재 우리 사회 구조가 이런 식으로 짜여 있지 않다는 것이다. 9시에 출근하여 6시에 퇴근하는 표준 근무 시간에는 어떤 끔찍한 여파를 겪든 상당수의 시민이 획일적인 한 가지 해법에 맞춰야 한다는 기대치가 깔려 있다. 주어진 스케줄과 생체 리듬이 어긋나는 사람은 건강 악화와 수행력 저하를 겪는 데다 게으름뱅이라는 비난까지 감수해야 한다.

워커는 "우리는 잠에 게으름이라는 낙인을 찍었다"라고 말한다. "우리는 바쁘게 일하고 있음을 얼마나 적게 자는지로 표현한다. 수면 부족이 영예훈장이 되었다." 잠에 대한 부정적 고정관념이 표출되는 방식을 보면 워커의 주장이 정곡을 찌르고 있음을 알 수 있다. "알고 보면 충분히 잠을 잤을 뿐인데, 우리는 그런 사람들을 꾸짖는다. 그들이 나태하다고 생각한다. … 그리고 잠을 과소평가하는 직원을 과대평가한다." 예리한 통찰이다. 바쁜 것을 티내고 싶은 조바심에 우리는 기력이 쇠하도록 일할 때가 많다. 유일한 목적은 다른 사람에게 보여주기 위함이다. 워커가 지적했듯이 "인간은 쓸데없는 이유로 자신에게서 일부러 잠을 박탈하는 유일한 종이다".

워커 자신도 매일 같은 시간대에 8시간 수면 루틴을 엄격히 고수한다. 그의 배우자는 9시간을 자야 제대로 쉬었다는 느낌을 받기에 워커보다 30분 일찍 잠자리에 들고 30분 늦게 일어난다. '수면 이혼'이 주는 또 다른 유익이다.

워커는 경고한다. "안타깝게도 잠은 라이프스타일의 럭셔리 옵션이 아니다. 잠은 타협 불가한 생물학적 필수재다. 잠은 당신의 생명 유지 시스템이고, 불멸을 향한 최선의 노력이다. 선진국 전반에 만연한 잠에 대한 총공세는 우리의 건강과 안녕, 심지어 자녀의 안전과 교육에도 재앙 수준의 영향을 미치고 있다. 소리 없는 수면 부족 유행병은 21세기 우리가 마주한 최고의 공중보건 도전으로 급부상하고 있다.

이젠 얼마나 적은 시간 잠을 자고도 잘 사는지 으스대는 문화를 포기하자. 오히려 심신 치유, 한층 강화된 아이디어 부화, 창의적 돌파구 제공 등 우리 신체에 경이로운 기능을 가져다주는 잠을 찬미하자. 잠이야말로 단연 최고의 필수적, 보편적 타임오프다.

실천하기　**타협 불가한 '수면 기회의 창'을 정하라**

대부분 사람에게 '수면 기회의 창'은 하루 최소 8시간은 되어야 한다. 그리고 날마다 한결 같아야 한다. 워커에게는 밤 10시 반부터 오전 6시 반이 기회의 창이다. 아침형이든 저녁형이든 자신의 크로노타입을 토대로 시간대를 정하라. 배우자가 있다면 '수면 이혼'으로 각방 쓰기도 고려해보라. 이를 둘러싼 부정적 선입견이 있지만, 실제로 이 방법을 실행하여 관계가 (덤으로 성생활도) 개선되었다는 여러 데이터가 있다. 다만 꿀잠 전후로 서로가 함께하는 시간만 마련하면 된다.

꿈의 힘

우리가 어떤 모양으로 자는지 다들 알 것이다. 두 눈은 감겨 있고, 근육은 풀려 있고, 어떤 소통이나 반응도 보이지 않는다. 약간의 침 흘림이 수반되기도 한다. 잠은 또 (의식불명과 반대로) 쉽게 깨어날 수 있다. 우리는 경험을 통해 잠이 어떤 느낌인지도 안다. 외부에 대한 의식이 끊기고 두 가지 뚜렷한 방식으로 시간 왜곡이 일어난다. 우리는 몇 시간 후 깨어났을 때 시간이 흘렀다는 기억조차 없는 '시간 공백'과 꿈속에서 (심령술 경험과 유사하게) 몇 분이 몇 시간처럼 느껴지는 '시간 연장'을 둘 다 경험한다. 하지만 잠의 실체와 잠이 건강과 창의성을 뒷받침하는 방식을 제대로 이해하고 파악하려면 먼저 뇌 속을 들여다봐야 한다.

잠은 여러 단계로 범주화할 수 있다. 건강한 사람은 보통 매일 밤 여러 수면주기를 통과하는데, 각 주기에는 여러 단계가 포함되며, 한 주기의 지속시간은 대략 90분 정도다. 약간 단순화해서 설명하면, 주요한 두 단계 '숙면'과 급속한 안구 운동이 이뤄지는 '렘수면'을 주목할 필요가 있다. 전자는 주로 신체의 치유와 회복을 담당하며, 후자는 정서의 치유와 창의성을 담당한다.

깨어 있는 동안 뇌의 전기적 활동은 완전한 무질서 상태로 보인다. 그중에서 지엽적 정보 처리에는 완벽하나 뇌 속 원거리 연결에는 서툰 고주파 활동이 두드러진다. 그러나 우리가 깊은 '서파수면 slow wave sleep'으로 들어가면 뇌 속 재잘댐이 잦아들고 뇌의 여러 다른 영역끼리 동기화하고 소통하기 시작한다. 서파수면은 뇌 속에 저장된 정보를 한 곳에서 다른 곳으로, 구체적으론 (해마 속) 단기기억을 (피질 속) 장기기억으로 옮기는 데 매우 중요한 역할을 한다. 우리는 깨어 있을 때는 정보를 포착하고, 잘 때는 정보를 이동시키고 걸러낸다. 숙면은 아무것도 잃어버리지 않고 모든 것이 제자리에 분류되도록 각각의 기억에 부지런히 이름표와 참조표를 붙이는 도서관 사서 역할을 매일 해낸다.

그러나 여기서 주인공은 서파수면이 아니다. 더 경이로운 렘수면이 주인공이다. 렘수면은 숙면 중 취합하고 준비한 정보를 온전히 '활용하는' 역할을 한다. 렘수면은 꿈꾸는 단계에 해당하며 창의력 발전소다. 우리는 깨어 있을 때는 매우 논리적이고 위계적인 구조로 사고한다. 하지만 렘수면에 돌입하면 이러한 논리 구조가 눈 녹듯 사라지고 더 많은 원거리 기억 간의 기상천외한 연관짓기가 일어난다(이것이 우리가 경험하는 기상천외한 꿈으로 표출되는 것이다). 꿈이라는 안전한 환경 속에서 우리는 깨어 있는 의식이 지녔던 보수적이며 일상적인 사고 패턴을 깨고 나온다. 꿈은 창의적 통찰과 문제 해결에 쓰이는 매우 강력한 도구이기도 하다. 흡사 아이디어 부화를 촉진시키는 스테로이드 주사 같다.

덧붙여 말하자면, 렘수면은 꿈속에서 새 기억과 소근육 기술을 재연하고 강화한다. 음악가나 운동선수는 대부분 이 점을 잘 알고 있다. 클래식 기타의 새로운 화성 진행을 익히려고 끙끙대며 연습하다가 낮잠을 잔다. 잠에서 깨어나 다시 기타를 잡으면 손가락이 전과 달리 마법처럼 거침없이 기타 줄을 튕긴다. 학습 전 수면은 기억을 해마에서 피질로 옮겨 새 정보가 들어올 공간을 마련한다. 학습 후 수면은 새 재료들을 융합하여 효과적으로 저장한다. 이 챕터 끝에서 만나볼 많은 정상급 연주자의 훈련 무기고에는 '잠 활용'이라는 핵심 병기가 있다.

흥미롭게도 인간은 여타 영장류에 비해 현저히 적게 자지만 수면 중 렘수면 비중은 훨씬 높다. 렘수면 동안 우리의 근육은 완전히 힘이 빠져 몸은 마비 상태가 된다. 그 결과 꿈을 행동으로 옮기지는 못한다. 만일 우리가 포식자를 피해 나무 꼭대기에서 자야 한다면 이런 종류의 근육 이완은 참담한 사고로 이어질 것이다. 꿈을 꾸다가 낙상하여 목이 부러질 수도 있다. 그러나 우리 선조는 불을 발견하여 나무에서 내려와 제법 안전하게 지상에서 잠을 잘 수 있었다. 그리고 매일 밤 숙면(그리고 더 많은 렘수면)을 취할 수 있었다.

어떤 과학자들은 이러한 수면 이점으로 인간이 복잡한 사회 공동체를 이루고 기술을 개발하여 마침내 지배적인 종으로 부상했다고 주장한다. 우리는 다른 영장류에 비해 적게 자지만 잠의 활용도는 훨씬 높다. 우리는 문자 그대로 꿈을 통해 현대 문명에 도달했다. 잠이야말로 독창성의 바탕이며 우리가 십분 활용해야 할 자원이다.

매일 밤 수면주기는 정신적 안정과 수행력을 최적화하는 데 지극히 효과적인 메커니즘이다. 이를 통해 우리는 위대한 사상가, 혁신가, 지도자 들처럼 강해질 수 있다. 안타깝게도 우리 중에는 심각한 수면부족 상태로 살아가는 이들이 많다. 그에 따른 결과는 대다수가 인지하는 것보다 훨씬 공포스럽다.

기적의 약

수면 부족의 부정적 여파를 열거하자면 한이 없다. 일단 수면 부족은 심혈관 건강에 큰 타격을 입힌다. 일광절약시간제(서머 타임)로 전환한 여러 나라에서는 한 시간 덜 잔 다음날 심장발작 발생률이 25퍼센트 가까이 급등했다는 여러 보고가 있다.* 수면 부족은 집중력 저하와 판단 착오와 직결된다. 가령 오전 7시부터 새벽 2시까지 19시간 연속으로 깨어 있는 사람의 인지 능력은 음주운전자의 인지 능력과 비슷하다(교통 사망사고에서는 졸음 운전이 큰 비중을 차지한다). 잠을 소홀히 하면 면역체계도 약화된다. 단 하룻밤만 수면시간을 줄여도 암을 물리치는 킬러 세포의 수가 대폭 감소하며, 매일 6시간만 잔다면 암 발병률이 40퍼센트 증가한다. 결정적으로, 수면 부족은 성욕 감퇴를 유발하며 남성의 정자 수와 테스토스테론 호르몬 감소와 직접적인 상관관계가 있다.

위에서 열거한 내용은 건강상의 부정적 영향 중 일부에 불과하다. 이런 무서운 측면도 있지만, 발상을 전환할 수도 있다. 즉, 잠을 우리가 매일 공짜로 풍성하게 누릴 수 있는, 온갖 질병과 질환을 예방하고 치료할 기적의 묘약으로 바라보는 것이다. 게다가 잠은 똑똑해지는 약이기도 하다! 충분히 잠을 자면 사회성이 크게 개선될 뿐 아니라 인지 능력도 향상된다.

렘수면은 창의성을 부화시키는 강력한 원동력일 뿐 아니라 정리 정돈의 귀재이기노 하다. 렘수면을 할 때 성서를 소설하는 뇌 속 중

---

* 우리는 다시 그리스인에게 배워야 한다. 아테네 의과대학의 〈건강한 성인의 시에스타〉 연구에 의하면 낮잠을 자주 자는 사람은 심장발작 위험이 37퍼센트 이상 낮았다. 우리 모두 그리스인을 본받아 시에스타 문화를 적극 수용해야 한다.

심부는 활발하게 활동하는 반면 스트레스를 유발하는 노라드레날린 호르몬은 전혀 분비되지 않는다. 덕분에 우리는 심한 스트레스를 야기하는 기억과 감정을 안전하게 재연하고 해소한다. 그 과정에서 '나쁜' 기억이란 잡초는 솎아내고 부정적 감정을 처리하며 중독적 행태를 줄일 수 있다. 이런 식으로 잠은 꿈을 통해 매우 효과적으로 정서적 상처를 치유한다.[**] 잠, 특히 꿈 덕분에 우리의 정서적 안정감과 타인에 대한 공감력과 아량이 제고된다.

성질이 급하고 자기감정을 절제하지 못해 팀에 부정적 영향을 끼친 지도자나 관리자를 알고 있을 것이다. 그들은 잠을 적게 잔다는 사실에 자긍심을 느끼는 부류일 가능성이 크다. 잠을 적게 자면 전전두피질의 이성적 통제 능력이 약화된다. 그 결과 편도체가 우세해져 분노, 감정적 반응, 투쟁·도피 반응 등 부적절한 정서적 반응이 야기되며, 긍정적·부정적 감정이 두루 증폭되어 감정 기복과 위험한 행동이 늘어난다. 힘든 결정 앞에서 평정심을 유지하며 차분하게 팀을 이끄는 유능한 지도자가 되고 싶은가? 잠의 강력한 균형자 역할이 큰 도움이 될 것이다.

편도체가 전면에 나서 상황을 주도하면 우리의 정서적 안정감이 저해될 뿐 아니라 스트레스 수치도 악화된다. 우리의 교감 신경계는 심한 스트레스나 위험 상황에서 신체를 과잉반응으로 몰아간다. 호랑이에게 쫓기고 있거나 곤혹스런 협상에서 치열하게 집중력을 발휘해야 하는 상황이라면 과잉반응도 필요하다. 그러나 이는 상시 작

[**] 로잘린 D.카트라이트가 그의 책 『24시간 마인드 *The Twenty-Four Hour Mind*』에서 고찰했듯이, 안타깝게도 외상후스트레스장애PTSD나 특정 형태의 우울증을 가진 사람은 이 과정이 종종 방해를 받는다. 이런 환자들은 꿈을 통해 스트레스에서 벗어난 환경에서 감정과 경험을 해소하지 못하고 반복되는 악몽으로 공포를 여러 번 경험한다.

동하도록 설계된 게 아니다. 잠이 부족하면 교감 신경계가 만성적으로 활성화되어 심장박동이 빨라지고 혈압, 불안 발작, 숨 가쁨이 초래된다. 대체로 이런 과잉반응에는 심각한 여파가 따른다. 때때로 스트레스와 불안으로 숙면을 취하기 어렵기도 하겠지만, 이런 때야말로 잠이 절실히 필요하다. 스트레스가 심할수록 오히려 더 충분히 자도록 노력해야 한다.

잠은 뇌의 정리정돈을 담당한다. 뇌의 1차 쓰레기 처리기 노릇을 하는 것이다. 놀랍게도 우리가 자는 동안 뇌 세포 부피는 60퍼센트 정도로 쪼그라든다. 덕분에 뇌척수액이 아밀로이드 베타(뇌에 쌓이면 알츠하이머병을 유발하는 끈적끈적한 단백질) 같은 유해물질을 밖으로 흘려보낼 수 있게 된다. 잠을 충분히 자면 뇌를 건강하고 젊게 유지하는 데 큰 보탬이 되어 고령자를 괴롭히는 온갖 신경퇴행성 질병을 늦출 수 있다.

간단히 말해서, 머릿속이 안개 낀 듯 뿌옇다면, 짜증으로 가득하다면, 스트레스에 시달린다면, 당신은 위대한 작품을 만들어낼 수 없고, 멋진 팀을 이끌 수도 없다. 중요한 문제를 해결할 수도, 혁신적인 예술을 할 수도 없다. 다행히 이 모든 문제를 손쉽게 해결할 방책이 있는데, 바로 밤에 푹 자는 것이다. 이제 수면시간을 최대한 활용하기 위해 잠을 최적화할 방법을 살펴보자.

잠을 늘리는 방법

지금쯤이면 제대로 자는 게 얼마나 중요한 일인지 충분히 깨달았을 것이다. 잠은 가장 필수적이고 보편적인 타임오프 중 하나이며, 숙면 습관은 누구에게나 쉼 윤리의 토대로 자리잡아야 한다. 프로들은 잠을 중요하게 여긴다. 당신도 그들처럼 잠을 대해야 한다. 아마존 CEO 제프 베이조스는 주주들을 위해 그가 할 수 있는 가장 중요한 일이 자는 것이라고 믿는다. 헬스케어 플랫폼 '스라이브 글로벌'과의 인터뷰에서 그가 한 말이다. "잠을 줄이면 생산하는 몇 시간을 덤으로 얻을지 몰라도 그 생산성은 허상일 수 있습니다." 진짜 프로가 되려면 프로처럼 자야 한다. 진짜 프로들은 수면 부족 상태로 돌아다니지 않는다.

안타깝게도 잠을 충분히 자는 것이 생각처럼 만만치 않음을 우리 대다수가 경험으로 안다. 졸린 다음 잠드는 데 두 가지 핵심 과정이 있다. 그중 하나가 '서카디언 리듬circadian rhythm'(생체리듬. 여기서 circa는 '대략 추정'을 뜻한다)이다. 이것은 이름 그대로 '대략' 24시간 주기로 이뤄진 우리의 내면 시계다. 이 시계는 빛과 온도 변화 등 외부 신호에 따라 우리의 24시간 주기와 적절히 동기화된다. 서카디언 리듬은 밤에는 멜라토닌을 분비하여 잠 잘 준비를 시키고, 아침에는 코르티솔을 분비하여 각성된 느낌을 준다.

우리가 졸리다고 느끼는 또 다른 요인은 '수면압박', 구체적으로 말해 아데노신 분자의 축적이다. 체내 아데노신 함량이 높을수록 피로감이 커진다. 그런데 여기에는 함정이 있다. 카페인은 아데노신 수용체와 결합하여 우리 몸에 수면압박이 그리 많이 쌓이지 않았다고 착각하게 만든다. 아데노신은 잠자는 동안 사라진다. 아침에 일어났을 때 개운한 느낌이 든다면 아데노신이 전부 사라진 것이다. 그러나 안타깝게도 점점 많은 사람이 수면압박이 과도하게 쌓이는데도 너무 적게 잔다. 그 결과 다음날에도 여전히 아데노신이 몸에 남아 찌뿌둥한 기분으로 일어난다. 그리고 아침 첫 잔의 커피로 다시금 아데노신 누적치를 점점 불룩해져가는 카펫 아래로 밀어 넣는다.

어떤 분야에서든 훌륭한 일과와 습관이 프로를 만든다. 이건 잠에서도 마찬가지다. 건실한 수면 습관은 당신의 서카디언 리듬과 수면 압박을 동기화하는 최고 비법이다. 이는 매일 최상의 컨디션으로 하루를 시작하게 해주는 최고 비법이기도 하다. 중요한 첫걸음은 매일 밤 적어도 8시간 스케줄을 미리 잡아두어 수면 시간을 확보하는 것이다. 이 시간은 긴급 상황이나 육아 같은 상시적 비상사태를 제외하곤 타협 불가해야 한다. 날마다 스케줄을 동일하게 유지하는 것이 이상적이다. 그래야 우리 몸이 언제 긴장을 풀고 전원을 끌지, 아침에는 언제 전원을 켤지 체득하게 된다.

매일 같은 시간대에 충분한 수면시간을 확보했는데도 쉽게 잠들지 못한다면? 진짜 불면증으로 고생하는 사람도 많지만 실은 여러 행동으로 불면증을 자초하는 이들도 많다.

카페인은 세상에서 단연 많이 사용되는 약물이다(사실 이 책을 쓰는 데도 다량의 카페인이 동원되었다). 앞서 언급했듯 카페인은 아데노신을 비활성화하여 우리 몸에 피로 신호를 보내지 못하게 한다. 아침에 정신을 차려야 할 때는 좋지만, 밤에는 잠들기 어려워진다. 체내 카페인 반감기는 개인차가 있지만 대략 5~6시간이다. 정오에 커피 한 잔을 마시면, 그 카페인의 4분의 1은 자정까지 혈액 속에 남아 있다는 말이다. 우리 대부분은 오후 늦게까지 커피를 몇 잔씩 마시고 있지 않은가? 필자 맥스는 수개월에 걸쳐 카페인 소비량을 추적한 다음, 이 데이터를 기반으로 혈중 카페인 농도를 시뮬레이션 해보았다. 조사 결과 보통 기상 시간인 오전 8시 즈음 몸속에는 여전히 평균 20~30밀리그램의 카페인이 남아 있었다(에스프레소 싱글 샷과 맞먹는 양이다). 몸이 카페인을 분해하는 데 생각보다 훨씬 오랜 시간이 걸린다. 그러니 언제 마지막으로 커피를 마시는지 유의하라.

알코올 역시 잠과 관련해서 오해를 많이 받는다. 흔히 알코올이 수면에 도움이 된다고 생각한다. 그러나 알코올이 빨리 잠들게 해주는 것 같아도 실제로는 수면의 질을 훨씬 떨어뜨린다. 신경안정과 수면은 결코 동의어가 아니다. 게다가 알코올은 우리의 잠을 쪼개놓아 (다음날 아침에는 기억을 못할지라도) 자주 깨게 만들고 렘수면을 억제한다. 아주 적은 양의 알코올이라도 잠의 긍정적 효과를 저해한다. 흥을 깨는 사람이 되고 싶진 않지만(우리도 술을 대여섯 잔씩 가끔 즐긴다) 잠을 최적화하려면 취침 시간이 다가올수록 알코올을 멀리 해야 한다. 지중해 문화에서 또 한 가지 배운다면, 저녁이 아닌 점심에 반주를 곁들이면 어떨까? 아니면 독일인처럼 아예 아침식사 때 맥주를 반주로 곁들여야 할까?

양질의 수면에서 가장 과소평가된 요인은 아마 온도일 것이다. 조상들은 캄캄하고 조용하고 추운 동굴에서 잤다. 오늘날 우리 대다수는 지나치게 따뜻한 방에서 잔다. 쉽게 잠들려면 실제로 심부 체온이 섭씨 1도 가량 떨어져야 한다. 따뜻한 침실에서 두꺼운 이불을 덮고 자면 그렇게 되지 않는다. 전문가들은 침실 온도를 섭씨 15~19도 사이로 유지할 것을 권한다. 대부분은 너무 쌀쌀하다고 느끼겠지만 일단 익숙해지면 동면하는 곰처럼 깊이 잠드는 데 유용하다. 취침 전 온수 샤워나 탕 목욕도 체온 강하에 도움이 된다. 몸이 따뜻해졌다고 느끼겠지만, 실은 온수로 인해 말초까지 혈액이 순환되어 심부 체온이 떨어진다. 그래서 더 빨리 잠들고 몸이 상쾌해지는 꿀잠을 자게 된다.

마지막 요인은 빛이다. 인공조명 덕분에 우리는 태양 빛과 어둠의 자연주기에 얽매이지 않게 되었다. 그 결과 우리의 생체리듬이 많이 망가졌다. 깨어 있는 시간 대부분 낮의 환한 햇빛과 밤의 어둠 대신 침침한 실내조명이 우리를 에워싼다. 그 결과 오전에 박차고 일어나 활동에 돌입하는 것과 저녁에 잠드는 것 둘 다 쉽지 않다. 그래선 안 된다. 낮에 일찌감치 바깥으로 나가 최대한 자연광을 쐬고 (에너지 충전을 저해하는 선글라스는 두고 나가라) 취침 시간이 가까울수록 조명을 최대한 어둡게 해야 한다. 환한 LED와 화면 배경조명인 청색광은 취침이 가까울수록 피하라. 청색광은 우리 몸에 한낮이라는 신호를 보내 취침에 필요한 멜라토닌 분비를 막기 때문이다.

오늘밤 화면을 끄고 촛불 몇 개만 켠 채 느긋한 시간을 보내다가 당신의 시원한 동굴에 들어가 보약 같은 깊은 잠에 빠져들면 어떨까? 그래야 내일 위대한 일을 달성하지 않겠는가? 연구 프로젝트에서의 획기적인 발견이든, 오랫동안 공들인 대형 고객과의 계약이든, NBA 우승배를 거머쥐는 것이든 말이다.

하이퍼포머가 모두 인정하는 경쟁 우위

르브론 제임스(1984~)와 마이크 맨시아스

미국 농구 스타와 그의 오랜 개인 트레이너

"온갖 훈련을 받았죠. 깨어 있는 동안 아이스백이나 노마텍 등 회복에 좋다는 건 다 써봤습니다. 하지만 잘 자기만 하면 그냥 일어나도 개운한 느낌이 들어요. 알람시계가 필요 없죠. '좋아, 최고의 컨디션으로 하루를 시작할 수 있겠어' 하는 기분이 듭니다."

르브론 제임스는 역대 최고 농구선수 중 한 명이다. 2011년 이래로 그는 계속 ESPN과 『스포츠 일러스트레이티드』가 선정한 NBA 최고 선수다. 그의 경력에는 세 번의 NBA 우승배, 네 번의 MVP상, 세 번의 결승전 MVP상, 두 번의 올림픽 금메달 수상이 따라온다. 그가 농구 코트에서 얼마나 많이 연습했을지는 자명하다. 그런데 그가 그런 경기력과 기술로 오랫동안 선수생활을 한 데는 코트 밖에서 그를 보살핀 개인 트레이너 마이크 맨시아스의 공이 크다.

맨시아스는 확신한다. "어떤 엘리트 운동선수라도 트레이너와 치료사가 다들 유념해야 할 점이 있습니다. 회복은 끝이 없다는 거예요. 회복은 절대 멈추지 않습니다. 르브론이 어느 날 저녁에는 40분 경기를 하고, 다른 날 저녁에는 28분 경기를 한다 해도 우리의 최우선 순위는 변함없이 회복입니다. 그게 영양섭취든 수분보충이든 유연성 연습이든 웨이트 훈련이든 말이죠. 회복은 정말 끝이 없는 과정입니다."

제임스의 일과에서 타협 불가한 한 가지가 있다면 바로 수면습관이다. 제임스와 맨시아스는 자유투만큼이나 수면의 질에 비상한 관심을 가진다. 제임스는 말한다. "그는 하루도 빠짐없이 제 수면을 점검합니다. '어젯밤 얼마나 잤나요? 얼마나 잤냐고요? 8시간 채워서 잤어요? 9시간?' 늘 그런 식입니다." 맨시아스는 비단 운동선수뿐만 아니라 어느 분야에서도 최고치의 수행력을 달성하려면 '완벽하게 쉬어야 한다'고 확신한다. 당신은 어젯밤 얼마나 잤는가? 생산성이 떨어진 이유가 거기 있는 게 아닐까?

맨시아스의 경험은 과학이 뒷받침한다. 학술지 『슬립Sleep』에 게재된 2011년도 연구에 의하면 스탠퍼드대학 농구 선수들의 수면시간을 늘리자 경기력이 향상됐다. 기준치를 정한 후 선수들에게 5~7

주간 매일 밤 (평상시의 6~9시간보다 대폭 증가한) 10시간 수면을 채우라
고 주문했다. 이 기간이 끝나자 선수들의 정확도가 평균 9퍼센트 향
상되었다. 그들은 더 빨리 스프린트를 했고, 연습과 경기 중 전반적
인 경기력 향상을 보고했다. 자기가 활동하는 분야에서 수행력을 10
퍼센트 높일 수 있다면 무슨 일이든 못하겠는가. 어쩌면 비법은 날
마다 약간씩 더 자는 데 있을지 모른다.

　프로 농구선수는 운동경기의 치열함뿐 아니라 팀원, 코치, 언론,
후원자와의 소통 부담도 안고 가야 한다. 하루에 이 모든 일을 감
당하려면 진이 빠진다. 지치지 않고 일정을 감당하려면 자는 동안
자가 치유해야 한다는 것을 안다. 맨시아스는 이 방법이 활동이 많
은 누구에게나 적절한 접근법이라고 강조한다. 맨시아스는 말한다.
"NBA 경기를 하든, 법정에서 중요한 재판을 하든, 수술실에 있든,
무슨 일을 하든 잠을 자야 회복할 수 있습니다. 잠은 몸이 자가 치유
하는 시간입니다. 아주 중요하죠."

　사업 확장에 바빠서 8시간씩 잘 여유가 없다고 생각하는가? 다
음 휴가 때에나 밀린 잠을 보충하겠다고 벼르고 있는가? 그래서는
내일 최상의 컨디션으로 출근할 수 없음을 알아야 한다. 잠이야말로
당신이 에너지와 집중력을 얻을 원천이다. 잠이야말로 전문직으로
서 경쟁 우위를 계발할 수 있는 승부처다. 정상에서 활동하고 싶다
면, 무슨 일을 하든 잠을 중요하게 여겨야 한다.

실천하기 > 프로처럼 자라

하루아침에 농구 스타가 될 가능성은 희박해도 챔피언의 수면 습관은 금세 따라 할 수 있
다. 제임스는 실내 온도를 최적으로 설정하고, 조명을 다 끄고, 암막커튼을 쳐서 방을 어
둡게 한다. 긴장을 풀고 마음을 가라앉히기 위해 취침하기 30-45분 전에는 전자기기를
사용하지 않는다. 수면 환경에 신경 쓴다면, 당신도 세계 최고의 인물들과 동일한 수면의
질을 누릴 수 있다.

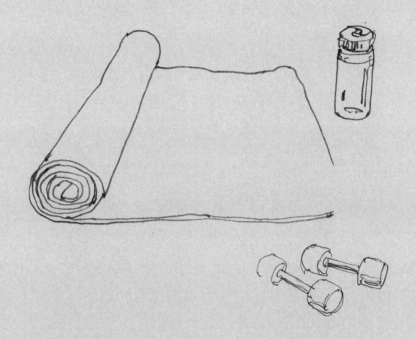

'스트라바Strava'('노력하다'란 뜻의 스웨덴어)는 2009년 창립 이래 세계 최대 운동선수 커뮤니티로 급부상했다. 특히 사이클과 육상선수들이 자신의 운동량을 추적, 기록하고 친구들과 공유하기 위해 이 서비스를 많이 이용한다. 이 회사의 모든 조직은 운동선수들에게 더 재미있게 스포츠 기량을 연마할 환경을 제공하고 영감을 준다는 사명 위주로 돌아간다. 그래서 스트라바의 전직원도 스포츠 중심의 라이프스타일을 수용하고 구현한다.

제임스 퀼즈도 예외가 아니다. 퀼즈는 스트라바 CEO가 되기 전에 테크업계에서 임원으로 착실하게 경력을 쌓았으며, 그전에는 유럽 페이스북의 지역 디렉터와 인스타그램 비즈니스의 부대표를 역임했다. 여느 테크업계 임원들과 달리 퀼즈는 늘 일과 가족, 건강이라는 양극단 사이의 건강한 균형 맞추기에 집중했다. 그는 매일 아침 세 자녀의 잠을 깨우기 전에 하루를 맞이할 마음자세를 준비하고 자 밖으로 나가 달리기를 한다. 그다음 가족들에게 영양가 있는 아침식사를 차려준다.

퀼즈에게 통근 시간은 일과에 운동을 접목시키는 또 다른 기회다. 그는 전철역까지 자전거를 타고 간다. 전철에 자전거를 싣고 이동한 후 전철역에서 사무실까지 다시 자전거로 간다. "자전거 통근은 제게 가장 중요한 습관 중 하나입니다. 비가 내려도 자전거를 타고 (아주 좋은 방수 바지를 입죠) 신선한 공기를 들이키는 게 좋습니다." 사무실에 도착하면 그도 여느 임원들처럼 저녁까지 빽빽한 스케줄을 따라 움직인다. 하지만 이 단순한 출근 습관 덕분에 그는 업무 일과가 시작되기 전에 두 번이나 운동을 할 수 있다.

수요일은 퀼즈의 바쁜 스케줄에서 약간의 예외를 둔 날이다. 그는 이날 일과 중에 또 한 번의 운동 시간을 끼워 넣는다. 회사 차원에서도 모든 직원이 '주중 운동 시간'을 캘린더에 미리 확보하고 함께 운동하도록 독려한다. 이 일은 팀워크 함양에 주효할 뿐 아니라 오후에 전직원이 (물론 샤워와 건강한 점심 후) 맑은 정신으로 일로 복귀하는 데도 도움이 된다.

퀼즈는 아무리 일이 많아도 어김없이 저녁 5시 58분 전철을 타고 퇴근한다. 그리고 일이 사생활로 넘어오는 것을 허락하지 않는다. 주중에는 가족들과 함께 건강한 저녁식사를 주로 배달시켜 먹는 편이고, 주말에 시간이 더 많을 때에는 퀼즈가 직접 요리를 한다. 전반적으로 그의 저녁은 바쁜 CEO보다는 가정적인 보통 남자의 일상에 가깝다. "저의 저녁은 아주 평범합니다. 동화책 읽어주기, 숙제 봐주기, 독서 그리고 온 가족과 함께 잠자리 들기를 하죠. 낮 일과에서 저녁 일과로 일터가 바뀌었다는 것만 다릅니다." 그는 스트라바 CEO로서 근로 윤리만큼이나 강력한 쉼 윤리를 타임오프 중에 실천한다.

지속가능한 방식으로 일을 잘하려면 테크업계 임원이든 다른 어떤 역할을 맡고 있든 양극 사이의 균형이 필요하다. 퀼즈는 이 점을 깨달아 삶의 우선순위로 삼았다. "저에게 건강한 삶의 본질은 균형과 활력 그리고 깨어 있음입니다. 균형이란 절제를 통해 삶의 한 영역이 비대해져 다른 영역을 침범하지 않도록 노력하는 것을 의미합니다. 활력을 얻으려면 일을 내려놓고 달리기, 자전거 타기, 스트레칭, 근력 훈련 등 체력을 키울 방법을 고민해야죠. 아울러 영양 섭취도 중요합니다." 일에 쫓겨서 살다보면 섭식과 운동이 건강과 리더십 역량에 미치는 영향을 간과하기가 쉽다. 이를 피하려면 섭식과 운동을 위한 일과를 세우고, 이를 쉼 윤리의 주축으로 삼아야 한다.

날씬한 몸, 민첩한 정신

운동이 유익하다는 건 실천하든 안 하든 삼척동자도 알고 있다. 우리는 움직이도록 만들어졌고 종일 의자에 앉아 있는 것은 건강과 창의성에도 최악이다.

이 점은 과학적으로도 명쾌히 밝혀졌다. 운동은 심층부의 뇌가소성을 활성화하고 근육 및 심혈관계 강화를 도울 뿐 아니라 뇌에도 직접적인 개선 효과가 있다. 운동하는 동안 대폭 증가하는 뉴로트로핀 단백질이 뉴런(뇌세포)의 생성과 성장을 돕는다. 지구력 운동을 하면 가장 활발한 뉴로트로핀 중 하나인 뇌유래 신경영양인자BDNF를 촉발하는 아이리신 호르몬이 분비된다. 당신이 신경과학자가 아니고 이 모든 전문용어에 머리가 어지럽다면 이것만 기억하라. 밖으로 나가서 몸을 움직여라. 그러면 뇌가 튼튼해지고 뇌 속에 새로운 연결점이 생성된다. 운동은 양쪽 귀 사이에 있는 아이디어 공장을 부단히 업그레이드하여 점점 복잡해지는 도전과 프로젝트에 대처할 수 있게 해준다. 뇌와 생산성과 창의성은 활동성과 직결되어 있다.

알렉스 수정 방 김은 그의 책 『일만 하지 않습니다』에서 운동을 하면 몸이 튼튼해질 뿐 아니라 일할 때 버티는 힘도 강화된다고 말한다. "운동은 전문직 종사자가 압박과 실망에 대처하게 하는 데 소중한 버팀목이다. 운동은 더 오래 건강한 삶을 영위하게 한다. 살면서 더 오래 지력과 창의력을 유지하려면 운동은 필수다."

세계 거물급 인사인 버락 오바마, 대법원장 엘레나 케이건, 컴퓨터 선각자 앨런 튜링, UCLA대학 화학과 교수 겸 노벨상 수상자 도널드 크램 등은 까다로운 일의 요구에 부응하기 위해 의도적으로 운동 스케줄을 잡고 실천하는 것을 우선순위로 삼았다. 우리에게 그다지 유명인사가 되려는 열망이 없더라도 규칙적인 신체 활동은 누구에게나 유익하다. 다들 살면서 스트레스와 힘든 상황을 마주할 때가 있다. 이럴 때 격렬한 신체 운동 예측, 통제 가능한 스트레스가 심신을 단련시키고 힘든 상황에서 더 기품 있게 대처하게 해준다.

운동은 뇌 지구력을 향상시키고 지력을 넓히며 창의적 일에 필요한 끈기와 심리적 회복탄력성을 강화한다. 이는 무수한 연구로 밝혀진 것으로 나이나 운동 능력과 무관하게 모든 사람에게 해당한다. 이 책에서는 대부분이 이미 알고 있으며 널리 정설화 된 운동의 유익을 되풀이하기보다는 운동이 당신의 '창의성 근력'에 미치는 영향을 강조하고 싶다.

운동은 우리 정신을 일상의 쳇바퀴에서 끄집어내 뇌의 수행력을 끌어올리고 참신한 시선으로 사물을 보게 하는 최상의 도구다. 운동에 들이는 시간은 낭비가 아니다. 알렉스 수정 방 김은 "활발히 운동하면서도 세계 정상급의 일을 해내는 사람들을 보고 놀랄 일이 아니다"면서 "그들이 그런 일을 해내는 이유가 활발한 신체 활동에 있음을 인정해야 한다"고 말한다. 그러므로 당신도 일을 수준급으로 해내고 잠재력을 실현하려면 운동을 여느 업무처럼 중요하게 여겨야 한다. 운동은 시간이 남을 때 하는 일이 아니다. 적극 시간을 내서 해야 하는 일이다.

많은 성공인은 명상이 평정심과 창의성에 크게 도움이 된다고 단언한다. 하지만 연꽃 자세로 한곳에 가만히 앉아 호흡에 열중하는 것이 취향에 맞지 않는 사람도 있다. 당신도 그런 부류라면 운동을 일종의 활동적 명상 차원으로 여기고 활용해보라. 마음 재수립과 발상 전환 등 명상의 여러 유익을 얻을 수 있다. '사소한 일에 힘 빼지 마라' 같은 평범한 조언을 '(운동으로) 힘을 빼 사소한 일에서 벗어나라'로 바꿔보면 어떨까? 어쩌면 정체된 프로젝트를 다시 움직이려면 먼저 몸부터 움직여야 할지 모른다.

운동은 근력을 키울 뿐 아니라 시장에서 살아남는 데 필요한 인성과 근성을 키우는 데도 도움이 된다. 마라톤이나 무술대회 같은 도전을 앞두고 훈련하면 목표 설정과 의지력 기술을 재학습하게 된다. 새로운 아이디어를 부화시키고 제시하는 것이 세상을 변화시키는 데 아주 중요하지만, 아이디어를 실천에 옮길 내공이 없다면 뜬구름 잡기가 될 것이다.

신체 운동이 당신의 쉼 윤리에 녹아들어갈수록 신체 역량이 강화되는 과정을 스스로 확인해보라. 일과 도중에 하는 운동은 시간 낭비가 아니다. 오히려 창의적 자신감을 끌어올려 강건한 상태로 일과를 마무리하는 데 도움이 된다. 그 과정에서 연마한 굳은 의지력은 결국 당신의 근로 윤리로 흘러들어갈 것이다.

마지막으로, 현장에서 코치를 두고 일하는 것과 체육관에서 트레이너를 두고 운동하는 것에는 확연히 드러나지는 않더라도 매우 중대한 유익이 있다. 특히 스스로 모든 일을 감당해야 한다는 생각에 자주 죄책감에 눌리는 창작자와 창업가들이 그렇다. 통제력 행사를 포기하고 다른 이의 도움과 지도를 받아들이는 것이 성공으로 가는 중요한 걸음이 될 것이다. 트레이너와 협력하는 능력을 키워 가다 보면 동료와 고객에게도 더 좋은 동반자가 될 것이다.

운동이 심신에 미치는 유익을 거두기 위해 대회 출전을 앞둔 사람처럼 날마다 운동에 올인 하라는 말이 아니다. 실은 정반대다. 회복을 진지하게 여기고, 진짜 중요한 날들을 위해 힘과 최상의 컨디션을 아껴두라. 창의력도 마찬가지다. 일하기 위해 날마다 출근하는 것도 좋지만, 그 일이 늘 완벽한 대작일 필요는 없다(그럴 수도 없지만). 형편없는 몇 줄을 끄적거리거나 해독 불가한 낙서를 한 것 말고는 한 일이 별로 없는 날도 있을 것이다. 이런 나날도 막힌 곳을 뚫고 마음의 근력을 키우는 데 꼭 필요하다. 이런 날 죄책감이나 불쾌감을 느끼지 말라. 이런 나날이 쌓여야 두루 진보가 이뤄지고 유지 관리가 된다.

엘리트 운동선수와 트레이너들은 (어떤 분야의 정상급 수행자들도 마찬가지다) 매번 개운한 몸으로 트레이닝에 임할 때 그 유익이 극대화된다는 것을 안다. 운동 후 여기저기 몸이 쑤셔서 움직임이 어설프다면 다음에 운동하는 날에도 타격이 있다. 체스와 태극권 세계 챔피언인 조시 웨이츠킨은 그의 책 『배움의 기술*The Art of Learning*』에서 "거의 모든 분야에서 독보적인 수행자의 가장 두드러진 특징은 회복 기간을 활용하는 일과가 있다는 것이다"라고 말한다. 그는 회복하기에 능할수록 잠재력이 커진다고 본다.

그의 조언은 현대의 가장 거친 검투사들에게도 적용된다.

황홀한 몰입 지대에서 꾸준히 업그레이드하기

피라스 자하비(1980~)　**캐나다 무술인, 코치, 피트니스 창업가**

"치열함보다 꾸준함이다. 치열함은 간혹 일어날 뿐이다. 최대치에 도달하려면
대가가 따른다. 누구도 매일 전력 질주할 수는 없다."

피라스 자하비의 전설적인 체육관 '트리스타 짐'에서는 아무나 트레이닝하지 않는다. 이곳은 역사상 최고의 투사로 손꼽히는 조지 세인트 피에르(전직 UFC 미들급 챔피언이자 웰터웨이트 챔피언으로 장장 9번 연속 타이틀 방어로 유명하다)를 키워낸 체육관이다. 세인트 피에르의 수석 코치 자하비는 어떻게 해야 세계적 명성에 걸맞은 선수를 키워낼지 알고 있다. 피에르의 경기 종목이 현대판 검투라고 할 수 있는 격투기이기에 그들이 늘 맹렬하게 트레이닝을 할 것이라고 상상하기 쉽다. 그러나 자하비는 사뭇 다른 접근법을 가지고 있다. "난 절대 몸이 쑤시도록 운동하지 않는 게 아주 중요하다고 믿는 사람입니다. 훈련은 해야 하지만 다음날 일어났을 때 기분이 상쾌해야죠."

조지 세인트 피에르 같은 세계 챔피언급 격투사의 트레이닝에서 각별히 주의할 부분은 과한 트레이닝을 방지하는 것이다. 자하비는 "회복이 전부"라고 설명한다. "스트레스 더하기 회복은 적응이에요. 스트레스 더하기 스트레스는 마이너스 트레이닝과 부상이죠. 회복 단계를 거치지 않으면 트레이닝의 유익을 거둘 수 없습니다." 자하비는 트레이닝하는 선수들에게 운동 시간이 감당할 만한 도전이 되길 바란다. 이해를 돕고자 그는 단순한 윗몸 일으키기 운동을 예로 든다.

"제가 윗몸 일으키기를 시켰다고 생각해봅시다. 당신의 최대치는 열 번이에요. 열한 번은 못 하죠. 그럼 운동 시간에 열 번을 시켜야 할까요? 아니요. 저는 다섯 번을 시켜요. 그래야 다음날 또 다섯 번을 할 수 있습니다. 그러다가 여섯 번에 도달해요. 여섯 번이 진짜 쉬워지면 일곱 번에 도전하죠." 자하비의 감당할 만한 트레이닝법을 사용하면 시간이 흐를수록 일관성이 생긴다. 일관성은 어떤 직종에서든 중요하다.

훈련 시 늘 신기록을 갱신하고 있다면, 그래서 회복하는 데 며칠씩 걸린다면, 자칫 부상 위험에 노출되거나 동력을 상실할 가능성이 있다. 자하비는 이렇게 설명한다. "당신이 월요일에 윗몸 일으키기 열 번을 하면 목요일까지 몸이 쑤실 거예요. 그래서는 목요일까지 윗몸 일으키기를 열 번밖에 못하죠. 하지만 나는 매일 다섯 번씩 합니다. 목요일이 되면 20~25번 윗몸 일으키기를 하게 되죠. 당신보다 내가 더 운동량이 많아요. 연말에 합산해보면 누가 더 많이 했을까요? 내가 월등히 많이 했겠죠. 진짜 중요한 것은 한 주에 도합 얼마나 많은 트레이닝을 하고 즐길 수 있는가입니다. 얼마나 많은 양에 자신을 노출시킬 수 있느냐는 거죠."

운동은 즐겁고 중독적이어야 한다. 그러면 스스로 운동을 많이 하게 되고 안정적이고 건강하게 한결같이 활동하는 습관을 들이게 된다. 단순히 말해서 '운동 절정감'을 느낄 때가 멈출 때다. 여기서 운동을 멈춰야지 몸이 여기저기 아프고 피로를 느끼는 단계까지 가선 안 된다. 그는 이러한 인식을 '운동 자각perceived exertion'라고 부른다. 이는 정상급 운동선수의 지속가능하고 안전한 트레이닝뿐 아니라 다른 분야의 세계 정상급 수행자들의 지속적 성장에도 매우 중요한 고려사항이다.

자하비는 운동 강도를 자각한다는 발상을 심리학자 미하이 칙센트미하이의 '몰입flow' 연구와 연계시켜 수행의 최적지대 개념으로 설명한다. '몰입 채널'은 불안감과 지루함 사이에 존재하는 '골디락스 존'(우주에 생명체가 거주할 가능성이 있는 지역)이다. 우리는 무언가가 너무 힘들면 불안감을 느낀다. 또 무언가가 너무 단조로우면 지루함을 느낀다. 그러나 무언가가 난이도와 기술이 맞아떨어지는 달콤한 몰입 지대에 있으면 우리는 희열을 느낀다. 무언가에 몰입하면서 행복감과 생산성이 올라간다.

하지만 너무 많이 하면 이런 느낌을 꾸준히 경험하기가 어려워진다. 많은 체육관에서 과도한 트레이닝이 일어나는 이유는 참가자가 모두 같은 기술 수준인 경우가 드물기 때문이다. 다들 제각각의 몰입 채널을 가지고 있다. 많은 이들이 체육관에서 적정한 운동 강도로 트레이닝을 하지 못해 스스로 불안해하고 있다. 그들은 녹초가 될 때까지 스스로를 채찍질하며 고행하듯이 연습한다. 이럴 경우 일관된 트레이닝 습관을 들이지 못하고 지레 나가떨어지게 된다. 자하비는 당신의 노력을 몰입에 최적화하라고 조언한다.

어떤 노력이든 몰입 지대는 즐거워야 하고 따라갈 만한 속도여야 한다. 당신의 일과 운동을 너무 어렵지도 너무 쉽지도 않게 디자인하라. 그래야 그 자체가 재미있어 되도록 빨리 경험을 반복하고 싶은 마음이 든다.

자하비의 주장이다. "몰입은 그야말로 천재적인 개념이에요. 다들 몰입해본 적이 있을 겁니다. 몰입 상태에 있으면 시간이 쏜살같이 흐르죠. 최악의 운동은 1분이 한 시간처럼 느껴지는 거예요. 몰입 채널에는 적절한 어려움이 있어야 스트레스를 받지 않으면서도 지루하지 않아요. 트레이닝은 중독성이 있어야 합니다. 트레이닝에 중독되면 어떤 일이 벌어질지 상상해보세요. 모든 사람이 날씬하겠죠. 트레이닝은 매력이 있어야 합니다. 하고 싶어야죠. 꾸준히 하지 않고 경지에 오른 사람은 없습니다."

물론 자하비는 치열함을 배척하지 않는다. 다만 사려 깊게 적용해야 한다고 못 박는다. "치열함은 보다 제한된 조건에서 간혹 추구하는 것입니다. 기본은 양과 즐거움이어야 해요." 주로 몰입에 초점을 맞춘 이 접근법이야말로 자하비와 세인트 피에르가 많은 양의 운동과 연습을 통해 팔각 링 위에서 위대한 경지에 다다른 비결이다. 자하비는 "이것이 조지가 그렇게 탁월한 비결"이라고 말한다. "그가 건강을 유지한 비결이기도 하죠. 사람들이 그와 스파링하려고 줄 서는 이유는 그가 몰입을 이해하기 때문입니다."

일터나 체육관에서 당신의 몰입 상태를 개선할 수 있겠는가? 어제는 지루했다면 오늘은 좀 더 창의적인 도전을 시도해보라. 어제의 혹독함 때문에 오늘의 훈련을 앞두고 두려움이 드는가? 그렇다면 양질의 타임오프를 하며 당신의 한계와 경계에 관해 고민할 때다. 우리의 몰입 상태를 키우고 보호한다면 체육관뿐 아니라 책상과 사무실에 열정과 설렘을 가지고 출근 도장을 찍게 될 것이다. 장기적으로 보면 꾸준함이 치열함을 이긴다. 늘 그랬다.

실천하기 〉〉 **한계를 의식하고, 한계를 확장하기 위해, 한계 안에 머물라**

우리는 각각 다른 제한조건을 가지고 있다. 자신의 현주소를 정직하게 인식하며 다치기 전에 멈추라. 가장 치열함을 10점으로 본다면 7점 수준의 노력을 하라. 대신 빈도수와 일관성을 목표로 삼으라. 컨디션 조절 능력을 키워가다 보면, 어느새 기량과 치열함이 만나는 황홀한 몰입 지대에 들어설 것이다. 당신의 새로운 7점은 현재의 10점을 훨씬 능가할 것이다. 당신은 더 양질의 시간을 가질 것이고, 연습은 점점 더 중독성을 띨 것이다. 연습을 멈추고 자리를 뜨기가 어려운가? 그렇다면 다음날을 위해 열정을 비축해둔다고 생각하라. 다음번 운동이나 업무 시간에는 자신의 '운동 자각'에 유의하여 절정을 넘어설 때까지 자신을 밀어붙이지 말라.

뇌를 위한 든든한 연금

밥 딜런은 "영원히 젊었으면 좋겠네I want to be forever young"라고 노래했다. 운동을 한다고 만년 대학생처럼 보일 수는 없지만 (적어도 현재로선) 딜런의 꿈에 다가갈 최상의 길은 운동이다. 몸을 움직이면 신체가 보기 좋은 상태를 유지할 뿐 아니라 뇌 건강 유지에도 도움이 된다. 노년이 되어서도 오래오래 창작하고 문제를 해결하며 민첩한 정신을 유지할 수 있다.

웬디 스즈키는 '뇌를 변화시키는 운동의 이점'이란 테드TED 강의에서 "운동이 뇌에 미치는 가장 획기적인 영향은 보호 효과"라고 주장했다. 그녀는 "뇌를 근육처럼 생각할 수 있다"고 말한다. "운동을 많이 할수록 해마와 전전두피질이 커지고 강해집니다." 뇌가 더 크고 강하다는 것은 현 시점에서 유익할 뿐 아니라 언젠가 늙어가면서 맞닥뜨릴 신경퇴행성 질환과 인지기능 저하와의 불가피한 전쟁에 대한 최상의 대비책이기도 하다. 스즈키는 "치매나 알츠하이머 병을 완치하진 못하지만 해마와 전전두피질을 크고 강하게 만들어놓으면 발병을 늦출 수 있다"라고 주장한다. "그러니 운동이 뇌를 위한 든든한 퇴직연금이라고 생각할 수 있겠죠? 게다가 공짜니까 더 낫죠."

스즈키의 퇴직연금 비유는 소파에서 일어나 땀을 빼고 싶은 강력한 동기를 부여한다. 한 바퀴 돌고, 조깅하고, 움직이고, 무거운 것을 들고, 등산하고, 춤출 때마다 우리 뇌를 위해 복리로 불어나는 적금을 넣는 셈이다. 운동이 내키지 않는 날에는 적금 비유를 떠올려보자. 손실이 확실한 주식에 돈을 넣어두고 싶은 사람은 아무도 없을 것이다. 당연히 뇌에도 그래선 안 된다.

스즈키의 발견은 젊고 원기 왕성한 이들에게만 해당하지 않는다. 치매 징후를 보이는 노인들도 이 지식을 활용할 수 있다. 스즈키는 "이미 알츠하이머병이나 치매 진단을 받은 75세 이상 초고령자도 3개월 운동 처방이 도움이 된다는 사실이 연구로 밝혀졌다"라고 말한다. 운동을 많이 한 환자일수록 정신의 쇠퇴 속도가 둔화되었을 뿐 아니라 심지어 호전된 이들도 많았다. 이를 관찰하며 스즈키가 내린 결론은 "운동의 유익을 얻기에 불가능할 정도로 늙은 사람은 없다"는 것이다. 운동을 하고 있지 않다면 바로 지금 시작하라. 연령과 무관하게 최적의 타이밍이다.

운동을 하면 단기적으로 기분이 좋아진다. 장기적으로는 정신의 쇠락에 대비한 장기적 보호와 보험을 제공하여 노년기까지 창작하는 삶을 유지하게 해준다.

기품 있게 나이 들면서 생산성을 끌어올릴 여러 강도의 다양한 운동을 시도해보자.

달리기를 통해 명상 모드에 들어가기

테리 루돌프(1973~) **호주 양자물리학자**

"일할 때는 아주 오랫동안 방해받지 않는 연속된 시간이 필요합니다. 이건 거의 심리적 문제입니다. 달력에 뭔가 일정이 적혀 있다면 방해받지 않는 시간을 갖더라도 그 끝에 정해진 일정이 있다는 사실로 일에 지장이 생깁니다."

아프리카 말라위의 한적한 산속 작은 오두막에 일단의 사람들이 둘러앉아 있다. 전기도, 수도도 없는 곳이다. 오두막 한구석에서 타고 있는 장작불만으로는 그중 한 사람이 작은 화이트보드에 재빨리 끄적거리는 내용을 환히 비출 수 없다. 나머지 사람들은 화이트보드에 바짝 다가가 휴대폰 불빛을 조명으로 제공한다. 그들은 도주 계획을 짜는 부랑자나 탈옥수가 아니다. 그들은 테리 루돌프가 〈2013년도 퀀텀(양자) 말라위 워크숍〉을 위해 끌어모은 세계 최고의 양자물리학자들이다.

워크숍 웹사이트에도 나와 있듯이 워크숍의 목적은 "충분히 토론하는 시간을 가지면서, 아직 부분적인 결과만 나온 새로운 연구 방향의 발표를 장려하기 위함"이었다. 시간이 충분했던 것만은 분명하다. 발표는 오전에 한 번, 저녁에 한 번, 하루에 딱 두 번만 했다. 과학자들은 남아도는 시간에 한가하게 등산을 하거나 원거리 드라이브를 갔다. 보트나 경비행기를 타기도 하고, 모닥불을 피워놓고 현지의 동물도감에 실린 것은 무엇이든 구워먹기도 했다. 테리는 우리와의 전화 인터뷰에서 웃음 띤 어조로 이렇게 회고했다. "하루 대부분이 그저 생존을 위한 시간이었어요."

다른 워크숍 참가자들뿐 아니라 그도 애틋한 추억으로 그 시간을 회고한다. "물리학에도 많은 시간을 썼죠. 정말 많은 걸 배웠어요!" 어느 날 밤에는 한 참가자가 이런 말을 했다. "여기 둘러앉은 사람들 중 절반은 노벨상 후보자감이라는 생각이 듭니다." 테리는 계속 농담처럼 말했다. "그 참가자가 이상한 아프리카 술을 많이 마셨기 때문인지도 모르지만 분명 그런 분위기가 있었어요."

테리는 아프리카 오지를 탐험하지 않을 때는 보통 런던 임페리얼칼리지 양자물리학과 교수(아울러 필자 맥스의 박사학위 지도교수이기도 하다)로 양자 기계학 근간의 심오한 신비를 파헤치는 일을 한다. 테리의 행방을 추적하기란 늘 쉽지 않다. 그가 어느 나라, 아니 어느 대륙에 있을지 도무지 종잡기 어렵고, 이메일에는 가뭄에 콩 나듯 답하기 때문이다. 다행히 그는 학생들에게도 동일한 자유를 부여했다(맥스는 그 자유를 십분 활용했다). 그는 가끔 맥스와 만날 때마다 한결같이 진심어린 관심을 가지고 온전히 토론에 몰입했다. 그는 수시로 이메일이나 휴대폰을 들여다보는 사람이 아니었다. 테리는 SNS를 하지 않으며, 이메일처럼 불가피한 업무는 되도록 몰아서 처리한다.

그는 쓸데없는 행정 업무를 피해 다니는 데 귀재였다. "누구든 내게 서류 작업을 가져오는 사람이 있다면 스스로 그 짐을 지게 하려고 한다"라고 말한다. 우리 모두 여기서 배울 점이 있지 않을까? 누군가가 당신의 할 일 목록에 또 다른 잡무를 추가하려 든다면, 그 사람이 그 일을 스스로 하게 할 방법을 궁리해보라. 그러면 당장 타임오프의 유익을 얻을 뿐 아니라, 장기적으로도 잡무를 떠넘기는 사람을 잘 막아낸다는 명성이 주는 유익이 있을 것이다.

테리가 이 모든 일을 의도적으로 하는 까닭이 있다. 그의 본업인 깊이 사고하기를 하려면 아주 오랫동안 방해받지 않는 시간이 필요하기 때문이다. 이상적으로는 온종일, 그것도 며칠씩 써야 한다. 그의 말이다. "뭔가를 하기 위해 세 시간을 확보하더라도, 그 시간이 너무 엄격히 정해져 있다든지 그 후에 회의에 참석해야 한다면 작업의 가치가 떨어집니다. 마감에 영향을 받지 않고자 시간을 큰 덩어리로 확보하려고 굉장히 애쓰죠." 달력에 아무 일정도 잡혀 있지 않은 온전한 하루가 있다면 완전히 다른 사고 모드로 들어갈 수 있다. 안타깝게도 그는 대규모 연구 모임을 진두지휘하며 학생을 가르칠 의무도 있는 교수이기에 며칠씩 통째로 일정을 비우기가 점점 어렵다는 것을 깨닫는다. "대학은 관성이 큰 거대한 관료조직이어서 시간 확보가 녹록치 않습니다. 자투리 시간만 낼 수 있고, 수업 시간표는 제가 어찌할 수 없는 거라서…."

그러나 최근 테리는 교수직에서 타임오프를 하며 대학이 주는 '행정 하중과 그로 인한 변형'에서 가까스로 벗어났다. 2017년 그는 몇몇 동료와 함께 양자컴퓨팅 벤처회사 사이퀀텀PsiQuantum을 설립했다. 회사의 목표는 세계 최초의 상용 광光 기반 양자 컴퓨터를 개발하는 것이다. 성공한다면 회사 홈페이지에서 호기롭게 밝혔듯이 "세계 최초로 쓸모 있는 범용 양자 컴퓨터"가 될 것이다. 이 목표를 달성한다면 신약 개발, 기후 모형화, 암호화 기법 등 숱한 분야에서 엄청난 돌파구가 열리게 된다. 미국 팰러앨토에 위치한 회사는 마케팅과 쓸데없는 언론의 관심을 피하고자 (테리의 말로는 "일단 그 게임을 시작하면 계속 해야 하는데, 그럴 만한 가치가 없어요") 아직은 상당히 은밀하게 운신하고 있다. 하지만 세계 최고의 물리학자와 공학계 실력자들을 꾸준히 영입하여 현재 거의 100명의 팀이 꾸려졌다.

이런 큰 기업을 경영하려면 학자 생활을 할 때보다 더 많은 행정 하중이 쌓이지 않을까 궁금했다. 하지만 테리와 동료들은 행정 하중을 피하는 문화와 철학을 회사의 근간으로 삼았다. 그들은 직원들에게 방해받지 않는 딥 워크와 실제 문제 해결을 위한 덩어리 시간을 충분히 제공하려고 노력한다. 화요일 오전과 목요일 오후는 통으로 딥 워크를 위한 시간이 예약되어 있다. 테리는 "그 시간에는 어떤 회의도 금지되어 있다"고 설명한다. 아울러 그들은 개방휴가 정책을 도입하여 일에 방해가 되지 않는 한 원하는 만큼 휴가를 낼 수 있다. 사이퀀텀의 초창기 직원들은 대부분 경력이 화려한 실리콘밸리

엔지니어들이었다. 테리는 농담처럼 그들에게 휴가 사용법을 재교육해야 했다고 말한다. 아울러 그는 나라마다 휴가 활용에 큰 차이가 있음을 발견했다. "유럽인은 휴가를 더 많이 쓰고, 미국인은 강요해야 씁니다." 테리는 슬며시 미소 지으며 이렇게 덧붙였다. "개방휴가 정책은 효과적이었어요. 우리가 세계 최초로 범용 양자컴퓨터를 만든다면, 수천 개의 회사들이 우리 모델을 따라할 것이라고 장담합니다."

아울러 그는 생산성과 '바이오 해킹'(엔지니어들이 자기 몸을 해칠 정도로 일한다는 뜻) 공동체에 약간 불만이 있다. "실리콘밸리에서는 다들 스스로를 바이오 해킹하는 데 혈안이 되어 있어요. 다들 워낙 바빠서 무슨 일이든 그걸 끝내고 언제 새로운 일을 할 수 있는지 스케줄 맞추는 데 시간이 더 많이 듭니다."

테리가 가장 좋아하는 생산성 도구 중 하나는 단순히 밖으로 나가서 달리는 것이다. 사실 그에게는 각기 목표가 다른 두 가지 뚜렷한 달리기 모드가 있다. "머릿속을 비우는 달리기 모드에서는 발을 헛디디지 않도록 주의하며 진짜 힘들게 달립니다. 명상도 못하고 머릿속에 아무것도 넣을 수 없죠. 이렇게 달리면 결과는 명상과 비슷해요. 달리기에만 집중하고 일에 관한 생각은 완전히 멈추니까요. 다른 것을 생각하기가 불가능한 상태에서 그저 내 몸에 집중한 채 몸을 써서 뭔가를 하는 겁니다."

어떤 때는 달리기를 하러 나가기 전에 생각해야 할 문제 목록을 작성한다. "이 경우엔 훨씬 천천히 달립니다. 이런 달리기의 이점은 전화나 컴퓨터 같은 방해물과 필기구에서 벗어난다는 거죠. 제가 하는 대부분의 일과 계산은 필기구가 있어야 합니다. 하지만 무언가를 필기할 때 우리 뇌는 '좋아, 이건 저장하지 않고 나중에 확인하면 돼'라고 생각하죠. 하지만 어떤 경우에는 전체 과정을 머릿속에 그려보고 꼭 저장해야 하거든요. 알다시피 그게 수학이나 물리학인 경우도 있지만 다른 어떤 일도 마찬가집니다. 달리기를 할 때는 필기를 못하니 세부사항에 매몰될 수 없습니다. 그저 생각하죠. 어떤 내러티브인가, 어떤 스토리인가, 난 무엇을 달성하려고 하는가? 더 큰 그림에 초점을 맞출 수밖에 없습니다."

테리의 경우 깊은 사고에 가장 큰 방해물은 분주함과 시간의 파편화다. "일반 직장인은 우리 학자들을 보고 온종일 빈둥거린다고 생각할 겁니다. 실은 그래야만 창의적인 일을 할 수 있죠. 나는 생각할 때면 종종 책상에서 벗어나 푹신한 빈백 소파에 눕습니다. 꼭 낮잠 자는 것처럼 보일 테죠. 머릿속을 비우려는 게 아니라 눈을 감고 무언가를 생각하는 겁니다. 그럴 때엔 외부 자극이 없으니 머리 회전이 훨씬 빠릅니다."

어쩌면 우리도 두 눈을 감은 채 빈백 소파에 몸을 내맡기고 깊은 사고에 집중하는 시간을 더 많이 가져야 하지 않을까? 그 일을 하기에 최고의 방법은 아마도 고독일 것이다.

───

`실천하기` ▷ **열심히 달려서 머릿속을 말끔히 비우거나, 천천히 조깅하며 아무 방해 없이 문제를 숙고하라**

머릿속을 비워야 한다면 몸의 움직임과 감각 외엔 어떤 생각도 못할 정도로 힘든 운동을 하라. 운동 시간을 생산적으로 사용하고 싶다면, 숙고할 질문을 명료하게 정리한 다음 아무 방해 없이, 즉 도움이 되지만 제약도 되는 도구에서 벗어나 이 타임오프를 활용하라. 그러면 몸에 좋은 운동을 하는 동시에, 당면 사안을 거시적으로 볼 수 있게 된다. 달리기가 적성에 맞지 않는다면 다른 활동으로 대체해도 된다.

아리스토텔레스는 이미 2천여 년 전에 그의 책 『정치학』에서 "인간은 본래 사회적 동물이다"라고 밝혔다. 우리 종은 시초부터 사회적 연결망이 생존에 결정적이었다. 부족에서 쫓겨나면 호랑이의 먹잇감이 된다는 얘기다. 따라서 사회적 교류에 대한 우리의 갈급함은 물에 대한 갈증만큼이나 근원적이다. 사회적 교류가 없었다면 우리 인류는 역사 초기에 멸종했을 것이고, 문명, 과학, 예술 등 현대인의 삶에 근간이 된 위업도 이루지 못했을 것이다. 우리의 커다란 뇌 크기조차 사회적 본능과 이 본능이 요구하는 언어 사용과 관련이 있다는 지적이 있다.

이 모든 것을 감안하면, 인간은 타인과 어울리는 것이 본연의 상태이며, 홀로 보내는 시간은 본능에 반하는 것이라고 단정 짓기 쉽다. 하지만 심리학자 애덤 웨이츠는 다르게 본다. "사회적 뇌, 사회적 호르몬, 사회적 인지에 대한 열정은 사회성이 쉽거나 자동적이거나 영구적인 것이 전혀 아니라는 증거와 균형을 이뤄야 한다. 사회적 과정의 토대가 되는 (사회적) 뇌와 호르몬과 인지가 우리를 위해 뭔가를 하게 만들려면 먼저 촉발이 일어나야 한다." 그렇다. 우리는 사회적 동물이지만 사회적 본성이 촉발되려면 먼저 올바른 환경이 조성되어야 한다. 그리고 사회적 어울림과 '고독' 사이에 적절한 균형과 밀고 당김이 있어야 한다.

학술지 『피직스 월드』에 게재된 펠리시티 멜로의 〈침묵의 힘〉
이란 글이다. "아이작 뉴턴은 고독을 갈망했다. 앨버트 아인슈타인
도 그랬다. 헨리 캐번디시와 폴 디랙 역시 고독의 긍정성을 칭송했
다. 침묵과 그 동반자인 고독은 물리학 역사에서 반복적으로 등장하
는 특징인 듯싶다." 그런데 오늘날 연구자들이 몸담은 학계의 환경
과 풍경은 침묵과 고독을 거의 제공하지 못한다. 깊은 사고의 아성
이라는 세계 대학과 고등학문 기관들조차 점차 집단 사고의 소란스
런 공장이 되어가고 있다. 위원회, 공공 봉사활동, 각종 심사와 정책
과정 참여 등이 점점 더 의무화되고 불가피해지고 있다. 멜로는 이
를 우려스러운 현상이라고 본다. "영국에서 오늘날의 연구 정책은
침묵과는 정반대 방향으로 우리를 끌고 간다. … 강요된 상호작용을
하다 보니 물리학에서 창의성의 중요한 전제조건이 사라질 판국이
다." 그 전제조건이란 다름 아닌 고독이다. 고독이란 외부의 입력이
나 번잡함으로부터 자유로운 상태에서 우리 정신이 활개 칠 수 있는
침묵의 시간이다.

물론 소통은 필요하고 과학은 언제나 집단 노력의 산물이었다.
문제는 소통의 양과 소통 채널의 가짓수가 걷잡을 수 없이 늘고 있
다는 점이다. 멜로는 소통의 중요성에 이의를 제기하지는 않지만 균
형을 촉구한다. 그녀의 말이다. "소통, 좋죠. 하지만 물리학자에게
주도권이 있고, 각 개인에게 걸맞은 형태여야 합니다." 그녀는 과학
자들이 이 통제력을 상실했다고 우려하며, 그 근거로 (힉스 보손 입자
로 명성을 얻은) 피터 힉스의 사례를 든다. 힉스는 "오늘날의 연구 환
경에서라면 자신이 노벨상을 받은 그 연구를 완성하지 못했을 것이
라고 최근에 말하더군요. 자신이 1960년대에 누렸던 고요한 평화가

더 이상 가능하지 않다고 보면서요." 힉스 외에도 많은 노벨상 수상자가 최근 몇 년간 비슷한 말을 했다. 그들은 아이디어 개발에 절대적 비중을 차지하는 고독의 중요성을 호소하며 고독을 폄하하는 세태를 개탄한다.

협업과 우연한 만남이 정보 교환과 새로운 아이디어 점화에 중요한 건 분명하지만, 깊은 사고와 거대한 창의적 돌파구를 뒷받침하진 않는다는 사실을 숱한 연구들이 보여주고 있다. 거의 모든 연구의 뼈대가 고독 속에서 세워진다. 그런데 이런 고독이 희귀 자원이 되어버렸고, 많은 사람은 이 자원의 고갈을 경험하고 있다.

멜로는 다음과 같이 경고하며 글을 맺는다. "언어에서 침묵을 삭제한다면 남는 것은 알아들을 수 없는 웅얼거림일 것이다. 과학 연구에서 침묵을 삭제하면 소음 외엔 남는 게 없을지 모른다." 우리는 멜로의 의견에 전적으로 동의하며, 이 현상이 비단 과학 연구를 넘어 훨씬 더 넓은 분야에 걸쳐 있다고 생각한다. 모든 창의적 활동에서 같은 현상이 나타나고 있다. 진정한 창의적 과업과 아이디어 부화는 우리가 자기 생각과 홀로 마주앉는 시간을 확보할 때 일어난다.

예술가는 혼자 일할 때 가장 잘한다

대부분 사람들은 자기를 예술가라고 생각하지 않는다. 하지만 오늘날 거의 모든 지식 근로자가 창의성에 의존한다는 면에서 다들 예술가라고 할 수 있다. 그들의 예술 매개가 코딩이든, 사업 계획서든, 인간 상호작용이든 말이다. 애플의 공동 창립자 스티브 워즈니악은 예술가에 대해 이런 확신을 가졌다. "예술가들은 마케팅이나 무슨 위원회에 맞출 필요 없이 발명품 디자인을 통제할 수 있을 때, 즉 혼자 일할 때 가장 잘한다."그는 혁신가가 되고 싶어하는 사람들에게 이렇게 독려한다. "혼자 일하세요. 혁신적이고 특색 있는 상품을 디자인할 수 있을 겁니다."혼자 있으면 누구의 간섭도 받지 않는 실험을 할 수 있다. 당신이 망치는 걸 구경하거나, 괴짜 같은 아이디어에 토를 달거나, 이러쿵저러쿵 훈수 두는 사람이 없어야 한다는 얘기다.

고독은 독창성을 장려한다. 마이클 해리스는 그의 책 『잠시 혼자 있겠습니다Solitude』(어크로스 역간)에서 외부에서 입력되는 게 없는 고독 속에서 우리는 비로소 진정 독창적인 목소리로 자신을 표현할 창의적 방식을 발견할 수 있다고 주장한다. 고독을 추구하고 당신이 진짜 좋아하는 것을 찾은 다음 그 속에 당신의 정신을 흠뻑 쏟으라. 스스로에게 더 많은 시간을 허락할수록 온전한 창의적 표현을 가로막는 우려와 제약을 떨칠 수 있다.

앞서 창의적 과정에서 능동적 측면(준비, 검증)과 수동적 측면(부화, 발화) 사이의 균형 맞추기가 아주 중요하다는 것을 보았다. 마찬가지로 교류와 고독 간에도 균형이 필요하다. 새로운 자극을 얻고 영감을 수집하려면 교류가 필요한 건 맞다. 그러나 일단 자극과 영감을 얻은 후엔 자신의 정신 속으로, 괴짜 고치 속으로 들어가 자극과 영감을 내 것으로 만들어야 한다. 타인의 생각이나 (그릇된) 방향에 매이지 않고 자극과 영감을 자유롭게 관찰하도록 정신을 풀어두어야 한다.

안타깝게도 이것은 더 이상 쉽지 않은 일이 되었다. 대다수는 고독이 외로움과 같다고 생각한다. 그것이 우리가 아는 전부다. 그러나 둘은 아주 다르다. 심리학자 크리스토퍼 R. 롱과 제임스 R. 에버릴은 "외로움과 대조되는 고독은 종종 긍정적 상태"라면서 "고독은 피할 게 아니라 추구해야 한다"라고 말한다. 해리스는 "참 고독은 접근하기 어렵지만 비옥한 상태"라고 말한다. 교류의 중독적인 끌어당김에서 벗어나 정신을 외로움이 아닌 부드러운 고독의 파도에 내맡기기가 점점 어려워지고 있다. 그러나 그만큼 참 고독의 가치는 날로 커지고 있다.

끊임없는 입력과 교류는 우리를 현실, 즉 '현주소'에 묶어놓는다. 우리 정신은 오직 입력과 번잡함으로부터 자유로워진 고독 속에서만 멀리 떠돌아다닐 수 있다. 그래야 진정한 돌파구를 만들고 '무엇이 가능한가'를 상상할 수 있다. 심리학 교수 칼리나 크리스토프는 "방황하는 정신은 아무것도 검열하지 않는 데 그 힘이 있다"면서 "정신은 방황하면서 다른 식으로는 절대 할 수 없는 연관짓기를 한다"고 말한다. 이는 창의성에 대단히 효과적이다. 하지만 검열에서 벗어나 자유롭게 연관점을 찾아내는 정신은 때로 가기 싫은 곳으로 우리를 인도할 수도 있다. 그래서 많은 사람이 고독을 두려워한다. 자기성찰에 익숙하지 않을수록 고독을 고통스러워하고 무서워한다.

그러나 이 여정은 고통을 무릅쓸 만한 가치가 있다. 그렇다. 우리가 여가 생활을 제대로 개발하지 못해 삶이 무의미하다고 느낀다면 고독은 내면의 공허함을 드러낼 수도 있다. 그렇지만 고독은 또한 그 빈자리를 채울 방법을 제시할 수 있다. 정신의 후미진 뒷골목이야말로 우리가 용기를 내어 들어갔을 때 창의적 금맥을 발견할 수 있는 곳이다.

『잠시 혼자 있겠습니다』에서 해리스는 1980년대의 여러 위대한 예술가를 분석한 심리학자 앤서니 스토의 연구 결과에 주목했다. 스토는 고독이 예술가의 창작 작업에 큰 역할을 했음을 발견했다. 아울러 해리스는 "혼자 있지 못하는 십 대의 창의력이 낮다"는 미하이

칙센트미하이의 1994년 연구를 인용한다. 해리스는 "그 청소년들은 오직 혼자 있을 때 일기, 낙서, 공상 등 독창적 작업으로 이어질 창의적 습관을 개발할 수 있을 것"이라고 분석했다. 요한 볼프강 폰 괴테의 말처럼 "인간은 사회에서 여러 가지를 배울 수 있다. 그러나 영감을 받는 것은 오직 고독 속에 있어야 가능하다." 고독만이 줄 수 있는 정신의 자유가 우리에게 필요하다. 이런 고독은 한 번에 단 몇 분씩만으로는 안 된다. 해리스는 "허둥대며 산만한 정신도 폭넓은 의미에서는 '방황하는' 정신이라고 정의할 수 있지만, 참신한 통찰을 원한다면 먼저 시간을 텅 비우는 사치가 필요하다. 진정 방황하려면 긴 목줄이 필요하다." 탁 트인 대자연보다 더 안성맞춤의 긴 목줄이 있을까?

전통적으로 대자연은 늘 고독과 강력한 연관성을 가졌다. 북적거리는 도시와 초연결된hyperconnected 사무실에서 벗어나 자신의 정신 속에서 길 잃고 방황하기 쉬운 곳이 대자연 말고 또 있을까? 헨리 데이비드 소로는 대자연 속 고독한 월든 호숫가에서 이렇게 썼다. "나는 혼자 있는 걸 사랑한다. 이제껏 고독만큼 좋은 동반자를 만나본 적이 없다." 자연 속 고독은 탁월한 동반자일 뿐 아니라 우리 뇌에도 아주 좋다. 미국 스탠퍼드대학 과학자들의 조사에 의하면, 단 90분만 자연 속에서 혼자 산책을 해도 심리적 고통에 초점을 맞추는 성향과 정신질환의 위험이 현저히 줄어든다. 바깥을 거니는 단순한 행위만으로도 우리 정신 건강에 크게 도움이 되는 고독을 충분히 얻을 수 있다.

고독 속에 있다는 것은 길을 잃는다는 발상과 일맥상통한다. 그것이 자신의 정신이든 문자 그대로 숲속에서 길을 잃는 것이든 말이다. 오늘날 우리는 길 찾기를 도와줄 구글 지도 같은 첨단 기기를 좀

처럼 손에서 놓으려 하지 않지만, 그런 도구에 의존할수록 우리의 의식은 무뎌진다. 길을 잃는 것, 그래서 다소 불편함을 겪는 것이야말로 중요한 경험이다. 그래야 성장하고 발견할 수 있다. 그래야 경외하고 감탄할 여지가 생긴다. 그래야 강력한 창의적 돌파구를 만들 수 있다.

영감을 위한 나만의 공간

에드 '우디' 앨런 영국 음악 프로듀서, 싱어송라이터, 디제이

"억지로 스튜디오에 들어가려 했지만 전혀 마음이 동하지 않았죠. 차라리 좀 쉬었다가 영감이 떠오를 때 조금씩 하는 게 낫겠다고 생각했어요."

"일 년 전쯤 열흘 간 아무도 없는 핀란드 오지의 작은 오두막에 혼자 머물렀어요. 그야말로 사색의 시간이었죠. 앨범에 실린 곡 대부분이 그 짧은 기간에 쓴 거예요."

우디는 핀란드 벌판 어딘가 사우나(전기나 증기가 아닌 난로로 덥히는 전통 목조 사우나)에 홀로 앉아, 분주한 런던 생활을 뒤로하고 맘껏 긴장을 푸는 시간을 가지고 있다. 런던에서 그의 생활은 이더우드라는 예명으로 개인 스튜디오와 시내 클럽을 오가며 음악 프로듀싱과 공연을 하는 등 바쁜 생활의 연속이었다. 그러나 이곳에서는 도시의 모든 스트레스와 번잡함은 희미한 기억일 뿐이다. 한동안 사우나에 앉아 있다가 바로 옆 얼음장처럼 차가운 물속으로 뛰어든다. ("냉수욕이 머릿속을 정리하는 데 진짜 도움이 돼요.") 그리고 일몰을 기다리며 해변의 바위 위에 걸터앉는다. "믿기지 않았어요. 전엔 한 번도 이런 광경을 본 적이 없었어요. … 바다 위에 비친 별들을 보는데 온통 별빛이었고 정말 미칠 것 같았죠!" 그 순간 영감이 임했고 머릿속에서 어떤 선율이 흘러나왔다. 완벽하게 다듬어진 선율은 아니었다. 그저 하나의 아이디어에 불과했다. 그는 얼른 오두막 숙소로 달려가서 피아노 선율을 적어 내려갔다. 녹음 과정에서 이 모든 선율을 한데 어우러지게 할 현악기와 비트를 추가했다. 이렇게 〈불 밝힌 하늘Fire Lit Sky〉이란 곡이 탄생했다. "하늘 빛깔이 시시각각 변하는 것을 어떻게든 곡조로 포착하고 싶었어요. 〈불 밝힌 하늘〉은 제가 거기 있을 때 여정의 압축판이에요. 제게 각별한 의미가 있죠."

그 곡만이 아니었다. 사실 우디의 세 번째 앨범 《고요 속에서In Stillness》에 실린 거의 전곡이 핀란드의 작은 오두막 '뫼키'에서 완벽히 혼자 있을 때 쓴 것들이다. 2016년 10월 초 그는 페이스북에 다음 글을 올리고 잠적했다. "저는 헬싱키에서 약 한 시간 거리에 있는 어느 섬의 뫼키에 머물며 두 주간 작곡을 하려고 핀란드로 탈출했습니다. 여기엔 간간이 출몰하는 야생 무스와 저 말고는 아무도 없어요. 10월 말까지 제 소식을 듣지 못할 거예요. 여러분 모두 사랑

해요. 그동안 즐거웠어요." 그는 고독과 고요를 원했기에 완벽한 연락두절을 선택했다. "그곳에 있을 때 문자 그대로 거의 두 주 동안 저 자신 말고는 누구와도 대화하지 않았어요. 정말 이상했죠. 사슴과 백조밖에 없었어요. 막바지엔 사슴과 백조들도 저한테 약간 짜증난 눈치였어요."

우디는 핀란드의 상징인 사우나 문화에 푹 빠졌다. 앨범 작업을 회고하며 그가 한 말이다. "많은 곡을 사우나 안에서 썼어요! 홀딱 벗고 사우나 안에 앉아서 작곡한다니 좀 이상하죠. … 그 안에 있으면 어떤 지대로 들어가요. 머릿속이 맑아지면서 스르르 긴장이 풀리죠. 바로 그때 음악이 제게로 다가와요. 아주 편안하고 여유롭다고 느낄 때 곡조가 생각나기 시작해요. 분노나 사랑처럼 깊은 감정의 방아쇠로 곡이 촉발되는 프로듀서도 많지만, 저 같은 경우는 머리가 맑아야 곡이 떠올라요." 우리는 모두 절정의 창의성과 영감의 상태로 우리를 인도하는 나름의 방아쇠가 있다. 당신의 가장 강력한 방아쇠는 무엇인가? 격렬한 감정이든 완벽한 평온이든 그것을 위한 공간을 마련하기 위해 더 의도적으로 타임오프를 활용하라.

핀란드 벌판에서 음악을 만드는 것은 우디가 오랫동안 꿈꿔온 일이었다. "젊을 때부터 하고 싶던 일을 핀란드에 가서 했어요. 앨범을 만들겠다는 목적의식이나 압박감 없이 인적 드문 곳을 찾아가 음악을 많이 만드는 일을 꼭 해보고 싶었어요." 압박감에서 벗어나는 것이 중요했다. 두 번째 앨범을 낸 후 그는 다소 고전하고 있었다. 새로운 곡을 쓰고 싶었지만 영감이 떠오르지 않았다. "느낌이 오지 않고 특별하게 느껴지지 않는데 억지로 짜내고 싶진 않았어요." 그는 큰 부담을 느꼈고 신곡을 짜내려고 작업실에 틀어박혀 적잖은 시간을 보냈다. 하지만 노력할수록 더 막힌 느낌이 들었다. 마침내 그는 180도 다른 접근법을 취하기로 마음먹고 핀란드 여행을 결단한 것이었다.

그는 일부러 어떤 목표도 세우지 않았다. "떠나기 전 이 정도 분량은 완성해야지 하는 식으로 부담을 갖고 싶지 않았어요. 그곳엔 아무도 없었어요. 저는 완벽하게 혼자였고, 그 점이 특히 마음에 들었어요. 그곳에서 며칠간 휴대폰을 끄고 주변 환경을 흡수하듯 멍하니 앉아 있기만 했죠." 갑갑한 작업실 벽이 아닌 광활하게 펼쳐진 아름다운 자연에 둘러싸이자, 어떤 분명한 목표 없이 혼자 있으며 긴장을 풀자, 창작을 가로막던 모든 압박감이 자취를 감추면서 아이디어가 떠오르기 시작했다. "아주 자연스러운 느낌이었어요. 피아노 앞에 붙어 앉아 온종일 다양한 리프(반복 소절)를 쓰며 시간을 보낼 때와는 천지차이였어요."

타임오프 덕분에 그는 2주 만에 앨범에 들어갈 전곡을 썼다. 런던에 돌아가 마무리만 하면 되었다. 그 짧은 기간에 15곡을 쓴다는 것은 경이로운 성취다. 우디가 이 일을 해낸 건 정신없는 바쁨과 강요된 초점을 내려놓고 스스로 편히 쉬도록 허락했기 때문이다. 큰 성공을 거둔 그 앨범을 들어보면 정말 쫓기는 느낌이 전혀 없다. 마치 우리가 뫼키 앞에 앉아서 서서히 빛깔이 바뀌어가는 하늘과 바닷물에 비친 별빛을 보는 듯한 기분이 든다.

2015년 어느 인터뷰에서 그는 또 다른 꿈에 관해 말했다.

히피 느낌의 폭스바겐 캠퍼밴을 끌고 유럽 전역을 돌아다니는 친구들이 있었는데, 볼 때마다 '저 밴 뒤에 스튜디오를 달면 얼마나 멋질까!'라고 늘 생각했죠. … 제 음악에서 자연은 큰 비중을 차지합니다. 그런데 월요일 오후 3시 반 런던의 아파트에서 그런 분위기를 느끼기는 쉽지 않아요. 캠퍼밴 창문을 활짝 열고 창밖의 자연 풍광을 바라보며 그 느낌을 앨범에 담고 싶어요. 오디오 일기와 좀 비슷하겠죠. 어떻게 현실화될지 설레요. 막상 현실에서는 꽉 막힌 도로 위에서 땀범벅이 된 가죽 시트에 앉아 카세트테이프 하나를 무한반복해서 듣는 신세가 될지도 몰라요. 어깨는 딱딱하게 뭉쳐 있고, 마실 거라곤 브릭스톤에서 캠버웰까지 가기엔 간당간당한 쥬스 한 통밖에 없는, 외롭고 비참한 몰골이요. 그래도 "소년이여, 꿈을 가지라"는 말도 있잖아요, 그죠?

핀란드에서 돌아오고 나서 얼마 후 그는 다시 작업에 들어갔다. 2015년의 우려 섞인 인터뷰에도 불구하고 어린 시절의 구상을 실행에 옮겨 캠퍼밴을 이동식 스튜디오로 용도 변경했다. 그 후로 그는 이 밴을 끌고 영감과 자유와 평안을 좇아 서부 유럽의 시골을 유랑 중이다. 유랑의 첫 결실이 가장 최근의 EP 앨범인 《올바른 방향으로 길을 잃다Lost In The Right Direction》이다. 유랑 경험이 다시금 그의 음악 속에 깊숙이 스며들었다. 음악을 듣다 보면 여름날 오후 프랑스 둔덕과 들판을 무작정 떠돌아다니는 자유로운 영혼이 떠오른다.

어쩌면 우리 모두 올바른 방향으로 헤매고 다닐 기회를 스스로에게 더 자주 허락해야 하지 않을까? 자연의 아름다움과 위안을 주는 고요 속에서 해답과 평안을 발견하는 그런 헤맴이 필요하다. "고요 속에서 난 진실을 발견했어. 나를 둘러싼 평온이 내 젊음에 응답했지." 핀란드 여행의 결실인 앨범의 타이틀곡 〈고요 속에서〉의 한 소절이다.

실천하기 ▷ **홀로 창작 여행을 떠나라**

다 내려놓고 훌쩍 떠나라! 창의성이 메마른 것만 같은가? 그렇다면 타임오프를 가지며 우디의 한적한 핀란드 오두막처럼 자연 속의 고즈넉한 장소로 창작 여행을 떠나라. 결과 물에 대한 과한 기대는 금물이다. 자연스레 시간을 보내다가 영감이 들 때 창작하라. 돈 핑계는 대지 말라. 자연 속에서 혼자 지내는 비용이 (합리적 수준에서 멋진 오두막에서 지낼지 라도) 도시에 머무는 것보다 저렴할 테니. 미니멀 라이프스타일을 적용한다면 더욱 비용 이 절감될 것이다. 꼭 오래 머물지 않아도 된다. 우디는 이 방법으로 두 주도 안 되어 앨 범에 수록될 곡 전체를 썼다. 자연 속에서 단 하루나 주말만 보내도 막힌 곳이 뚫리고, 수 주간 샘솟을 창의성을 가지고 돌아오게 될 것이다.

고독이 이토록 강력한 창작과 성장의 도구라면 어째서 우리는 고독을 가치 있게 여기고 실천하지 못하는 걸까? 그럴 능력을 아예 상실한 걸까? "게으른 손은 마귀의 하수인"이라는 옛말처럼, 많은 청교도가 나태한 정신과 공상을 죄악시했다. 여기에 보여주기식 바쁨까지 추가되면 고독과 사색은 한층 나쁜 것으로 보인다.

오늘날 초연결된 세상은 우리가 최대한 사회성을 갖도록 온갖 강력한 인센티브를 제공한다("이 메일을 회사 전체에 회람하면 다들 내가 얼마나 바쁘고 중요한 사람인지 알겠지?"). 결과적으로 고독은 큰 대가를 치러야 하는 결정이 되고 말았다. 그렇다고 혼자 있기 위해 타임오프를 하지 않으면, 나중에 훨씬 더 비싼 대가를 치르게 된다. 아이디어를 생각하고 중요한 작업을 완수할 역량을 잃고 마는 것이다.

물론 연결되는 것과 이를 가능케 하는 첨단기술의 가치는 엄청나다. 하지만 고독이란 균형추가 없다면 우리는 연결성이 제공하는 것들을 제대로 활용할 수 없다. 특히 연결성을 원하는 사회적 본능과 욕구에 직접적으로 부응하는 소셜미디어는 가히 뇌를 위한 패스트푸드라고 할 만하다. 영양이 부실한 고열량 음식을 폭식하면 비만과 건강 악화를 초래하듯이, 소셜미디어가 제공하는 넘치도록 풍성하지만 얄팍하고 빠른 연결성은 우울증을 초래할 수 있다. 외로움을 줄여준다고 하지만 실은 악화될 뿐이다.

칼 뉴포트는 그의 책 『디지털 미니멀리즘*Digital Minimalism*』(세종서적 역간)에서 고독은 타인과의 물리적 단절을 요하지 않는다고 주장한다. 그에 의하면 고독은 "당신의 정신이 타인이 제공하는 것들로부터 자유로운 주체적 상태"를 의미한다. 그렇다면 우리가 물리적으로 혼자 있을 때도 연결기기를 통해 타인이 제공하는 무언가를 부단히 받고 있다면, 우리는 결코 고독을 체험하지 못할 것이다. 이제 고독은 한층 달성하기 어려운 상태가 되었을 뿐 아니라 예전에 비해 훨씬 그릇된 느낌으로 다가온다. '나만 놓칠 것 같은 두려움'(FOMO: Fear Of Missing Out)이 증폭되었기 때문이다. 고독이 지금까지 우리의 일상적인 작동 방식에서 이렇게 멀리 떨어진 적은 없었다.

우리는 고독을 음미하고 추구하기보다 낙인찍고 외로움이나 소외와 동일시한다. 해리스는 "고독과 관련된 금기가 정말 존재한다"고 개탄한다. 우리는 메시지에 바로바로 응답하지 않거나 그저 집에 있고 싶다는 이유로 초대를 거절하면 친구들에게 부정적인 평가를 받는 세상에 살고 있다. 그러나 고독이 이토록 희귀재가 되었기 때문에 우리가 고독을 실천할 때 얻을 유익과 경쟁상 이점도 한층 더 커졌다.

2차 세계대전 중 드와이트 D. 아이젠하워는 은밀한 오두막에 은신하며 골프와 브리지, 긴 산책, 카우보이 소설 읽기 등으로 시간을 보냈다. 그곳에선 '일,' 그러니까 전쟁에 관한 어떤 이야기도 엄격히 금지되었다. 2차 세계대전의 정점에서 연합군 총사령관이 모든 연락을 끊고 고독을 즐기는 데서 얻는 유익이 잠재적인 위험보다 더 중요하다고 판단했다면, 보통의 지식 근로자들은 말할 것도 없고 대다수 고위 경영자들도 고독의 유익을 재발견해야 하지 않을까?

누구나 좋은 수행력을 위해 동일한 분량의 고독이 필요한 것은 아니다. 그러나 내향적인 사람일수록 고독이 가져다주는 유익이 클 수 있다. 수잔 케인은 자신의 책 『콰이어트*Quiet*』(알에이치코리아 역간)에서 우리의 일상 속에서 고독을 담을 작은 주머니와 같은 시간들,

즉 "회복을 위한 틈새"를 발견하라는 아이디어를 제시한다. 그 틈새는 고독한 사색의 시간을 제공할 뿐 아니라 우리의 사회적 근력을 재충전하고 중요할 때 수행력을 발휘하는 데 도움이 된다.

20세기 최고의 클래식 피아니스트로 손꼽히는 글렌 골드는 성공 비결을 이렇게 설명한다. "다른 사람과 한 시간을 보내면 X 시간은 혼자 보내야 한다는 걸 늘 직관적으로 알았어요. X가 얼마인지는 확실히 모릅니다. 2시간 50분이나 2시간 20분일 수도 있죠. … 하여간 꽤 큰 비율이어야 해요." 당신의 이상적 X는 얼마인지, 실제로 그만한 분량의 고독을 가지고 있는지 스스로에게 물어보라. 핵심은 당신 자신의 선호도를(그리고 그 선호도를 존중하지 않았을 때 치를 대가를) 의식해보는 것이다. 당신이 진정으로 원하는 것(그리고 필요로 하는 것)과 사회가 당신에게 원하는 것 사이의 차이를 분별해야 한다. 케인은 말한다. "인생의 비결은 적절한 조명이 비치는 곳으로 가는 것이다. 누군가에게는 브로드웨이의 스포트라이트가, 누군가에게는 등불을 켠 책상이 그런 장소일 것이다."

어느 쪽에 속하든 우리 모두 일정 분량의 고독을 주기적으로 추구해야 한다. 더 많은 고독을 얻기 위한 가장 단순한 도구 중 하나가 겸허한 거절이다. 데렉 시버스만큼 이 단순한 단어를 잘 사용하는 사람도 드물 것이다.

자기만의 고독을 위한 시간을 확보하라

데렉 시버스(1969~)　**미국 창업가, 작가**

"세상이 우리를 더하기 하라고 밀어붙이는 이유는 그것이 세상에 이롭기 때문입니다. 그러나 비밀은 빼기에 집중하는 데 있어요. 우리는 더하기 마인드가 뼛속 깊이 박혀 있어 다른 무언가가 더 필요하다고 생각하기 쉽죠. 무얼 뺄까 하는 시선을 갖기가 쉽지 않아요."

얼마나 자주 이런 상황에 처한 자신을 발견하는가? 누군가가 당신에게 어떤 일을 해달라고, 만나달라고, 그들이 진심으로 흥미로운 프로젝트라고 믿는 무언가에 협조해달라고 당신의 시간 한 조각을 요청한다. 할지 말지 선뜻 확신이 들지 않지만 그 순간에는 '예'라고 말하는 게 '아니요'라고 말하는 것보다 훨씬 쉽다. 상대방을 실망시키는 건 그리 기분 좋은 일은 아니다. 그러나 막상 약속한 때가 오면 '두려움'이 엄습한다. 결국 당신은 반쪽짜리 마음으로 (그리고 십중팔구 건성으로) 별 열정도 없는 일에 별로 좋아하지도 않는 사람들과 함께할 공산이 크다. 더 나쁘게는, 협업과 사회 모임과 팀 프로젝트에 과도하게 헌신한 탓에 차분히 혼자서 당신만의 프로젝트에 양질의 시간을 투자하지 못하게 된다. 조용하고 창의적이며 독립적인 시간이 쪼그라든다. 당신의 사회적 근육은 늘 녹초가 되어있다. 당신은 사색할 여유가 없다. 당신의 창의적 산출물은 점점 앙상하게 메말라간다.

온라인 음악 유통업계의 선구자 시디베이비CD Baby의 창립자이자 전 대표인 데렉 시버스는 오래전 자신에게 이런 문제가 있음을 간파했다. 그 후 그는 고요한 고독의 요새를 삶 주위에 구축했다. 어떤 결정 앞에 섰을 때 그는 스스로에게 이런 질문을 던진다. '이 일을 얼마나 하고 싶은가?' 적어도 10점 만점에 8점을 넘기지 못하면 거절한다. "그런 기준에 따라 대부분을 거절하면 당신의 삶 속에는 소중한 일에 올인 할 공간이 생깁니다. 당신이 초대받은 모든 행사, 새 프로젝트를 맡아달라는 모든 요청 앞에서 '내가 해보고 싶던 일이야'란 말이 선뜻 나오지 않는다면 '아니요'라고 대답하세요. 우리 다들 바쁘잖아요. 다들 너무 많은 일을 떠맡고 있잖아요. '예'라고 대답할 대상을 줄이는 것이 바쁨에서 벗어나는 기술입니다."

시버스는 자신을 위해 이 탈출 기술을 완벽하게 연마했다. 아울러 자신의 삶 속에서도 의도적으로 고독(무언가를 창조하는 데 기꺼이 투자하는 자신만의 시간)을 확장하기 위해 이 기술을 적용한다. "전 하루에 12시간씩 혼자 일하는 게 너무 좋아요. 제가 '일'이란 단어를 사용한 것은 이해를 돕기 위해서입니다. 실은 '나만의 시간', 그러니까 내가 사랑하는 것을 하는 시간이죠. 글쓰기, 배우기, 발전하기, 창작하기 등 그것이 음악이든 책이든 회사든 그저 무언가를 만드는 시간이 너무 좋습니다." 시버스는 자기만의 목소리를 발견하는 최상의 방법은 혼자 일하는 것이라고 말한다. "저는 혼자서 활동하는 게 더 좋습니다. 다른 사람들이 옆에 있으면 소진되는 느낌이에요. 제 삶의 이런 면모를 양보하고 싶지 않아요. 이런 나 홀로 활동은 매우 개인적이고, 분주하기보단 예술에 가깝죠. 보상은 내면적이고요." 시버스의 타임오프가 다른 이에게는 일처럼 보일 수도 있다. 그렇다고 그 효력이 반감되는 건 아니다. 타임오프의 본질은 의도성이다. 타임오프는 다른 무엇을 위한 시간을 마련하고자(혹은 아무것도 안 하고자) 특정 행동을 삼가는 것이다. 특정 행동이 무엇인가는 각자가 결정할 몫이다.

시버스는 대부분의 부탁을 거절한 결과, 자신의 진짜 열정에 투신하여 더 큰 목표를 추구할 수 있었다. "저는 제 삶을 창조와 배움 위주로 최적화했어요. 더 큰 목표를 추구하기 위해 (사람들과 어울리기, 미디어 시청 등) 대부분의 일을 제 삶에서 도려냈죠. … 창조와 배움이 제겐 일이 아니라 놀이라는 점을 빼면 전 '일중독'에 해당할지도 모릅니다. 저의 창작과 배움은 전적으로 내향적이에요(그저 저만의 관심사를 좇는 거죠). 저는 제가 사랑하는 것을 발견했고 그걸 최대한 많이 합니다." 그는 숱한 사색의 시간을 통해 가슴 뛰는 일을 발견했고, 그것에 최대한 밀착해서 살고자 노력한다.

시버스는 사실 사람들과 잘 어울린다. 그는 생의 대부분을 프로 뮤지션으로 지냈고, 10년간 서커스 MC 겸 리더로 일하기도 했다. 그러나 그는 고독 속으로 물러나 재충전해야 할 때가 언제인지 정확히 안다. "저의 사회적 창은 두세 시간 남짓이에요. 그 후엔 소진되고 다시 혼자 있고 싶어져요." 그는 이 점에 대해 죄책감을 느끼지 않는다. 오히려 이를 창의적 생산의 토대로 활용하는 덕분에 깊이 파고들어 치열하게 집중할 수 있다. "저는 싱글 태스킹합니다. 한 번에 한 가지 일만 하죠. 완수할 때까지 몇 시간, 몇 달, 몇 년이 걸리든 하나에 집중해요." 혼자서 일하는 것 말고도 시버스는 하루 최대 세 시간씩 일기를 쓴다. "성찰하고 몽상하고 계획하고 … 스스로에게 질문을 던지고 여러 다른 답을 시도해봅니다. 여기서 저의 모든 배움이 일어나는 것 같아요." 아마 우리 대부분은 한 달을 통틀어도 배움과 성찰에 이 정도의 시간을 쓰지 않을 것이다. 그러나 하루에 단 몇 분만이라도 고독한 정신의 방황에 시간을 더 쓴다면, 우리가 작업 중인 문제로부터 필요한 거리를 확보하고 더 큰 그림을 보며 새로운 점들을 연결하는 데 강력한 도구가 될 것이다.

시버스는 단일 작업에 지속적으로 집중하는 능력을 아주 중요하게 여기므로 사회적 연결 기술에 대해 회의적이다. "제 폰에는 앱이 전혀 깔려 있지 않아요. 생산성을 앱에 의존하고 싶지 않아요. 그냥 친구들에게 전화 걸고 GPS 보는 용도로 사용하죠. 이메일도 안 하고 소셜미디어도 안 해요. 폰을 거의 비행기 모드로 해놓다가 잠들기 한 시간 전에는 아예 전원을 끄고, 오전 글쓰기를 마친 후에야 다시 켭니다. 저의 현재 창조와 배움의 목표는 기존 도구로도 얼마든지 달성할 수 있으니 새 도구를 물색하느라 시간을 허비하는 습관은 피합니다." 실제로 그는 첨단기술에 열광하는 세상에서 모든 글쓰기를 빔(문자 그대로 곁눈질할 기능 하나 없이 엄청나게 구식인 명령줄 입력 도구)으로 한다.

최근 몇 년간 시버스는 외부 세계와 단절할 또 다른 이유를 발견했다. 2012년 아들이 태어나자 그는 6년간 안식휴가를 내고 풀타임으로 아이와 시간을 보내기로 작정했다. "아들이 지금 당장 무엇을 하든 그걸 가장 소중하게 여깁니다. '서둘러! 이제 가자!'라는 말은 웬만해선 안 해요. … 이런 식으로 아들과 놀아줄 사람은 없을 겁니다. 모두들 너무 지루해하거든요. 물론 저도 성인인지라 자꾸 다른 일을 기웃거리게 되죠. 그때마다 그걸 포기하고 현재 집중하는 일에 돌아오려고 노력합니다." 시버스는 이런 식으로 아들과 시간을 보내면서 오히려 자신의 셈 윤리가 크게 개선된 것을 느꼈다. "5년 전 아들이 태어났을 때부터 나는 적어도 일주일에 30시간을 일대일로 아들에게 집중하며 보냈다." 2017년 데렉이 쓴 글이다.

우리는 다들 야심이 있고 갈 길이 바쁘다. 그러나 때로는 덜 하는 것이 성취하는 길임을 깨달아야 한다. 시버스는 "인생은 더하기 또는 빼기로 개선될 수 있다"고 말한다. "세상이 우리를 더하기 하라고 밀어붙이는 이유는 그것이 세상에 이롭기 때문입니다. 그러나 비밀은 빼기에 집중하는 데 있어요. 우리는 더하기 마인드가 뼛속 깊이 박혀 있어 다른 무언가가 더 필요하다고 생각하기 쉽죠. 무얼 뺄까 하는 시선을 갖기가 쉽지 않아요." 때로는 정신없는 협업, 과도한 소통, 강요된 팀워크를 제거하고, 그 자리에 스스로 자신의 속도에 맞춰 고유의 방식으로 일할 시간을 마련해야 한다.

시버스가 관찰한 바로는 "절반만 수고한 느낌인데 얼마나 자주 모든 일이 똑같이 제대로, 똑같이 빨리 완수되는지 보면 늘 신기해요. 그때마다 나머지 절반은 전혀 수고가 아니었음을 깨달아요. 그저 최선을 다하고 있다고 느끼기 위해 쓸데없이 부과한 스트레스에 불과했죠." 많은 경우, 우리가 스스로에게 부과하는 여분의 스트레스나 괴로움은 결과적으로 (눈에 보이는 분주함을 제외하곤) 어떤 유익도 되지 않고 그저 진만 뺄 뿐이다.

당신의 인생에서 무엇을 빼기로 마음먹었든지 간에 더 자주 거절하고, '내가 꼭 해보고 싶던 일'에 더 집중하자. 그래서 깊은 사고와 풍성한 창조에 기여하는 우리의 고독을 되찾아오자.

실천하기 ▷ **고독 속에서 일하라**

여러 직종에서 우리는 끊임없는 협업과 소통이 성공으로 가는 길이라고 주입받는다. 그러나 시버스와 다른 여러 사례가 입증하듯 이는 진실과 아주 거리가 멀다. 바쁘게 돌아가는 듯 보이는 협업의 유혹을 물리쳐라. 대신 자신만의 시간에 진짜 일을 하라. 캘린더 스케줄에 고독을 위한 시간을 확보하고 공손한 거절로 이를 지켜내라. 고독이란 도구를 활용하여 창의성과 생산성, 일의 깊이와 질을 끌어올리자.

행복하게 홀로 있는 능력

고독이란 단어를 들으면 즉시 외로움과 고립을 떠올리는 사람이 많다. 남과 어울리길 거부하고 반사회적 행동을 일삼는 모습을 연상하기도 한다. 실상은 정반대다. 해리스는 "고독의 반대가 동행이었던 적은 한 번도 없다"면서 "고독의 반대말은 외로움"이라고 말한다. 만일 우리가 고독을 발견하지 못하면, 아무리 디지털과 사회적 소음으로 외로움을 묻어버리려고 발버둥 쳐도 결국 외로움과 마주하게 된다. 끊임없는 온라인 교제와 수천 명의 친구들이나 팔로워로도 내면의 빈자리를 채우진 못한다. 깊이 있는 사귐이 없다면 빈자리만 커질 뿐이다. 외로움에서 벗어나는 길은 고독을 끌어안는 것이다. 해리스의 표현대로 "외로움을 고독으로, 텅 빈 나날을 텅 빈 화폭으로 전환하는 실천법 또는 연금술"을 재학습해야 한다.

고독은 반사회적이지 않다. 사실 고독은 사회적 감각을 조율하고 공감력을 익히는 데 유익하다. 최고의 사례가 책을 통해 발견하는 고독이다. 버지니아 울프는 에델 스미스에게 쓴 편지에서 "읽기란 이기적인 자아가 완전히 제거된 상태"라고 썼다. 머릿속에서 펼쳐지는 고독한 세상 속으로 뛰어들 때 우리는 이야기 속 인물들과 혼연일체가 된다. 타인의 경험을 대신 살아보고 그들의 시선으로 세상 보는 법을 배운다. 이 고독한 실천을 통해 사회성을 배우고 공감력을 개발한다.

어떤 집단이나 사람으로부터 한 발짝 물러나서 보면 그들과의 상호작용을 반추할 여유가 생기고 사람들에 대한 감사함이 깊어진다. 해리스는 에릭 클라이넨버그의 책『고잉 솔로: 싱글턴이 온다

Going Solo』(더퀘스트 역간)의 한 대목을 인용하여 "행복하게 홀로 있는 능력은 사회적 연결성의 부족이 아니라 단단함의 징표"라고 말한다. 오랜 시간 떨어져 있던 좋은 옛 지기와 재회한 때를 생각해보라. 한편으론 서로 별로 달라진 게 없다는 느낌을 강하게 받으며, 또 한편으론 서로가 한층 귀하게 느껴지지 않던가? 연인들 간에도 진짜 그리움은 오직 서로 떨어져 있을 때 경험할 수 있다. 간간이 거리를 두면 상대뿐 아니라 복잡한 자신의 감정을 정제하는 데도 도움이 된다.

로맨틱한 관계든 아니든 현 시대의 소통 방식, 즉 빈도수는 잦지만 얄팍한 소통은 관계를 고독도 아니고 진정한 소통도 아닌 어정쩡한 회색지대로 몰아간다. 우리는 단순한 연결보다 진정한 대화에 우선순위를 두며 스펙트럼의 양 극단을 온전히 수용하는 법을 다시 배워야 한다.

특히 기업을 이끄는 리더들은 이 점에 유의해야 한다. 만일 리더가 팀 안에서 지나치게 협업을 장려하면(더 나쁘게는 '요구하면') 모든 사람이 잡담과 과도한 정보 공유 속에서 허우적거리게 될 것이다. 이는 팀의 창의적 잠재력을 깎아먹을 위험이 있으며, 팀원 간의 유대감도 오히려 약화시킨다. 협업을 강요하면 팀원 간에 원망이 싹트고 개개인의 고유하고 독창적인 기여가 줄어드는 결과를 낳는다. 팀워크에서도 고독을 활용하여 팀원 각각이 모임 전에 자신만의 아이디어와 결론을 미리 준비한 다음 모여서 나누는 것이 성공의 열쇠다.

이 책 자체도 고독한 협업의 산물이다. 프란츠 카프카는 "글쓰기는 완전한 고독, 그 차가운 심연으로 내려가는 것"이라고 했다. 필자 맥스와 존은 글쓰기 과정을 카프카만큼 비장하게 묘사하진 않지만, 그래도 고독함이 큰 덩이로 필요했다. 마침내 조각들을 연결하고 매끈한 전체로 통합하기 전에 각각 기나긴 고독의 작업을 거쳐야 했다. 존은 텍사스에, 맥스는 일본에 있었기에 첨단기술(협업과 연결 테크놀로지)를 사용하여 원격으로 협업했다. 필요할 때만 자기 주도적으로 테크놀로지와 소통 방법을 활용했다. (심지어 책이 출간될 때까지 존과 맥스는 한 번도 오프라인으로 만난 적이 없다. 이 책을 위한 둘의 협업과 친분은 전적으로 온라인으로 이뤄졌다. 결실이 풍성한 작업이었지만 가까운 미래에 오프라인에서도 만나게 되기를 기대한다.) 고독과 협업이 적절히 균형을 이루면 테크놀로지는 위대한 일을 돕는 역할을 한다.

창의성을 끌어올리고 주변과의 연결성을 개선하기 위해 당신의 정신 속으로 고독 여행을 떠나보면 어떨까? 자연 속으로 떠나는 나 홀로 장기 여행도 좋고, 인터넷을 끈 채 나 홀로 집에 머무는 저녁 시간도 좋다. 처음에는 다소 불편하더라도 결국 멋지고 알찬 경험이 될 것이다.

고든 램지나 앤서니 보데인 같은 유명 셰프의 쇼나 칼럼을 즐겨본 사람이라면, 요식업계가 미친 근무 환경으로 악명이 자자함을 알 것이다(15시간 교대 근무와 주 80시간 근무가 정상일 정도다). 언젠가 램지는 "내가 긴장을 풀고 가속페달에서 발을 뗀다면 그때가 바로 죽을 때가 아닐까 싶다"라고 말했다. 요식업계에는 심리적, 육체적 문제가 만연하며 각종 중독과 약물 남용도 심심치 않게 일어난다. 길게 경력을 유지하는 이가 드물다.

그러나 근래 몇 년간 요식업계의 근무 시간에 관한 태도에도 변화의 움직임이 일어나고 있다. 다년간 세계 정상급 레스토랑으로 명성을 유지해온 덴마크 식당 '노마'는 2018년 재개장을 기점으로 주 4일 영업으로 전환했다. 비슷한 시기에 벤 셰리가 운영하는 호주 멜버른의 유명 식당 '아티카'도 마찬가지였다. 음식 값을 인상할 수밖에 없었지만 결과적으로 음식의 질이 월등히 좋아져서 기꺼이 비싼 값을 지불하고서라도 찾는 사람이 많았다(워낙 수개월치 예약이 미리 마감되는 식당들이다).

스칸디나비아의 어느 최고급 식당은 영업시간 단축이 아닌 조금 색다른 방법을 선택했다. 마그누스 닐슨이 대표 겸 수석 셰프로 이끄는 스웨덴 식당 '파비켄'은 모든 사람에게 더 많은 서비스를 제공하고자 영업시간을 단축하는 대신 직원 수를 12명에서 37명으로 세 배 이상 늘리기로 결정했다. 그 결과 주 80시간을 한참 넘던 직원들의 평균 근무 시간이 새로 정한 50시간 상한선을 밑도는 주 40~45시간 수준으로 줄었다. 아울러 닐슨은 전 직원이 매년 의무적으로 5주간 휴가를 쓰게 했다. 그중 3주는 진짜 일을 멈추고 회복을 도모하도록 연속으로 써야 했다. 닐슨은 직원들의 마인드에 일대 변화가 일어나게 만들고 싶었다. "근무 시간 단축은 본질이 아닙니다. 진짜 본질은 타임오프의 중요성이죠. 그리고 누구에게나 자기 시간을 마음껏 쓸 자유가 있다고 느끼게 만드는 거죠."

어느 결정 하나 쉽지 않았다. 상당한 재정적, 물류적 부담이 따랐다. 그러나 닐슨과 그가 이끄는 팀은 얼마간의 심사숙고 후 이 해법이 앞으로 나아갈 유일한 길이라고 판단했다(그리고 그들은 이 해법을 실천할 방법을 강구했다). 그들은 추가 비용을 만회하고자 매일 저녁 24인이 착석할 수 있는 파비켄의 디너 가격을 175크로나에서 300크로나로 거의 갑절로 인상했다. 더 좋아진 음식의 질과 매일 저녁 닐슨의 주방에서 나오는 입이 쩍 벌어지는 독창적인 요리에 손님들은 기꺼이 더 높은 가격을 지불했다.

여러 식당이 등 떠밀리듯 타임오프를 수용한 감이 없지 않지만 (일부 식당들은 법정 허용치보다 훨씬 긴 근무 시간으로 당국의 제재를 받았다) 파비켄의 닐슨과 리더십 팀은 스스로 변화의 필요성을 절감했다. 다들 번아웃의 징후를 발견한 까닭이었다. 그동안 해온 방식으로 5년 후에도 계속 장사하고 싶은 사람은 아무도 없었다. 미친 듯 몰아치는 주방의 일상에서 한발 물러나 보니 위험이 있더라도 변화를 단행해야 한다는 깨달음이 왔다. 그렇지 않으면 결국 어떤 식으로든 식당이 문을 닫게 될 판이었다. 닐슨은 "우리보다 한참 전에 일했던 사람들이 엉터리 시스템을 구축해놓았다는 단순한 이유로 우리가 사랑하는 비즈니스를 그만두는 게 정말 억울했다"라고 말한다. 이것은 요식업계를 뛰어넘어 훨씬 폭넓은 분야에 적용할 수 있는 중요한 통찰이다. 우리 사회와 문화에는 오래전 몇몇 사람이 구축한 시스템이 많다. 아무도 이게 말이 되는지 묻지 않기에 존속되는 시스템도 제법 된다. 그 시스템 안에서 너무 바빠 쳇바퀴를 돌리느라 시스템이 존재한다는 사실조차 깨닫지 못하는 경우도 많다. 멈추고 성찰할 시간을 가지는 것은 충분히 가치 있는 일이다. 당신의 업계나 공동체에는 누구나 옳다고 믿고 의존하는 어떤 대전제나 시스템이 있는가? 그중 일부를 제거하는 것이 가능할까?

닐슨과 그의 팀이 현상유지에 도전한 결과, 많은 것이 달라졌다. 닐슨은 "가족과 훨씬 시간을 많이 보낸다"고 말하고는 "그래서 훨씬 행복해졌고 결과적으로 일도 더 잘하게 되었어요. … 이제는 마지못해 식당에 출근하지 않습니다. 진짜 가고 싶다는 마음으로 식당 문을 엽니다. 황홀하죠!" 어떤 장인이나 창작자든(가까운 미래에는 대다수의 지식 근로자가 이 범주에 속할 것이다) 이런 태도 변화가 도움이 될 것이다.

아무리 황홀한 일이라도 끝이 있는 법이다. 하지만 그래도 괜찮다. 아무리 최고의 프로젝트나 경험이라도 길이길이 지속되지 않음을 받아들이고 하는 동안 즐기다가 기품 있게 내려놓는 것이 타임오프에서 중요하다. 닐슨은 2019년, 11년간의 성공을 뒤로 하고 파비켄의 문을 닫기로 결정했다. 닐슨이 〈LA타임즈〉와의 인터뷰에서 한 말이다. "파비켄 같은 곳을 운영하려면 무엇보다 매일 아침 설레야 합니다. 어느 날 아침 눈을 떴는데, 난생처음 일터에 가는 게 설레지 않았어요." 그때 그는 마침내 파비켄을 끝낼 때가 왔다는 걸 알았다. 여기서 그만두지 않으면 가짜 경험으로 변질될 테니까.

　10여 년간 닐슨과 그의 직원들은 이 식당에 아낌없는 열정을 쏟아부었다. 그에 못 미치는 수준으로 파비켄을 지속한다는 것은 연관된 모든 사람에게 엄청난 민폐가 될 것임을 그들은 알았다. 닐슨은 말한다. "왜 사람들은 파비켄 같은 식당을 운영할까요? 우리의 동력은 100퍼센트 열정이었어요." 열정이 사라지자 내려야 할 바른 결정은 한 가지밖에 없었다. 우리 중에도 이런 통찰을 본받아 새로운 이정표를 찾아나서야 할 단계에 이른 사람들이 있을 것이다. 그러려면 자신의 목표와 우선순위, 궁극적으로는 자신에 대한 깊은 이해가 필요하다. 이 모든 것은 성찰을 위한 타임오프를 통해 발견할 수 있다.

효과적인 활동은
조용한 성찰에서 온다

　　　　　　　우리 대다수는 열심히 일하지만 일을 내려놓는 타임오프를 갖지 않으면 자칫 큰 그림을 놓칠 수 있다. 냉정한 평가를 위해 일에서 반드시 한발 물러날 필요가 있다. 이 일에서 성과를 내고 있는가? 무언가 가치 있는 것을 만들고 있는가? 놓치고 있는 것은 없는가? 이런 질문에 정직하게 답하고 제대로 된 방향으로 가고 있음을 점검하려면, 잠시 멈춰 서서 성찰할 시간을 가져야 한다.

　"보다 효과적인 활동은 조용한 성찰에서 온다." 가장 유명한 비즈니스 컨설턴트로 기억되는 피터 드러커의 말이다. 준비와 부화의 주기, 밀물과 썰물처럼 일에 임하고 일을 내려놓는 것, 이 모든 것과 마찬가지로 성찰과 활동에도 올바른 균형이 있어야 한다. 『에센셜리즘*Essentialism*』의 저자 그렉 맥커운은 이렇게 경고한다. "시간을 내서 더 전략적인 질문을 하지 않으면 타인의 이슈나 처리하는 사람이 되고 만다. 마지막으로 받은 이메일에 답장하는 데 급급해서 회사에 부는 온갖 바람에 휩쓸려 다니는 신세가 될 것이다." 그는 이런 성찰을 꾸준한 습관으로 만들라고 독려한다. "몇 달에 한 번은 더 큰 그림을 그리는 질문의 시간을 가져라. 이와 같은 질문을 던지는 것도 좋다. '앞으로 3개월간 세 가지만 성취할 수 있다면 무엇을 할까?' '향후 5년 내에 이루고자 하는 목표는 무엇인가?'" 이 전문가들의 이야기에 귀 기울인다고 손해볼 일은 없을 듯하다.

이 책은 자주 성찰한 덕분에 자신의 시간을 충분히 활용한 많은 이들을 소개한다. 생산성 코치이자 온라인 코칭 플랫폼 '코치미*Coach.me*'의 CEO 토니 스터블바인은 그가 '틈새 일기'라고 부르는 기술을 사용하여 성찰을 '아주 작은 습관*micro habit*'으로 만들라고 제언한다. "하루 중 한 가지 작업에서 다른 작업으로 넘어갈 때마다 기록을 남겨라. 일기에 방금 무슨 일을 했는지 간략히 적은 다음, 이제 또 무슨 일을 할지 적으라." 이 접근법은 여러 모로 유익하다. 틈새 일기는 틈틈이 잠시나마 자신을 돌아보고, 우리 뇌가 하나의 일에서 다른 일로 전환하는 데 도움이 된다. 이전에 한 작업의 잔상을 종이에 옮겨 적으면 우리 머리가 그 작업에 대한 생각을 멈추기 쉬워져서 다음 작업에 온전히 집중할 수 있다. 아울러 이를 통해 잠시나마 앞으로 할 일에 대한 마음 준비를 하는 시간을 가질 수 있다. 스터블바인은 틈새 일기를 통해 "미루는 습관을 없애고, 마지막 작업을 머리에서 비워냄으로써 다음 작업을 위한 최적의 전략이 들어설 공간을 마련할 수 있다"고 말한다.

성찰하기 위해 잠시 멈춰 서기보다 바쁘게 해오던 대로 밀고 나가는 게 더 쉬울 때가 많다는 것을 우리는 안다. 우리는 생각하기보다 행동하기를 선호하고, 자신의 생각과 가만히 마주하기를 두려워한다. 그러나 성찰을 연습할수록 두려움의 벽은 낮아지고 당신의 생각과 수첩만 챙기고 조용한 시간을 기대할 날이 올 것이다.

당신의 성찰을 더 풍성하게 경험할 수 있도록 돕고 싶다. 이후에 나오는 각각의 인물 소개 뒤에 실천하거나 업그레이드해볼 만한 효과적인 실천 지침을 수록해놓았다. 생각을 기록하면 머릿속 생각을 끄집어내는 데 도움이 되고 덜 부담스럽게 여겨질 것이다. 그럼 수첩을 꺼내 기록해보자. 이 책의 여백에 필기해도 좋다.

평정심은 마르지 않는 자원이다

마르쿠스 아우렐리우스(121~180)와 스토아학파

로마 황제, 철학자

"인간에게 자신의 영혼보다 더 조용하고 평온한 은신처는 없다."
"이웃의 말이나 행동이나 생각에 관심을 기울이지 않는 사람은 얼마나 많은 시간을 절약할 수 있는가."

"평정심을 추구한다면 더 적게 행하라. 아니 (더 정확하게는) 본질적인 것을 행하라. 더 적게 행하되 제대로 행하라. 우리가 행하거나 말하는 것은 대부분 본질적이지 않기 때문이다. 비본질적인 것을 제거하면 더 큰 평정심이 임할 것이다. 매 순간마다 '필요한 일인지' 자문하라."

마르쿠스 아우렐리우스는 당시 명실공히 세상에서 가장 힘센 권력자인 로마제국의 황제였다. 이른바 5대 선왕 중 마지막 로마 황제일 뿐 아니라 저명한 스토아 철학자이기도 했다. 아우렐리우스의 글은 대부분 가르치려는 목적으로 적은 것이 아니었다. 대다수는 그가 정신 수양을 하기 위해 고독 가운데서 써내려간 일기에서 가져왔다. 오늘날 우리가 『명상록』으로 알고 있는 12권의 책은 그저 자신의 생각을 정리하고 주변 세상을 해석하여 더 나은 사람과 더 유능한 지도자가 되고자 부단히 노력한 개인의 기록이다. 그는 분명 이 목표를 달성했고, 그의 기록은 개인적인 의도를 훌쩍 뛰어넘는 의미를 갖게 되었다. 오늘날 그의 개인 성찰은 스토아 사유에서 가장 귀중한 (그리고 놀랍게도 접근 가능한) 자원으로 손꼽힌다.

스토아 철학의 요체는 '수용의 기술'이다. 자신이 통제할 수 없는 일을 염려하는 것은 부질없으니 그저 받아들이고 다른 일을 하라는 것이다. 이는 포기가 아니다. 영향력을 발휘할 수 있는 일에 집중하고 쓸데없는 분노나 두려움에 빠지지 않으며 바꿀 수 없는 것을 바꾸려고 애쓰지 않는 것이다. 짜증 나는 동료든 사랑하는 사람과의 사별 같은 심각한 역경이든 고난 앞에서 우리는 분노, 두려움, 믿지 못함, 서글픔, 혼돈, 무기력 등이 뒤섞인 반응을 보인다. 우리에게 닥친 불운에 대해 남 탓이나 환경 탓을 한다. 그러나 우리에게 고통을 일으키고 걸림돌이 되는 것은 오로지 문제에 대한 자신의 인식과 접근법이다. 이것이 스토아 철학의 핵심 통찰이다.

또 다른 유명한 스토아 철학자 에픽테토스의 말이다. "우리 뜻대로 할 수 있는 것은 사건 자체가 아니라 사건을 대하는 우리의 태도다. 그 자체로 재앙은 없다. 심지어 죽음마저도 우리가 두려워할 때만 끔찍하다." 장애물 때문에 낙담하고 고통당하기보다 그것을 성장의 기회로 삼고 앞으로 나아가는 추진력으로 바꿀 수 있다. 우리에게 필요한 건 올바른 접근법, 올바른 개인 철학뿐이다. 이런 개인 철학을 개발하는 최고의 방법은 고요한 성찰을 통해 생각의 방향을 내면으로 돌리는 것이다.

장애물을 마주한 여정의 첫걸음이 주관적이거나 반사적으로 반응하지 않도록, 누구도 흔들 수 없는 평정심을 갖기 위해 스스로 훈련하는 것이다. 종종 스토아 철학을 감정의 결여로 오해하는데 풍부한 감정으로 접근해도 상관없다. 그것도 인간다움의 일부분이니까. 그러나 감정적으로 반응하면 문제가 된다. 우리는 맹목적으로 반응하기보다 차분한 상태에서 객관적으로 상황을 성찰하도록 훈련해야 한다. 감정을 의식하면서도 감정에 휘둘려 맹목적으로 반응하거나 상황 판단이 흐려져서는 안 된다. 목표는 감정의 부재가 아니라 감정의 통제와 길들이기다.

어떤 장애물을 마주했을 때 우리는 신경줄을 다잡고 정신이 온갖 가능한 (또는 불가능한) 미래의 시나리오로 내달리지 않도록 현재와 우리의 통제권 안에 있는 것에 초점을 맞춰야 한다. 그래야 정돈된 마음으로 문제에 접근하고 상황을 있는 그대로 볼 수 있다(우리가 상상하는 것만큼 상황이 나쁘지 않은 경우도 많다). 관찰과 인식 간에는 크지만 종종 과소평가된 차이가 있다. 관찰은 객관적, 외재적이고 인식은 주관적, 내면적이다. 목표는 둘 사이의 괴리를 줄여 우리가 더 객관적으로 인식하는 것이다. 아우렐리우스처럼 시간을 내서 일기를 쓰는 것도 강력한 실천 도구다. 머릿속에서 생각을 끄집어내 지면으로 옮기면 참신한 관점과 초연한 시선으로 자신의 생각을 바라볼 수 있다. 그래서 더 나은 결정을 내리고 타인에게 더 효과적이고 공평하며 침착한 지도자가 될 수 있다.

이 모든 것은 우리가 타임오프에 접근하는 방법에도 적용된다. 스토아 철학자 세네카는 "훌륭한 사람은 모든 일을 자신만의 색깔로 물들인다. 그리하여 모든 일에서 유익을 취한다"라고 말했다. 올바른 마음가짐이 있다면 이로운 일뿐 아니라 어떤 종류의 일에서도 타임오프를 발견할 수 있다. 아우렐리우스의 말처럼 "피해받지 않는 길을 택하라. 그러면 피해받았다고 느끼지 않을 것이다. 피해받았다고 느끼지 말라. 그러면 피해를 안 받은 것이다." 바쁘지 않기를 택하라. 그러면 바쁘다고 느끼지 않을 것이다. 바쁘다고 느끼지 말라. 그러면 바쁘지 않을 것이다.

이런 사고방식은 스토아 철학의 여러 발상처럼 성찰의 출발점으로 사용할 만한 질문거리를 제공한다. 가령 당신이 겪고 있는 스트레스와 타임오프 부족 중 얼마만큼이 실재하는 것인가? 스스로 염려하고 당신의 시간을 빼앗는 듯한 사람들을 짜증스럽게 여겨서 자초한 것은 아닌가? 많은 장애물 속에는 감춰진 기회나 소중한 교훈이 담겨 있다. 어떤 장애물이든 집어 올려 요리조리 살펴보며 부정을 긍정으로 바꾸는 것이 비결이다. 이 모든 것은 역경을 대하는 우리의 태도로 응축된다. 우리는 대개 문제를 크게 봐서 키우는 경우가 많다. 그러나 아우렐리우스가 일깨우듯이 해결책은 지극히 단순할 수 있다. "오이 맛이 쓴가? 그렇다면 버려라. 길에 가시덤불이 있는가? 그렇다면 돌아서 가라. 그렇게 하는 것으로 충분하다." 침

착함을 유지하고 성찰을 통해 상황과 자신의 반응을 평가하며 오직 본질적인 행동만 취하라. 그다음 문제에서 벗어나 그 결과로 얻은 타임오프를 평온한 가운데 누리라.

스토아 철학에는 그들이 '내면 성채Inner Citadel'라고 부르는 개념이 있다. 외부의 어떤 것도 방해할 수 없는 우리 내면의 요새를 말한다. '내면 성채'를 타고난 사람은 없다. 이는 우리가 내적 성찰을 통해 쌓아가며 통제권 안에 있는 무언가를 성찰함으로써 수시로 보강해야 하는 것으로서 학습 가능한 개념이다. 평정심과 타임오프를 얻고자 당신의 '내면 성채'를 수양하는 것은 좋은 쉼 윤리를 갖추는 것과 같다. 외부 세계가 우리에게 투척하는 온갖 번잡함과 바쁨은 이 성채를 뚫고 들어갈 수 없다. 이런 경지에 도달할 수 있다면, 그 유익이 삶의 모든 면에서 드러날 것이다. 현대 스토아 사유의 주창자인 라이언 홀리데이는 "하나를 보면 열을 알 수 있다"고 말한다. 당신의 일에 접근하는 방식을 보면 타임오프를 대하는 방식을 알 수 있다. 그 반대도 성립한다.

실천하기 ▷ **통제할 수 있는 일에 집중하여 평정심을 찾으라**

극심한 역경 속에서도 타임오프와 평정심의 요새인 내면의 성채를 가꾸기 위해 노력하라. 또 스트레스를 느낀다면 당신이 통제할 수 있는 일과 통제할 수 없는 일이 무엇인지 곰곰이 생각해보라. 통제할 수 있는 일에만 집중하라. 더 큰 평정심과 더 많은 타임오프를 얻게 될 것이다. 아우렐리우스의 말처럼 "더 적게 행하되 제대로 행하라". 그러나 무엇을 계속 행할지, 어떻게 더 잘 할지 파악하려면 잠시 멈춰 서서 성찰하라.

성찰하기 ▷

– 오늘 당신이 전 재산을 잃어버린다고 해도 여전히 감사할 수 있는 부분은 무엇인가?
– 당신의 삶을 어떻게 재건하겠는가?
– 이것이 실은 어떤 식으로 감춰진 기회가 될 수 있을까?

모든 걸 다 할 수는 없다

세스 고딘(1960~) 미국 작가, 온라인 교육 선구자

"프로젝트. 30년 전만 해도 이 말을 쓰면 어색했는데 오늘날에는 완벽하게 의미가 통한다. 30년 전만 해도 우리는 여전히 공장을 가다듬고 있었다. 30년 전엔 모든 것이 조립 라인에 속해 있었는데, 오늘날 우리는 프로젝트 사업에 속해 있다. 거의 모든 사람이 프로젝트로 일한다. 그런데도 우리는 아직도 어떤 프로젝트를 해야 할지 그리 많이 고민하지 않는다."

세스 고딘은 마케팅 분야에서 거의 전지전능한 목소리로 여겨지는 작가다. 그가 낸 수십 권의 베스트셀러는 35개 언어로 번역되었으며, 지금도 10년 넘게 새 글을 날마다 블로그에 올린다. 가장 감명 깊은 대목은 세스가 거의 매일 저녁 가족과 함께 식사를 손수 준비한다는 것이다. 고딘이야말로 이 지구별에서 가장 생산성이 높은 사람 중 하나일 것 같지 않은가? 많은 이들이 그렇게 생각한다. 그가 매일 내놓는 성과물과 성취 목록을 살피다 보면 '대체 비결이 뭔지' 절로 궁금해진다.

대체 비결이 뭘까? 충분히 타당한 질문이다. 고딘의 하루도 우리와 똑같이 24시간일 텐데 어떻게 그는 베스트셀러를 쏟아내고, 날마다 새 글을 발표하고, 참신한 온라인 학습 플랫폼을 설계하고, 장인 수준의 초콜릿 만들기 같은 취미생활에 몰두할까? 게다가 매일 저녁 시간을 내서 가족과 함께 먹을 슬로우 푸드까지 만들까? 답은 놀랄 만치 단순하다. 그는 거절을 잘하고 수락을 더디 한다.

그가 쓴 글 〈더 적게 일하라〉에서 고딘은 이런 메시지로 우리를 일깨운다. "다 가질 순 없다. 사업가의 삶도 매한가지다. 우리는 다 가질 수 없다. 시도해봤는데 안 되었다. 그런데 그 마지막 프로젝트를 하지 않은 채 자리를 뜨면 오히려 수익률이 향상될 뿐 아니라 남은 삶도 극적으로 향상된다는 것을 발견했다."

청중이 기대하는 의미 있고 탁월하고 사람을 변화시키는 콘텐츠를 생산하는 핵심 비결은 정중한 '거절'과 성찰의 조합이었다. 그는 모든 일을 수락하면 문어발식으로 일하게 되어 결과물이 얄팍해짐을 안다. 아니면 마감일을 어기거나(그의 전문용어로 제때 '출하'를 못하게 된다) 번아웃 되어 아무 작업도 못하게 된다. 몇 가지 프로젝트만 수락하다 보면 언젠가는 주목받는 작업 포트폴리오를 갖출 날이 올

것이다. 일이 들어오는 대로 죄다 수락하면 다리가 후들거리게 달려도 늘 제자리에 머무를 것이다. 최악의 시나리오는 막상 대단한 기회가 왔는데도, 이미 수락해놓은 선약 때문에 그 기회를 거절해야 할지도 모른다는 것이다. 아니면 그저 그런 것에 에워싸여 주변에 펼쳐진 대단한 기회를 알아보지 못할지도 모른다.

우리 책의 삽화가 마리야는 개인적으로 너무 많은 프로젝트를 동시에 진행하면서 중압감에 시달렸다. 그녀는 일과 돈을 거절하고 싶지 않았다. 계속 포트폴리오를 채우고 만족해하는 고객 리스트를 늘려가고 싶었다. 기회조차 갖지 못하는 삽화가가 많다는 것을 알기에 일감과 기회가 풍성하면 할수록 좋다고 생각했다. 바쁘다는 건 성공했다는 뜻 아닌가? 그런데 마음속 깊숙이 무언가 삐걱거리기 시작했다. 꾸준한 수입과 고객의 칭찬 후기와 더불어 '반드시' 와야만 하는 행복이 오지 않은 것이다. 오히려 스트레스와 중압감에 시달렸다. 마리야는 일을 너무 많이 떠맡은 나머지 매일 밤 자정이 되어서야 막차를 타고 퇴근했다. "뭔가 잘못되었다는 생각이 들었어요. 바쁜 게 좋지 않고, 제가 거절하면 된다는 것도 알았지만 저는 여기서 벗어나면 안 된다는 생각에 갇혀 있었어요"라고 그녀는 회고한다. "주변 사람들은 제가 과로하는 것 같다며 일부 프로젝트를 거절하면 상황이 나아질 거라고 조언했어요. 하지만 저는 늘 '알아요. 하지만…'이라고 대답했죠. 스스로도 마음 한쪽에선 참 어리석은 소리라고 생각했어요." 결국 그녀는 잠시 멈춤 버튼을 누르고 연말에 조용히 자신을 돌아보는 시간을 가졌다. 이를 통해 직감을 행동으로 옮기는 명료함과 용기를 얻었다.

마리야는 더 이상 자신을 위해 스케치하고 시도하며 그림 그릴 시간을 내지 않고 있음을 깨달았다. 더 나쁘게는 더 이상 그림 그리는 것이 즐겁지 않았다. 그동안 그림 그리기는 삶의 바탕이었기에 그녀는 이 사실이 정말 무서웠다. 아울러 자신의 그림이 예전만 못하다는 것을 알아챘다. 정직하게 성찰한 결과, 그녀는 이 모든 사실을 깨닫고 차차 작업량을 줄여가기로 결심했다. 자신의 시간과 행복, 그림 그리고 즐거움이 고객을 늘리는 것보다 훨씬 중요했다. 고딘처럼 마리야도 프로젝트를 거절하기 시작했다. 그녀는 성찰 덕분에 "옴짝달싹 못하고 갇혀 있던 방에서 한 발짝 나올 수 있었다." 일을 거절하는 건 그녀에게 여전히 어렵다. 하지만 이제는 자기 역량의 80퍼센트 정도만 쓰기로 스스로 원칙을 정했다(예전엔 100퍼센트를 썼다). 그래야 가슴 설레는 프로젝트가 들어올 때 수락할 여력이 생기니까.

거절은 쉽지 않다. 그러나 어렵다고 포기하지 말라. 『에센셜리즘』의 저자이자 리더십 컨설턴트인 그렉 맥커운은 "거절은 종종 인기와 존경을 교환하는 과정임을 상기하며 마음의 평화를 얻으라"고 조언한다. 이 교환은 충분히 가치 있다. 거절은 타임오프와 이에 따르는 제반 유익을 확보하는 강력한 도구로서 모든 사람의 쉼 윤리에서 핵심 요소가 되어야 한다.

고딘은 팀 페리스 작가와의 인터뷰에서 "우리는 바쁜 게 덫이고, 그 분주함이 허구적 신화임을 너무 잘 안다"라며 바쁨의 문화를 비평했다. 그는 청중에게도 "분주함이라는 카드패를 쓰지 말라"고 강조한다. 당신도 마리야처럼 고딘 세스의 조언을 실천에 옮겨 자신에게 무엇이 중요한가를 심사숙고하면 어떨까? 당신을 '소진'시키는 일들을 포기하면 어떻게 될까? 결제는 늦게 하면서 이 일 저 일로 들들 볶고 당신의 과감한 아이디어엔 시큰둥한 고객에 대해선 재고하면 어떨까? 그들을 포기하면 오히려 사업성이 나아지지 않을까? 프로젝트를 일부 포기한다는 것은 분명 쉬운 일이 아니다. 그러나 일단 힘든 초기 단계를 넘어서면, 여유 있게 당신이 사랑하는 일을 하면서도 더 수준 높은 결과물을 내게 될 것이다. 앞으로 프로젝트 기회가 온다면 수락하기 전에 잠시 생각해보는 시간을 갖자.

실천하기 ▷ '더하기·빼기' 목록으로 제대로 된 프로젝트를 찾으라

종이를 한 장 꺼내 중간에 세로줄을 긋는다. 당신의 강점과 당신에게 가장 중요한 것이 무엇인지 깊이 생각해보라. 지면의 반쪽에는 당신이 삶에서 더 풍성하게 키우고 싶은 일들, 즉 더하기 목록을 작성하라. 그것은 세스 고딘처럼 가족과 함께 보내는 저녁시간일 수도 있고, 마리야처럼 가슴 설레는 프로젝트일 수도 있다. 지면의 다른 반쪽에는 당신이 삶에서 줄이고 싶은 항목, 즉 빼기 목록을 적는다. 늦은 밤 이메일 답신하기나 진상 고객 대응을 적을 수도 있다. 새로운 프로젝트가 들어오면 그 목록을 보며 어느 쪽에 속하는지 가늠해보라. 만일 '빼기' 쪽에 속한다면 거절을 고민해보라.

성찰하기 ▷

- 당신이 시간, 에너지, 집중력을 가장 많이 들이는 사람이나 대상은?
- 평소 가장 아끼는 것에 그만한 시간을 들이고 있는가? 어떻게 당신의 자원을 재분배 (또는 재투자)할 수 있을까?

더 많은 시간과 에너지를 돌려주는 일

곤도 마리에(1984~) **일본 정리 컨설턴트, 작가**

"자주 스스로에게 물어보라. '지금 내가 하고 있는 일이 내게 설렘을 일으키는 삶으로 이어질까?' 이런 생각을 하다 보면 그런 삶에 필요한 단계들이 보다 명료해진다."

물리학은 우리 편이 아니다. 열역학 제2법칙에 의하면 우주의 엔트로피는 늘 증가하기에 우리는 필연적으로 질서에서 혼돈으로 나아갈 수밖에 없다. 시간이 흐를수록 잡동사니가 쌓일 수밖에 없다는 얘기다. 지엽적으로나마 이 물리법칙에 저항하려면 우리 주변의 혼돈에 자주 질서를 복원시키는 일을 해야 한다. 그러려면 시간과 에너지가 들기 마련이고, 사실 바쁘고 피곤할 때 시간과 에너지만큼 아쉬운 것도 없다. 그런데 정리는 장기적으로 더 많은 시간과 에너지를 우리에게 돌려주기에 할 만한 가치가 있다.

『인생이 빛나는 정리의 마법』(더난출판사 역간) 외 여러 베스트셀러를 내고, 넷플릭스 다큐멘터리 〈설레지 않으면 버려라〉로 세계적 명성을 얻은 곤도 마리에는 잡동사니의 천적이다. 그녀의 정리 과정은 단 하나의 질문으로 응축된다. 이것이 과연 "설렘을 주는가?" 그녀의 트레이드마크인 '곤마리 정리법'의 출발점은 정리하겠다는 확고한 결단이다. 그다음 그녀는 자신이 꿈꾸는 이상적인 라이프스타일을 상상해보라고 주문한다. "우리 삶이 어떤 모습이길 바라는가? 우선순위는 무엇인가? 소중히 여기는 가치는 무엇인가?"

그녀의 질문에 대해 깊이 생각하다 보면 물건 버리기 대원칙이 정립된다. 옷, 주방용품, 책 등 범주별로 물건을 살펴보며 이것이 '설렘을 주는지', '이상적인 라이프스타일에 보탬이 되는지' 스스로에게 물어보라. 돌아오는 답이 '전혀 그렇지 않다'면 그 물건은 버려야 한다. 잠시 하던 일을 멈추고 짬을 내어 물건의 가치를 돌아보고 유용하게 사용한 과거에 감사를 표한 후 가차 없이 버려라. '그래도…'라는 토를 달며 미련을 두지 말라.

곤도는 물리적인 집 안 정리 과정에 관해 말하지만, 같은 방법을 당신의 캘린더에 적용해도 상당히 효과적으로 타임오프를 위한 여유를 창출할 수 있다. 과정은 대체로 동일하다. 타성에 젖어 지속해온 캘린더에서 당신의 창의성과 설렘에 보탬이 되는 부분은 무엇인지 스스로에게 물어보라. 이 과정의 출발점은 스스로를 돌아보는 내면의 성찰이다. 그리고 캘린더에서 가차 없이 잡동사니를 솎아내라. 앞으로 당신의 캘린더에 다시는 그것들을 들이지 않겠다고 단호히 결단하라. 곤도가 집 안을 정리할 때 물건별 정리법을 권하는 것처럼 당신의 일과 가족, 사회생활 등을 시간별로 나눠 캘린더를 정리하는 것이 좋겠다. 무엇에 창의적 활동을 할 시간을 빼앗기는지 분명히 파악하라. 관건은 당신에게 무엇이, 왜 중요한지를 아는 데 있다. 이 방법을 제대로 적용하면 캘린더에 여백이 한결 많아질 것이다. 이 방법을 꾸준히 실천하면 설렘을 주는 것들로 당신의 시간이 알차게 채워질 것이다.

물론 우선순위 평가는 한 번으로 끝나는 일이 아니다. 우리는 모두 변화하고 진화한다. 그러므로 자기이해 역시 업데이트가 필요하다. 너무 얽매일 필요는 없지만 일정한 주기를 정해놓고 자신을 새롭게 돌아보는 시간을 가져야 한다. 마리에 자신도 이 방법을 실천한다.

"새해 첫날이나 내 생일에 나의 우선순위를 재평가한다. 하지만 완전히 고정해놓은 건 아니다. 남편과 나는 우리의 현주소에 대해 대화를 나누고 자신에게 묻는다. '얼마나 일을 해야 할까?' '얼마나 많은 시간을 가족을 위해 쓸 수 있을까?' 지금 나는 '정리' 프로젝트를 시작했고 이 일에 집중하고 있다. 이것이 나의 현주소다. 미래에는 이 프로젝트 달성에 시간을 더 많이 쓸 것이다. 최근까지만 해도 나는 모든 에너지를 가족에게 쏟아부었다."

곤도는 정기적으로 시간을 내서 성찰하는 것이 그 자체로 지극히 가치가 있음을 안다. "생각을 정리할 필요가 있을 때는 백지를 꺼내 머릿속에 있는 것을 모두 적어본다. 얽힌 감정, 근심, 불안의 원인을 파악하고 내가 통제할 수 있는 사안과 통제할 수 없는 사안을 구분한다. … 무언가가 내 통제 밖에 있음을 인정하면 마음이 차분해진다." 그녀에게는 마음을 가라앉히는 놀라운 비결이 또 하나 있다. "번아웃 되고 긴장을 풀어야 할 때는 싹 다 잊고 바닥을 걸레질해요. 손을 바삐 놀리다 보면 머릿속이 조용해지거든요."

손을 바삐 놀리며 화면과 상호작용하는 게 아니라 신체 활동을 한다니 매우 강력하고 적극적인 타임오프다. 굳이 거창한 일이 아니어도 된다. 우리의 일상에 구두점을 찍을 소소한 '의식'을 행함으로써 한창 바쁜 중에도 차분함과 존재감을 찾을 수 있다.

필자 존은 랩탑을 닫고 다이어리를 펼치고 아끼는 펜으로 그림을 끄적거리거나 짧은 시를 쓴다. 필자 맥스는 커피 만들기를 즐긴다. 향기를 맡으며 원두 무게 달기, 원두 갈기, 필터지 적시기, 커피 가루 넣기, 소량의 뜨거운 물을 휘휘 부으며 커피 가루가 부풀어오르는 것 보기, 그런 다음 1~2분에 걸쳐 남은 뜨거운 물을 천천히 빙빙 돌리며 마저 붓기. 이런 과정을 거쳐 연금술사의 마법처럼 물이 맛있는 검정 묘약으로 변신하는 것을 지켜본다. 곤도의 취향은 차다. "하루에 차를 여러 잔 마신다. 그게 나의 쉬는 시간이다. 작은 일을 마친 후나 피로가 몰려오기 시작하면 일어나 또 한 잔의 차를 준비한다." 10분 남짓 걸리는 작은 의식을 통해 우리의 정신은 완전히 재정립되고, 새로운 활력으로 캘린더에 적힌 '설렘을 주는' 다음 활동을 하게 된다. 이런 의식을 적극적으로 개발해보라. 머릿속을 비우고 재정립할 필요를 느낄 때마다 전략적 도구로 사용해보라.

실천하기 ▷ '곤마리 정리법'을 적용하여 타임오프를 창출하라

어느 정도 타성에 젖은 일들이 각자의 캘린더에 있다. 돌아보지 않으면 그 일들은 계속 자리를 차지할 것이고, 어느새 당신의 캘린더에는 타임오프를 위한 여백은 남아 있지 않을 것이다. 캘린더를 채운 온갖 반복적 이벤트를 열거해보라. 그것을 일, 가족, 사회활동 같은 범주로 세분화한 다음, 각각의 일이 '설렘을 주는지', 아니면 이상적인 삶의 질, 창의성, 개인적 성공의 기준에 다가가는 데 도움이 되는지 스스로에게 물어보라. 만일 그렇지 않다면 결단하고 캘린더에서 솎아내라.

성찰하기 ▷

- 지난 3개월간 시간을 쓴 방식을 돌아보면 스스로 흐뭇한가?
- 설레지도 않고 당신이 원하는 삶에 부합하지도 않는 일을 왜 수락하는가?

여가 자체를 누릴 때 오는 만족

성 토마스 아퀴나스(1225~1274) **이탈리아 가톨릭 사제, 철학자**

더 많은 일을 위한 재충전 같은 실용적 목표를 여가에 부여한다면, 여가의 가장
심오한 유익과 기쁨을 놓치고 말 것이다. 외적 목표에 초점을 맞추면, 그것에
정신이 팔려 내면의 평온이라는 본질을 놓치고 말 것이다. 피퍼는 참 기쁨과 여
가 가운데 사람에게 임하는 "신적 직관"에 관해 말한다. 우리 영혼은 이런 차분
하고 고요한 순간에서만 듣는 귀가 열린다. 신조차 천지창조 일곱째 날에 돌아
보며 축하하고자 쉼을 가졌다.

수세기 동안 유럽 기독교에서 지식과 신앙은 불가분의 관계였다. 13세기 초 토마스 아퀴나스가 출생할 당시 대부분의 기독교인은 신앙 없는 불신자는 바르게 행동하거나 건강한 판단을 내릴 수 없다고 확신했다. 자연히 선대의 지혜는 망각되거나 고의적으로 외면 또는 폄하되었다. 청년 아퀴나스는 이런 시대적 발상을 바꾸려고 나섰다.

이탈리아의 부유한 귀족 가문에서 나고 자란 아퀴나스는 세계 최초의 세속 대학인 신설 나폴리 대학에 진학했다. 그곳에서 그는 고대 그리스인의 저술을 발견했고 그들의 사유에 깊이 매혹되었다. 그는 (훗날 가톨릭 사제가 될 정도로) 독실했지만 그리스 사상에 대단한 가치와 진리가 담겨 있다고 생각했다. 결국 아퀴나스는 비기독교 사상가와 철학자들의 저술에 담긴 통찰에서 영감을 받아 연구를 거듭하여 서구 철학과 근대 사유에 가장 위대한 공헌자 중 한 명이 되었다. 그는 미완의 대표작인 방대한 신학 입문서 『신학 대전*Summa Theologica*』을 통해 이성이야말로 신이 인류에게 내린 최고의 선물 중 하나이며, 기독교인이든 아니든 누구나 이 선물을 활용하여 바른 선택을 할 수 있다고 설명했다. 동시대인의 생각에 역행하는 사상이었다. 웹사이트 '더 스쿨 오브 라이프'서는 아퀴나스를 이렇게 묘사한다. "그는 지성을 보편화했다. 덕분에 기독교 정신이 시대와 대륙을 초월하는 전 인류적 통찰에 열린 자세를 취하게 되었다. 근대 세계는 종교적 신념이나 출신 배경과 무관하게 어디서라도 훌륭한 사상이 나올 수 있다는 그의 주장에 큰 빚을 지고 있다."

아퀴나스는 특히 아리스토텔레스에게 영감을 많이 받았고, 그의 사유의 중심에는 아리스토텔레스와 마찬가지로 행복이란 개념이 있다. 아퀴나스의 원동력은 행복과 기쁨의 가치를 깊이 인식하는 것이었다. 그는 사랑을 인간의 가장 근원적 감정으로 보고, (누군가 또는 무언가에 대한) 사랑이 우리의 동력이라고 믿었다. 사랑이 충족되면 기쁨(그리고 여러 긍정적 감정)이 생기고, 사랑이 충족되지 않으면 욕심부터 절망까지 광범위하고 다양한 부정적 감정이 생긴다. 아퀴나스에게 어떤 대상을 진정으로 사랑한다는 것은 쾌락이나 실용적 목표를 이루는 도구로서 가치를 두는 게 아니라 존재 자체를 사랑한다는 의미였다. 그는 지상에서의 행복 추구를 지지하면서도 행복이 신앙이나 신과 별개가 아니라고 보았다. 궁극의 사랑, 즉 궁극의 기쁨은 오직 신에 대한 신앙 속에서 발견할 수 있다는 것이 그의 믿음이었다.

그러나 근대의 (세속적) 맥락에 들어오면 우리가 진정으로 사랑하는 대상의 근원을 보라는 뜻으로 아퀴나스의 말을 해석할 수 있다. 즉 우리의 참된 동기를 발견한 다음 충족시키려고 노력하라는 얘기다. 어쩌면 우리는 종종 가짜 목표를 쫓아다니거나 분주함으로 우리의 불만을 덮어버리고 있는지 모른다. 그 편이 멈춰 서서 우리가 진정으로 사랑하는 것(그것이 사람이든, 사람들의 모임이나 활동이든, 직업이든, 어떤 장소이든)을 돌아보는 시간을 가지는 것보다 쉽기 때문이다. 우리는 (스스로 만들어낸 망상적 이야기가 아니라) 자신이 진짜 추구하는 것이 무엇인지 명쾌하게 밝힌 다음 그 열망을 충족시키려고 해야 한다. 당장 작업 중인 프로젝트를 돌아보라. 그 이면의 진정한 동기는 무엇인가? 관계들은 어떠한가? 추동력은 과연 사랑인가? 아니면 명료하지 못해 그저 세태에 휩쓸리고 있는가?

앞서 역사 논의에서 만난 요제프 피퍼는 유독 아퀴나스에게 영감을 많이 받은 근대 종교학자다. 피퍼는 아퀴나스를 두루 인용한 그의 책 『여가: 문화의 기반』에서 "'느긋하게' 있는 것이야말로 인간의 영혼에 바탕이 되는 기본 능력"이라고 선포한다.

더 많은 일을 위한 재충전 같은 실용적 목표를 여가에 부여한다면, 여가의 가장 심오한 유익과 기쁨을 놓치고 말 것이다. 외적 목표에 초점을 맞추면, 그것에 정신이 팔려 내면의 평온이라는 본질을 놓치고 말 것이다. 피퍼는 참 기쁨과 여가 가운데 사람에게 임하는 "신적 직관"에 관해 말한다. 우리 영혼은 이런 차분하고 고요한 순간에서만 듣는 귀가 열린다. 신조차 천지창조 일곱째 날에 돌아보며 축하하고자 쉼을 가졌다.

아퀴나스와 피퍼 모두 여가를 통해 우리의 기쁨에 귀 기울이라고, 기쁨을 가꾸고 축하하라고, 기쁨이라는 길잡이 등대를 따라가라고 독려한다. 당신의 삶에서는 어떤 기쁨이 한 줄기 빛 같은 동력과 창의성과 행복의 원천이 되고 있는가?

실천하기 ▷ **당신의 원동력이 되는 사랑과 열정을 개발하라**

당신을 움직이게 하는 명분과 열정, 열망은 무엇인가? 아퀴나스가 간파했듯 사랑하는 대상을 돌보기 위해 시간과 노력을 들이는 것보다 더 동기부여 되는 일도 없다. 이 점을 충분히 활용하고 있는가? 별 관심도 없는 일을 건성으로 하고 있지는 않은가? 당신이 진짜 사랑하는 것이 무엇인지 분명히 알았다면, 그 밖의 모든 일을 되도록 내려놓고 사랑하는 것에 시간을 집중하라. 기쁨과 영감, 창의성이 당신을 따라올 것이다.

성찰하기 ▷

- 당신의 일상에서 가장 지루한 일은 무엇인가?
- 그 일을 피하거나 대체할 수 없다면, 어떻게 해야 좀 더 재미있게 할 수 있을까?

지금까지 소개한 인물들의 이야기와 거기에 곁들인 여러 질문이 생각거리가 되었길 바란다. 이런 성찰은 리셋 버튼을 누르고 양질의 타임오프를 갖지 못하게 막는 숨은 장애물을 찾아내고 스트레스 없이 성공에 이르는 데 도움이 된다.

　　성찰이 다소 진지한 행위처럼 느껴질 수 있다. 사실 어느 정도 맞는 이야기다. 우리의 삶을 정직하고 진실하게 바라보는 것이 중요하기 때문이다. 그러나 세상만사가 그렇듯 균형이 핵심이다. 이 모든 진지함 후에는 다시 경쾌함을 느끼는 시간을 가지면 좋다. 성찰의 진지함에 균형을 맞추기에는 경쾌한 놀이만한 게 없다.

"당신의 반경 30킬로미터 안에서 혁신이 가장 많이 일어나는 곳은 어디인 것 같은가?"

저녁 파티에서 곧잘 던지는 질문이다. 돌아오는 답은 파티 장소와 테이블에 둘러앉은 사람 수만큼 다양하다. 하지만 어김없이 나오는 몇 가지 답이 있다. 대학, 스타트업 단지, 회사의 혁신연구소 등은 꼭 들어간다. 물론 이런 곳에서 대단하고 혁신적인 일이 일어나고 있음을 부정할 수는 없다. 그러나 가장 앞서가는 사고를 한다는 기관에서도 관료제도나 상상력 부족으로 혁신의 범위는 제한된다. 오히려 혁신이 무제한으로 일어나고 자연법칙을 구부리거나 뛰어넘는 곳이 있다.

근처 어딘가에 놀이터가 있지 않은가? 그렇다. 정글짐과 재잘대는 아이들이 있는 곳에는 언제나 번득이는 아이디어와 '무슨 일이든 할 수 있다'는 마음자세가 있다. 놀이터에서 누리던 자유와 발명, 깊은 기쁨, 끝없는 모험의 가능성을 당신도 기억하는가? 뛰어다니고 비명을 지르며 신나게 놀던 그 느낌을 잊어버린 이들이 많다. 하지만 놀이의 중요성을 재발견하기에 너무 늦은 때란 없다. 놀이터에 들어설 때, 우리는 심오한 지혜와 만난다.

놀이터 감성

필자 존이 텍사스 오스틴의 동네 길을 따라 애용하는 커피숍으로 걸어가는 중이었다. 문득 왼편 철재 울타리 너머에서 "아저씨!"라고 부르는 외침이 들려왔다.

다시 소리가 났다. "아저씨, 질문이 있어요!" 자신을 올려다보는 네 명의 작은 인간들에게 시선이 닿자 존은 입가에 슬며시 미소가 번졌다. 아이들은 모두 일곱 살 정도 되어 보였다. 학교 쉬는 시간에 운동장에 나와서 노는 듯했다. 존은 '이거 재밌겠는데' 하는 생각이 들었다. 유년기에 자신이 던졌던 온갖 질문들이 떠오르며 아이들의 질문이 제발 방귀에 관한 것만 아니길 바랐다.

남자아이 하나가 울타리에 바짝 다가와 물었다. "세계온도조절기를 만들면 어떨 것 같아요?" 존은 속으로 피식 웃으면서도 이 호기심 많은 무리가 그 아이디어로 뭘 할 건지 궁금했다. "그건 왜? 세계온도조절기를 위해 너희 학교를 실험실로 만들 계획이니?" 존이 물었다. 아이들의 논리는 의외로 탄탄했다. 그들은 텍사스의 여름을 덜 덥게 만들어 3, 4월뿐 아니라 일 년 내내 아보카도를 재배하고 봄 동물을 볼 수 있길 원했다. 존이 그들의 프로젝트에 더 많은 질문을 하려는 순간에 선생님이 나타나 "이제 교실로 가야 할 때"라며 아이들을 데려갔다. 쉬는 시간이 끝난 것이다.

얼마 후 존은 커피를 즐기며 이 아이들이 얼마나 상상력이 풍부한가를 곱씹었다. 그들의 세계 온도조절기 아이디어는 가까운 시일 내 실현되기는 불가능할 수도 있다(이 망할 열역학 법칙 때문에). 그러나 그들의 비전 덕분에 존은 기후보존 기술에 관한 더 큰 그림을 그릴 수 있었다. 너무 많은 전문가들이 끈을 놓아버린 열정, 호기심, 장난기야말로 아이들의 아이디어를 지피는 장작이다.

존은 비즈니스 코칭을 할 때 고객사의 팀들이 다시금 '노는 법'을 익히도록 어른 마인드를 잠재우는 일을 돕는다. 그의 '어린이 마인드' 워크숍은 세계온도조절기 아이디어를 낸 아이들 같은 일화로 시작한다. 그런 다음 고객들에게 허세, 실적, 정치가 아닌 그 자체를 위해 창조하고 아이디어를 내는 아이들처럼 장난치듯이 놀아보라고 초청한다. 놀이 상태에서 고객들은 당면 활동에 100퍼센트 집중하며 아이디어와 창의성을 일깨우는 한층 개방적이고 얽매이지 않은 창구를 발견한다. 즉, '무엇이든 가능하다' 마인드가 잠금 해제된 것이다.

워크숍 막바지에는 각 참가자들이 장난꾸러기 일곱 살짜리 마인드로 생각해낸 새로운 비즈니스 아이디어나 디자인을 발표한다. 어떤 엔지니어는 야외 자연교실 용도로 엄청나게 큰 바이오돔을 구상했다. 어느 셰프는 등산 중에 레스토랑 식사를 경험할 수 있도록 메뉴를 개발했다. 진지한 참가자들로 답답한 워크숍 분위기는 어른들이 잠재성을 가지고 즐기는 놀이터로 탈바꿈한다. 이제 누구도 혁신과 놀이의 상관관계를 부인할 수 없다.

존의 '어린이 마인드' 워크숍의 성공을 돌아보며 우리는 아이들이 얼마나 쉽게 어떤 장소도 놀이터로 탈바꿈시키는지 생각해보았다. 아이들에게 자투리 시간을 줘보라. 공항 터미널, 대기실, 레스토랑이 금세 실험실, 발굴 현장, 우주 정거장이 될 것이다. 놀이터는 (상상과 탐구에 필수인) 놀이를 위한 최적 환경으로 변한다. 이런 환경은 어디에나 존재한다. 굳이 정글짐이 없어도 된다. 우리 어른들도 환경에 이런 변화를 도모해보면 유익하지 않을까?

물론 어른 마인드로 임해야 할 시간과 공간이 있다. 하지만 우리 일의 상당 부분은 무궁무진한 창의성을 요한다. 만약 회의실에 앉은 사람들이 자신의 창의적인 일에 어린이 마인드를 가지고 임한다면 어떨까? 실없다는 비난을 개의치 않고 더 자유롭게 탐사하고 실험하고 브레인스토밍하지 않을까? 창의성을 최대한 활용하려면 우리의 장난기를 잠금 해제해야 한다. 장난기의 본질은 과거와 미래에 대한 염려를 제쳐두고 현재의 순간에 온전히 빨려드는 데 있기 때문이다.

놀이와 여가를 삶의 정수로 받아들이기

앨런 와츠(1915~1978) **영국계 미국인 철학자**

"우리는 즐거움을 고대하고 그것과 만나러 달려가는 데서 짜릿한 흥분을 느끼기 때문에, 막상 즐거움이 임하면 충분히 여유 있게 즐기지 못한다. 우리는 고질적인 실망감에 고통받는 문명인이다. 장난감을 내동댕이치는 철부지 아이들의 거대군단이라고나 할까."

서구에서 앨런 와츠만큼 동양 철학, 특히 젠Zen을 대중화하는 데 기여한 사람도 드물 것이다. 신학 석사학위를 딴 후 5년간 성공회 목사로 살았던 와츠는 세계의 다양한 영적, 종교적 관습의 공통점을 발견해낸 후 현대인이 공감할 만한 방식으로 해석하는 데 귀재였다. 그는 종교의 신비적 요소를 걷어내고 강력한 심리치료라는 각도로 접근하기 위해 이런 방식을 사용했다. 여러 저서와 독특한 영국식 억양으로 강의하는 영상은 수백만 명에게 감동을 선사했다.

와츠의 작업을 관통하는 핵심 발상은 현재에 몰두하는 것, 즉 당면한 순간에 주파수를 맞추는 것이 중요한데 우리가 그 능력을 잃어가고 있다는 우려다. 우리는 갈수록 미래에 정신이 팔린 상태로 살며 지금 우리가 처한 곳에서 행복해지는(혹은 행복을 알아보는) 법을 잊어버리고 있다. 우리는 다가올 일에 지나치게 몰두하느라 지금 실재하는 것과 바로 코앞에 있는 것에 대한 감각을 잃어버렸다. 와츠의 글이다. "미래는 순전히 추상적, 논리적 요소(유추, 추측, 추론)로 구성되어 있다. 이는 먹거나 만지거나 냄새 맡거나 보거나 들을 수 없는, 어떤 방식으로도 향유할 수 없는 것이다. 미래를 추구한다는 것은 끊임없이 뒷걸음질 치는 환영을 추구한다는 것이다. 그 환영은 우리가 더 빨리 좇아갈수록 더 빨리 앞질러 갈 뿐이다."

와츠는 현재의 순간을 살며 과거와 미래에 대한 걱정을 제쳐두는 최고의 방법이 '장난기'임을 알았다. 그는 저서 『동양과 서양의 정신치료Psychotherapy East and West』(하나의학사 역간)에 이렇게 썼다. "우리는 일을 더 잘 하려고 느긋한 시간을 가진다. 우리는 도덕성을 함양하고자 신을 경배한다. 우리는 걱정을 잊고자 술에 취한다." 와츠는 우리가 놀이와 여가에 관한 죄책감을 버리고 이를 삶의 정수로 누려야 한다고 믿는다. 일의 능률을 원한다면 (아울러 일에서 의미를 발견하고 싶다면) 쾌락과 놀이의 가치를 인식해야 한다는 얘기다. 어쩌면 놀이야말로 점점 많은 일이 기계와 알고리즘에 의해 자동화되는 시대에 인간을 차별화할 신의 한 수가 되는지 모른다.

시대를 한참 앞서갔던 와츠는 AI의 대두와 어떻게 인공지능이 여러 루틴 업무에서 인간보다 두각을 나타낼지를 예견했다. 그는 "현대 도시의 근로계층 시민들은 대체로 숫자 세기와 계량으로 점철된 활동으로 나날을 보낸다"고 하며, 이런 일들은 기계가 인간보다 월등히 잘 하기에 인간의 뇌가 쓸모없어질 날이 올 수도 있다는 문제의식을 제기한다. 또한 "만약 우리가 계속 미래를 위해 살며 예측과 계산을 주된 정신 작업으로 삼는다면, 인간은 필경 거대한 태엽시계에 기생하는 부속품으로 전락하고 말 것이다"라고 경고한다. 우리 중 일부는 이미 이러한 이행기를 코앞에 두고 있다. 지금이야말로 무언가 행동을 취할 때다.

인간의 머리보다 "월등한 속도와 효율성을 갖춘 기계와 컴퓨터"가 있는 세상에서 도태되지 않으려면 어떻게 해야 할까? 우리의 현재기반형 본능을 연마하여 초점을 미래 예측에서 현재의 순간을 충실히 사는 것으로 전환해야 한다. "제대로만 작동한다면, 뇌는 '본능적 지혜'를 발휘하는 최고의 도구"라고 말한다. 우리의 뇌가 자기 일을 제대로 수행하려면 "의식이 원래 설계된 대로 기능해야 한다. 즉 현재의 경험에서 벗어나려고 안간힘을 쓸 게 아니라 힘을 뺀 상태로 현재를 의식해야 한다." 이 책의 말미에서 이 아이디어를 다시 검토할 것이다. 우리는 와츠의 논증을 기반으로 인공지능이 갈수록 단조로운 루틴 작업을 대체하는 현상을 두려워해서는 안 되며 오히려 적극 수용해야 한다는 주장을 펼칠 것이다. 덕분에 우리가 창의력과 공감력 같은 인간 고유의 일에 정신을 집중할 수 있는 여유가 생기기 때문이다. 그러나 이것이 우리에게 유익이 되려면 바쁨이란 경주에서 기계와 경쟁하기를 멈추고 삶의 균형추인 쉼 윤리를 더욱 가꿔나가야 한다.

와츠는 우리에게 시계에 대한 집착을 버리고 세상에 몰두하고 현재에 깨어 있으라고, 즉 카이로스는 더 느끼고 크로노스는 덜 느끼라고 호소한다. 그는 저서 『무엇이 중요할까?: 인간과 물질의 관계에 대한 에세이*Does it Matter?: Essays on Man's Relation to Materiality*』에서 "시계의 시간은 단지 모든 문명사회에서 일반적으로 지켜지는 측정 수단일 뿐이며, 인류가 정해놓은 위도·경도 같은 정도의 실체성을 지닌다"고 일깨운다. 크로노스와 삐삐거리고 째깍거리는 일련의 시간 파수꾼들을 너무 바짝 따라가다 보면 현재에 몰두할 수 없다는 뜻이다. "시계의 마법에 사로잡히면 현재는 미래가 과거로 넘어가는 기하학적 지점에 불과하게 될 것"이라고 와츠는 경고한다. 그는 현재가 크로노스의 과다복용에 대한 해독제라고 믿는다. "당신이 세계를 물질적으로 느끼고 감지한다면, 현재 외에는 어떤 것도 결코 존재하지 않으며 존재한 적도 없었고 존재하지도 않는다는 사실을 발견할 것이다."

몇 년간 '현재에 충실하기'가 자기계발 커뮤니티를 필두로 세간의 큰 주목을 받고 있다. 하지만 앨런은 '자기계발'이란 발상 자체가 어불성설이라고 여겼다. "만약 내가 둘로 나뉜다면 이상에 부합하는 삶을 살기 위해 또 다른 나를 계발하는 노력을 진지하게 해볼 수 있다. 그러려면 불량한 '나'를 개선시킬 우수한 '나'가 있어야 한다." 그는 이런 분리가 상황을 개선하기는커녕 악화시킨다고 논증한다. 그의 견해에 동조하든 말든 분명한 점은 많은 이들이 '자기계발'에 빠져 숱한 자기계발서를 읽고 숱한 세미나에 참석하면서도 막상 가만히 앉아 자신의 진짜 모습에 대해 성찰하기는 꺼린다는 것이다. 이런 식의 자기계발을 위한 투자는 '성장'이 아니라 방어기제를 쌓는 것이다.

이 책을 읽을 때는 간간이 책장을 덮고 이 책의 아이디어들이 당신의 삶과 어떻게 연관되는지, 어떻게 아이디어를 스스로 실천에 옮길지 성찰하기를 독려한다. 진정한 자기계발을 하려면 때로 자기계발에서 타임오프를 하여 자신의 생각을 직면하는 시간을 가져야 한다.

| 실천하기 | 현재와 재미를 위한 삶으로 최적화하라 |

놀이 중인 아이처럼 어떤 활동에 온전히 몰입한 때는 마지막으로 언제였는가? 장래를 생각하지 않고 현재에 몰두했던 때는 마지막으로 언제인가? 떠오르는 대로 그런 경험을 나열해보라. 무엇을 했는가? 언제 어디서 그랬는가? 어떤 놀이 요소가 있었는가? 그런 몰입을 가능케 한 환경 요인이 있었는가?(베이비시터나 연휴 등) 작성한 목록을 훑어보고 반복되는 패턴이 있는지 보라. 어떤 활동을 할 때 더 현재에 몰두하며 재미를 느꼈는가? 어떤 상황이 몰입을 고무하는가, 또는 방해하는가? 곰곰이 생각해보고 현재와 재미를 위한 삶으로 최적화하라.

랜턴 의식,
스포트라이트 의식

　　　　　　뉴욕 현대미술관 큐레이터 줄리엣 킨친은
"어린이는 이상과 실재 사이를 왔다 갔다 한다"고 말했다. 놀이터는
아이들이 상상력을 동원하여 물리적 장소를 자기만의 공간으로 탈
바꿈시키는 곳이다. 우리는 어떤 물리적 공간이라도 적절한 의도성
만 있다면 재미와 장난이 넘치는 곳으로 만들 수 있다고 믿는다. 놀
이터에서는 '랜턴 의식'이 자연스럽고, 사무실이나 소매점, 공장 같
은 어른의 일터에서는 '스포트라이트 의식'이 자연스럽다.

　잠깐만. 랜턴 의식이나 스포트라이트 의식이라니? 이것이 놀이
터와 무슨 상관이 있는 걸까? 미국 UC버클리대학 심리학과 교수이
자 테드TED 강사, 베스트셀러 작가인 앨리슨 고프닉은 발달 심리학
계에서 명성이 높은 연구자다. 그녀가 특히 관심 있게 연구하는 분
야는 아동 학습과 아동 인지개발 과정이다. 저서 『우리 아이의 머릿
속*The Philosophical Baby*』(랜덤하우스 역간)에서 그녀는 아이들이 '랜턴 의
식'으로 주변 세상을 탐구하고 모형화한다고 말한다. 아이들은 전체
적으로 빛을 비추는 등불(랜턴)처럼 주변의 모든 대상을 통으로 인식
한다. 아이들이 어느 하나에 집중하기 힘들어하는 것도 나름의 쓸모
가 있는데, 덕분에 기쁨을 느낄 수 있는 가능성이 더 높아진다. 그들
의 정신은 주변의 모든 대상에 빛을 비춘다. 새로운 연결점을 만들
고 새로운 모퉁잇돌을 뒤집어본다.

　고프닉은 랜턴 의식의 정반대가 대부분의 성인에게서 찾아볼 수
있는 이른바 '스포트라이트 의식'이라고 설명한다. 어른들은 눈앞의
작업에 집중력을 발휘하는 데는 능한 반면에, 주변에서 벌어지는 많

은 흥미진진한 일들을 놓치기 쉽다. 스포트라이트처럼 의도한 방향 안에 있는 것에만 시선을 고정하고 빛을 비추기 때문이다. 이런 의식은 우리의 혁신성과 창의성에 한계선을 긋는다.

창의성은 본질적으로 점들을 연결하는 것이다. 재미와 장난은 패턴을 발견하고 새 연결점을 찾는 데 도움이 된다. 점 연결과 창의적 놀이는 어른이나 아이 모두에게 문제 해결과 가능성의 감각을 키우는 데 필수적이다.

고프닉은 "아이의 뇌는 지극히 말랑말랑하여 성취가 아니라 학습에, 착취가 아니라 탐구에 좋다"고 고찰한다. 정상적인 성인의 뇌는 방대한 경험을 토대로 효과적으로 의사결정을 내리는 기계지만, 이미 패이도록 다녔던 정신적 샛길이나 패턴의 덫에 갇혀 엉뚱한 해법이나 제약 없는 새로운 아이디어를 허용하지 않을 때가 많다. 앞서 우리가 창의성에 관해 고찰한 바로 돌아가 보면, 성인의 정신은 준비 단계와 검증 단계에 제격이다. 반면 아이의 정신은 부화와 조명이 일어나는 무의식 단계에서 훨씬 큰 힘을 발휘한다.

다행히도 어른이 되었다고 영영 스포트라이트 의식에 갇혀 사는 건 아니다. 자주 새롭고 낯선 아이디어를 접하고 (우리와 의견을 달리하는) 누군가의 시선으로 세상을 보려고 노력하는 것은 잠시나마 랜턴 모드로 전환하는 최고의 방법이다. 환각제의 영향 아래 있는 성인에 게서도 랜턴 의식이 나타난다. 고프닉은 환각제가 뇌에 미치는 영향에 관한 최근의 연구 결과를 처음 접하고선 어린아이의 뇌와 LSD를 복용한 성인의 뇌가 얼마나 유사하게 작동하는지를 보고 입을 다물지 못했다. 고프닉은 "한마디로 아기와 어린이는 기본적으로 늘 발을 헛딛는다"고 말한다.

흥미롭게도 필자들은 각자의 경험을 통해 과학자, 특히 물리학자들이 환각제 실험에 매우 개방적이며,* 의도적으로 자신의 정신세계를 탐구하는 데 진지할 뿐 아니라 무의식에 감춰진 문제 해결 단서를 찾는 데 이것을 활용함을 증언할 수 있다. 맥스도 변성의식 상태가 아니었다면 (양자 규모에서 시간관념이 모호해지는 방식에 관한) 그의 박사학위 논문과 관련된 중요한 아이디어를 생각해내지 못했을 것이다. 고도로 편향된 렌즈로 걸러진 성인 뇌의 일상적 세계관이 세상을 바라보는 '하나의' 방식에 불과함을 아는 것은 일상의 상식과 경험을 훌쩍 뛰어넘는 관념을 놓고 머리를 싸맬 때 특히 중요하다.

여러 형태의 타임오프를 가지면 우리의 정신과 관점이 좀 더 랜턴 방식에 가까워진다. 그러나 주의하지 않으면 어느새 스케줄과 마감 시한에 쫓기는 루틴으로 들어가 미로 속을 질주하는 자신을 발견할 것이다. 그럴 때 우리는 냉소적이고 매사에 심각한 사람이 된다. 돌파구에 이르기 위해 필요한 건 랜턴 사고방식인데 경직된 스포트라이트 사고방식으로 동료들을 대할지도 모른다. 이럴 때 우리의 생각은 축소되며, 주변 사람들에게도 동일한 사고방식을 주입하고 강화하려 든다. 반대로 하려면 아이들이 노는 모습에서 영감을 얻어야 한다.

---

* 필자들은 환각제의 창의적, 의학적, 치료적 잠재성에 관해 일정한 기대감을 갖고 있지만 올바른 지도, 감독, 법적 허용 없는 환각제 사용은 당연히 옹호하지 않는다.

일이 놀이가 되게 하는 법

앨리스 워터스(1944~)　　**미국인 셰프, 레스토랑 창업가, 활동가, 작가**

"알다시피 저는 일요일마다 친구를 초대합니다. 농산물 시장에서 구입한 재료로 음식을 하죠. 무슨 요리를 할지 미리 생각하지 않아도 어떻게든 아이디어가 떠올라요. 다들 함께 식탁을 차리고 치우죠. 매주 그 시간이 얼마나 기대되는지 몰라요."

캘리포니아 주 버클리의 유명 레스토랑 '셰 파니스'의 대표 워터스는 이메일 확인이나 뉴스 시청으로 하루를 시작하지 않는다. 그녀는 다이닝룸 식탁 옆에 있는 벽돌 벽난로의 불을 바라보며 신선한 후무스를 토핑으로 얹을 빵을 모닥불에 굽는다. 그녀는 오랜 시간 진하게 우려낸 차 한 잔과 장작 타는 은은한 향과 함께 따듯한 식사를 음미한다. 그녀의 인생은 이렇게 느긋하게 음식을 즐기는 것으로 압축된다. 앨리스에게 음식이란 일이자 놀이이고, 요리란 현재에 몰두하는 활동이자 끝없는 창작 행위다.

워터스는 1971년 셰 파니스를 개업한 뒤 세상에 캘리포니아 요리의 정수를 선보였다. 수십 년 후, 그녀는 선구적인 활동가가 되어 미국인의 입맛을 현지에서 유기농으로 생산하고 지속적으로 공급 가능한 음식으로 바꾸는 운동을 펼쳤다. 슬로우 푸드 운동에서부터 학교 급식의 영양가를 높이고 자신의 식당 메뉴에서 참다랑어를 빼는 결정에 이르기까지, 그녀는 끊임없이 미국인들에게 '무엇을 먹는가'를 고민하게 만들었다. 이 모든 것이 차곡차곡 쌓여 샤턱 애비뉴의 아담한 주택가 골목에 파묻혀 있는 그녀의 1호점 식당이 미국에서 가장 존경받는 식당의 지위를 유지하고 있다. 앨리스는 혁신적이면서도 조화롭게 식당을 운영한다. 그녀는 번아웃과 영감 사이에서 가느다란 외줄 타기를 하는 대신, 지속 가능하고 탈중심화된 방식으로 일거리를 분담했다. 그녀는 현재와 놀이를 위해 기꺼이 시간을 낸다.

앨리스 워터스에게는 두 가지 배울 점이 있다. 첫째, 그녀는 시간에 민감한 요식업계에 타임오프를 통해 (파비켄 이야기에서 이미 보았듯) 혁신과 열정을 불어넣었다. 둘째, 그녀는 시간을 들여 요리하고 천천히 식사를 즐김으로써 유희성과 인간다움을 회복했다.

그녀는 말한다. "식당, 카페, 빵집을 2인 셰프 시스템으로 운영하고 있습니다. 이런 시스템이 얼마나 소중한지 이루 다 말할 수 없어요. 비상시나 둘 중 한 사람에게 타임오프가 더 필요할 때, 대체할 셰프가 있음을 의미하니까요. 그래야 셰프도 가족과 함께 시간을 보내고 요리를 연구할 시간을 가지죠. 이젠 셰프도 밤낮 없이 일하는 게 아니라 낮에 일하고 저녁에 집에서 식사할 수 있게 되었어요. 이 시스템을 도입한 후로 건강한 경쟁과 협력이 이루어져 음식의 질이 부쩍 좋아졌죠. 정말 상상력을 자극하는 시스템입니다." 재능 있는 요리사에게 음식을 가지고 놀 자유를 허락할 때 마법이 일어난다. 셰 파니스가 탁월하고 기발하며 '재미를 즐길 수 있는' 음식으로 명성을 떨친 것은 우연이 아니다.

창의력은 억지로 짜낼 수 없다. 놀이는 억지로 시킬 수 없다. 하지만 놀이를 장려하는 문화를 조성할 수는 있다. 그런 의미에서 우리는 앨리스 워터스와 셰 파니스에서 많은 것을 배울 수 있다. 중요한 건 속도를 늦추고 군더더기를 없앰으로써 창의적이고 혁신적이고 행복하며 인간답게 살 여유를 마련하는 것이다. 우리도 음식으로 재미를 즐기는 타임오프를 가져보면 어떨까?

실천하기 ▷ **친구들이나 가족, 팀원과 함께 즉흥 요리하기**

농수산물 시장에 가서 직접 장을 봐오자. 다른 사람의 레시피를 뒤적이기보다 창의성을 발휘하여 자유롭게 조리하고 양념을 배합해보라. 여럿이 함께 웃고 즐기며 요리하고 음식 맛을 볼 수 있다. 정해놓은 레시피 없이 요리의 영감을 얻는 데 도움이 될 만한 책으로 앤드루 도넨버그와 카렌 A. 페이지의 『미각 바이블*The Flavor Bible*』을 강력 추천한다. 앨리스 워터스는 말한다. "우리는 식탁에 둘러앉고 싶어해요. 모닥불 냄새를 맡고 싶어하죠. 이런 식으로 음식과 어울리고 싶어 하고요. 저는 요리의 최고 스승은 자연이라고 생각합니다. 자연은 문명이 시작된 이래로 늘 있었죠. 그래서 모두의 내면에는 자연이 있어요. 우리는 그 자연과 연결되어야 합니다."

바보 같은 아이디어가 돌파구를 만든다

인간이 놀 권리를 박탈당하면 어떤 일이 벌어질까? 좋을 리 없다. 알고 보니 꾸준한 놀이는 적당한 수면과 균형 잡힌 식단만큼이나 우리 건강에 중요한 역할을 한다.

스튜어트 L. 브라운 박사는 인간의 생애 주기에서 놀이의 중요성에 주목하여 인간과 동물의 놀이가 어떻게 진화되었는지를 탐구했다. 그뿐 아니라 놀이에 관해 미처 알려지지 않은 지식이나 관습, 유익을 대중적으로 알릴 목적으로 비영리기관 '전국놀이연구소'를 조직하여 운영하고 있다. 브라운 박사에 따르면 성인이 충분히 놀지 않을 때, "활력 저하, 낙천주의 감소, 인생이 따분하다는 느낌, 이런 상황을 타개할 호기심이나 탐구적 상상력이 거의 없는 상태, 그리고 임시방편으로 현실 도피하기 등의 부작용"이 나타난다. 브라운이 목록에 추가한 마지막 증상은 "인생에서 피해자가 되었다는 의식"이다.

안타깝게도 성인 세계에서 이런 놀이 부족 증상이 심심치 않게 발견된다. 심지어 장난기를 미성숙함의 표시로 보는 성인도 있다. 그들은 장난기 어린 행동을 바보 같은 짓 내지는 시간 낭비로 보는 듯하다. 영화《찰리와 초콜릿 공장》에는 이런 어른들의 신념에 반기를 드는 대화가 있다. 웡카 씨가 놀라운 알 판별기를 선보이자 솔트는 "참 말도 안 되네"라고 흠을 잡는다. 이에 웡카 씨가 "가장 현명한 사람이 때로 좀 말도 안 되는 일을 즐기죠"라고 응수한다.

웡카 씨의 말에는 많은 지혜가 담겨 있다. 어떤 이에게는 실없는 놀이로 보이는 것이 실은 더할 나위 없이 생산적인 일이 될 수 있다. 제약받지 않은 상상력 풍부한 사고가 돌파구를 낳는 법이다. 뇌과학을 전문적으로 연구하는 심리치료사 에드워드 M. 할로웰은 우리가 칭송해 마지않는 창작자들 중에는 놀이를 하다가 위대한 발견을 한 사람이 많다고 설명한다.

> 콜럼버스는 놀고 있을 때 문득 세상이 둥글다는 생각이 서광처럼 비쳤다. 뉴턴은 사과나무를 보며 놀던 중에 불현듯 중력이라는 개념을 생각해냈다. 왓슨과 크릭은 DNA 분자 모형을 가지고 놀던 중 이중나선구조를 발견했다. 셰익스피어는 평생을 아이앰빅 펜터미터iambic pentameter 운율 구조를 가지고 놀았다. 모차르트는 깨어 있는 거의 모든 순간이 놀이였다.

혁신은 이상과 실재 사이를 탐구하는 과정이다. 우리는 이미 놀이터에서 아이들이 어떻게 유연성, 포용성, 상상력의 문화를 키워나가는지 살펴보았다. 이런 면에서 유토피아 사상의 본질과 맞닿아 있는 아이들은 우리에게 더 나은, 더 환한, 더 새로운 미래를 찾아나서도록 영감을 불어넣어주는 존재들이다. 존에게 세계온도조절기를 피력하던 꼬마들은 비상한 상상력을 보였다. 그들에게는 아이디어를 다음 단계로 끌고 갈 엄정함과 분석 기술은 없었지만 애당초 그런 아이디어를 품었다는 것만으로도 여러 어른보다 윗길이다. 사고방식이 바르다면, 얼핏 불가능해 보이는 아이디어가 실제로 돌파구를 여는 시발점이 될 수 있다. 아인슈타인이 광선 위에 앉아 있는 자신을 상상한 것처럼, 물리학의 기존 법칙을 파괴하거나 현실 세계를 극적으로 단순화하는 머릿속 실험과 가설 시나리오야말로 숱한 과학적 도약의 물꼬를 텄다. 최고의 과학자들은 엉뚱한 아이디어를 두 손 들어 환영한다. 과학자들, 특히 가장 탁월한 성취를 한 과학자들과 대화를 나누다보면, 다수가 자신이 하는 일의 상당 부분이 고도로 정교한 놀이임을 순순히 시인한다.

일의 종류와 무관하게 우리는 모두 몸집 큰 어린이가 될 수 있다. 어른들은 아이의 장난기를 배워야 한다. 우리는 자신에게 놀이할 시간과 공간을 허락해야 한다. 여행 작가 롤프 포츠가 그의 책 『여행의 기술Vagabonding』(넥서스북스 역간)에서 밝혔듯이, "시계가 6학년 때보다 더 빠르게 움직인다고 느낀다면, 자신의 휴식 스케줄을 스스로 정할 수 있는 어른의 권리를 제대로 행사하지 않기 때문이다." 장난기를 가지면 시간이 느리게 흐른다. 장난기를 가지면 돌발적인 일이 일어난다. 당신의 여생을 놀이터에서 보내라고 하는 건 아니지만 간간이 놀이터 사고방식을 사무실, 거실, 일터에 도입하는 것이 유익할 수 있다.

놀이는 당신의 일에도 보탬이 될 것이다. 노는 시간을 당신의 혁신과 전반적 행복에 대한 투자라고 생각하라. 당장 다음 주에 팀원들과 함께 나들이를 가보면 어떨까? 당신의 스타트업 아이디어를 모험심 가득한 열 살짜리 아이들 앞에서 발표해보면 어떨까? 친구들과 만나서 놀 약속을 잡아보면 어떨까? 기쁨과 재미가 충만한 시간이 될 뿐 아니라 성인의 일과로는 결코 조명할 수 없는 새로운 가능성에 눈뜨게 되지 않을까?

평소 환경에 깊숙이 박힌 습관과 패턴을 포기하기란 쉽지 않다. 하지만 주변 환경에 변화를 주면 이런 일이 거의 전자동적으로 일어난다. 곧 살펴보겠지만, 새로운 문화권으로의 여행은 우리가 알고 있던 많은 일에서 탈학습하며 우리의 사고를 잠금 해제하는 확실한 방법이다. 일상의 가장 단순한 면면 속에서 장난기를 발견하는 데 도통한 한 사람을 만나보자.

일상이 주는 즐거움을 빼앗기지 마라

헤르만 헤세(1877~1962) **독일 시인, 소설가**

"살아가면서 분초를 중요하게 여기는 것, 즉 조급해하는 것은 기쁨의 가장 위험한 적이다."

"일하는 동안 꽃 한 송이를 가까이에 둘 수 있는 사람은 생의 기쁨을 향해 한 걸음 내디딘 것이다."

오락하면 가장 먼저 떠오르는 것이 무엇인가. 스펙터클한 블록버스터 영화? 친구들과 요란하게 파티를 벌이는 밤? 이국적인 장소에서 놀라운 모험을 하는 휴가? 어떤 활동이든 십중팔구 거창하고 눈부신 것일 게다. 이런 활동도 나름대로 유익하겠지만 지속 가능한 기쁨과 오락은 오히려 스펙트럼의 반대편 끝에 더 가까이 있다.

헤르만 헤세는 독일 남부의 소도시에서 태어나 "설교가 아닌 삶으로" 신앙생활을 하는 독실한 기독교 가정에서 자랐다. 조부모를 비롯해 많은 친척이 인도에서 오랫동안 선교사 생활을 했다. 아시아에 대한 이런 연결점이 후일 그의 모든 작품에서 불교 사상과 철학에 대한 관심으로 나타난다.

헤세가 1911년 인도로 떠난 여행은 (주로 극심한 빈곤을 목격하면서) 여정 자체는 우울했지만 그에게 깊고 지속적인 영향을 미쳤다. 그는 (원치 않았지만) 시계공 수습생으로 일하다가 책 판매상을 거쳐 마침내 존경받는 작가로 입지를 굳히기에 이르렀다. 그의 유명한 작품 중에는『데미안』,『황야의 이리』,『유리알 유희』그리고 필자 맥스가 가장 사랑하는 소설『싯다르타』가 있다. 그는 "전통적인 인도주의적 이상에 영감을 불러일으키며, 대담하고 관통하는 듯한 묘사"로 1946년 노벨 문학상을 수상했다.

헤세는 많은 동시대인이 일과 바쁨에 지나치게 집중한 결과 "비루하고 사랑 없는 만취 상태로 살아간다"고 느꼈다. 비단 사람들이 일에 접근하는 방식만 문제가 아니었다. 그는 사람들이 오락에도 같은 자세로 접근하는 것을 우려했다. "우리의 즐기는 태도 역시 일할 때만큼이나 신경이 날카롭고 긴장되어 있다. '가능한 한 많이, 가능한 한 빨리'가 구호가 되었다. 그것으로 더 많은 만족을 얻을 수 있을지 모르겠지만 기쁨은 오히려 줄어들고 있다."

헤세야말로 '이 순간에 집중하는 즐거움'(JOMO, the joy of missing out)을 최초로 주장한 사람일 것이다. 많은 이들이 몸담은 분야의 진보든, 친구가 참석하는 멋진 파티든 간에 자신만 좋은 기회를 놓칠까 봐 늘 애를 태운다. 그런데 헤세는 이런 놓침이 오히려 우리가 하는 일의 우수성뿐 아니라 삶의 질까지 끌어올린다고 믿었다. 신문 기사를 빠짐없이 확인하지 않아도 된다. 새로 개봉한 영화를 다 챙겨보지 않아도 된다. 모든 메시지를 즉시 읽고 응답하지 않아도 된다. 우리가 몸담은 분야에서 일어나는 모든 변화를 주시하지 않아도 된다. 사실 그렇게 즉시 생산성이 높이거나 즐거움을 선사할 것 같은 활동이야말로 우리를 참된 생산성과 기쁨에서 멀어지게 한다. 무얼 놓치고 있지는 않은지 전전긍긍하지 말라. 오히려 얼마간의 시간과 정신적 여유를 확보하고 기쁜 마음으로 용감하게 자기 길을 가라.

다음 인용문에서 헤세가 든 구체적인 사례는 시대적인 배경은 다르지만, 그 전반을 관통하는 정서가 오늘날의 시대상과 얼마나 잘 맞아떨어지는지를 보면 놀라울 따름이다('극장'은 '넷플릭스'로, '신간'은 최신 '밈meme'으로 바꿔서 읽어보라).

어떤 모임에서 연극이나 오페라의 초연을 놓쳤다고 말하려면 용기가 필요하다. 더 많은 모임에서는 유명한 신간이 나온 지 몇 주가 지나도록 아직 그 책을 읽지 않았다고 하는 데도 용기가 필요하다. 오늘 신문을 읽지 않았다고 하면 웃음거리가 되는 모임은 부지기수다. 그러나 이런 용기를 주저하지 않고 실행하는 사람들을 나는 알고 있다. 극장 안내지 주간 구독자가 격주로 안내지를 읽는다고 뭔가를 놓치는 게 아니다. 장담하건대 득이 더 많을 것이다. 전시회에서 한꺼번에 많은 그림을 보는 데 익숙한 사람이라면, 가끔은 단 하나의 명작을 한 시간 남짓

감상하는 것으로 그날 관람을 마무리했으면 좋겠다. 분명 그 경험은 그에게 득이 될 것이다. 책을 많이 읽는 사람도 이런 시도를 해보기를 바란다. 특정 신간에 관한 대화에 끼지 못해 짜증 날 때도 있고, 몇 번쯤 웃음거리가 될지도 모른다. 그러나 곧 상황을 파악하고 스스로 미소 짓는 자가 될 것이다. 그 밖에 적어도 일주일에 한 번은 10시 전에 잠자리에 드는 습관을 들여보라. 이 약간의 시간과 즐거움의 상실이 얼마나 풍성한 보상을 가져오는지 알면 무척 놀랄 것이다.

가끔은 스스로 즐거움을 절제하며 삼가는 시간을 가져라. 나중에 그 즐거움을 누릴 때 기쁨이 배가 된다. 즐거움, 아니 그 어떤 것이라도 늘 접하면 둔감해지기 마련이다. 어떻게 노는지 잊어버린다. "절제의 습관은 '작은 기쁨'을 즐길 수 있는 능력과 밀접하게 연관되어 있다"고 헤세는 믿었다. "이런 능력은 원래 모든 인간에게 타고난 것으로 현대 일상생활에서 여러모로 위축되고 사라져버린 것, 즉 어느 정도의 명랑성과 사랑과 시적 감정을 전제하기 때문이다. 이 작은 기쁨들은 … 일상생활 속에 묻히고 드러나지 않아 많은 노동자의 무딘 감각으로는 이를 쉽게 느끼지 못한다." 우리 모두 약간씩 속도를 늦추고 강박적인 바쁨에 브레이크를 걸어보자. 그리고 주변의 다양하고 황홀한 작은 기쁨들을 흡수해보자. "점차 눈은 저절로 많은 작은 매력들, 즉 자연풍경과 길거리를 음미하고, 일상의 무궁무진한 재미에 주목하게 될 것이다." 참 행복은 아주 단순해서 그저 찾아보려고 시간만 내면 된다. 작은 기쁨이야말로 우리의 호기심을 자극하고 내면의 새로운 아이디어와 창의성을 불러일으킬 것이다. 우리 일에 새로운 활력소가 된다.

타임오프란 본질적으로 자신의 시간을 의식하는 것이다. 여기에는 작은 순간에 유념하며, 그 순간을 소소한 기쁨으로 채우는 일도 포함된다. 헤세의 제언은 한마디로 작은 타임오프를 자주 가지라는 것이다. "펼쳐진 하늘, 초록 가지가 늘어진 정원 담장, 건강한 말, 멋있는 개, 아이들, 아름다운 얼굴… 이 모든 것이 주는 기쁨을 왜 그냥 빼앗긴단 말인가?" 모든 사람이 타임오프를 하고 장기 휴가를 떠날 수 있는 건 아니다. 그러나 헤세가 말하는 타임오프는 마음만 먹으면 누구나 쉽게 실천할 수 있다. 장기 타임오프의 유익을 온전히 누리려면 먼저 이런 소소한 순간을 향유하는 법부터 터득해야 하지 않을까? 헤세는 "매일 그런 작은 기쁨을 찾아서 누리고, 더 크고 힘이 많이 드는 즐거움은 휴가나 적절한 시간에 즐길 수 있도록 아껴두라. 이것이 시간 부족과 불만족을 겪는 모든 사람에게 해주고 싶은 말이다. 휴식과 일상의 위안과 해방감을 가져다주는 것은 우리에게 주어진 소소한 기쁨이다. 무언가 거창한 게 아니다."

실천하기 ▷ 작은 타임오프 실천: 나를 미소 짓게 하는 일 적어보기

분주함과 중독적인 오락에 빠져 일상의 잔잔한 기쁨, 참 기쁨을 외면하고 있지는 않은가? 하루 세 번 정도 일상을 멈추고 당신을 미소 짓게 하는 단순한 일이 무엇인지 눈여겨보라. 공원에서 뛰노는 아이들, 예쁜 들꽃, 미소로 인사를 건네는 사람들, 나무를 가르는 바람 소리 등. 각각에 대한 단상을 적으면 더 좋다. 다음날에도 같은 일을 반복하라. 그 다음날에도. 작은 타임오프 습관이 자연스러워질 때까지, 어디를 둘러보든 '무궁무진한 일상의 재미'가 눈에 들어올 때까지 계속하라.

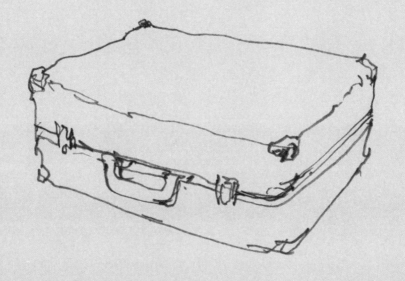

박사학위 소지자라면 논문 쓰기가 얼마나 몸서리치게 싫었는지, 얼마나 그 과정이 고역이었는지, 마감 때문에 스트레스를 받았는지, 하루에 단 몇 줄만 써져 수개월간 고생했는지 할 말이 많을 것이다. 그러나 필자 맥스는 그렇지 않았다. 그에게는 이 과정이 꽤 즐거운 경험이었고, 첫 단어를 쓰고 나서 논문을 완성할 때까지 6주가 채 걸리지 않았다. 그 과정은 인생을 통틀어 가장 생산적이고, 여유 있으며, 스트레스가 적은 시기였다. 사실 논문을 쓰는 내내 휴가 여행을 떠난 느낌이었고, 어떤 의미에서는 실제로 그랬다.

방이나 대학 사무실, 도서관에 틀어박혀 논문을 쓰는 대부분의 박사과정 학생들과 달리 맥스는 과감히 풍경의 변화를 선택했다. 그는 분주한 런던의 도시생활에서 벗어나 최대한 외부와 단절된 상태에 들어가기를 원했다. 이왕이면 자연에 둘러싸이고 한 번도 가지 않은 곳에 가고 싶었다. 결국 그는 그리스에서 논문을 쓰기로 했다. 많은 서구 문화의 발상지인 그리스야말로 그의 학문적 성취를 하나의 통일된 결과물로 집대성하기에 딱 좋은 장소였다.

맥스는 그리스 시로스 섬의 항구 마을 에르무폴리가 내려다보이는 작은 산장을 임대했다. 고즈넉함과 아름다운 자연 경관이 완벽하게 조화를 이루었다. 동시에 인터넷도 잘 연결되고 일상의 필요도

쉽게 얻을 수 있었다. 2016년 8월 중순 어느 무더운 저녁, 그는 박사과정 동안 모아온 노트들로 터질 듯한 여행가방을 둘러멘 채 페리를 타고 아테네에서 시로스로 이동했다. 항구에 도착하자마자 집주인 부부 베티와 이아니스가 따뜻이 맞아주었다. 그들은 맥스가 시로스를 고향집처럼 여기도록 세심하게 배려했을 뿐 아니라 현지 문화도 소개해주었다.

맥스는 며칠간 섬을 돌아본 후, 짧지만 고도의 집중력을 발휘하는 글쓰기 시간과 나 홀로 사색 그리고 의도적 쉼으로 이어지는 일과에 금세 안착했다. 그는 평소 기준으로는 상당히 이른 오전 9시나 10시쯤에 기상해서 명상과 스트레칭을 한 다음, 산에서 잠시 달리기를 하거나 아름다운 해변에서 수영을 하거나 렌트한 소형 스쿠터를 탔다. 그리고 푸짐한 아침식사를 여유 있게 즐기고, 대개 한두 시간 독서를 했다. 그런 다음 이른 오후쯤 마을의 작은 카페에서 그날의 1차 글쓰기 시간(60~90분)을 가졌다. 글쓰기 시간은 짧았지만 오전 일과 덕분에 차분히 집중할 수 있었고, 대체로 단어들이 술술 흘러나왔다. 그 시간에 글이 막힌 적은 한 번도 없었다. 글쓰기를 마친 후에는 그 카페에서 가벼운 점심을 먹고 보통은 낮잠을 자러 집으로 돌아갔다. 낮잠은 쓴 글을 뇌가 소화하는 시간이었다. 그다음 밖으로 나가 섬을 좀 탐사하거나 식료품 사기, 물놀이, 해변 산책, 독서 등을 했다. 이 모든 활동을 할 때는 '일'에 관한 의식적인 생각은 하지 않았다. 맥스는 당시 다시 읽기 시작한 헨리 데이비드 소로의 『월든』에서 영감을 얻어 여러 날 빵 굽기에 심취했다. 빵 굽기는 맛난 결과물이 생길 뿐 아니라 명상과 성찰에 효과적이어서 그가 아주 즐긴 (지금도 즐기는) 취미 활동이다.

마침내 맥스는 그날의 2차 글쓰기 시간을 확보한 다음, 아무 방해

없이 상념에 들어갈 충분한 시간을 또 마련할 것이다. 그는 이 시간을 당시, 입문 단계였으나 훗날 그의 본업이 된 인공지능과 딥러닝 독학과 몇몇 곁가지 프로젝트에 종종 썼다. 이런 프로젝트는 성과물이나 납품에 대한 염려가 없어 자유로운 학습 기회가 되었고, 따라서 느긋한 마음으로 문제에 접근할 수 있었다.

마침내 그는 와인을 한 잔 따른 다음 또 한 번의 심야 글쓰기를 위해 자리에 앉는다. 와인의 효과는 초반에 창의력을 확 끌어올렸다가 서서히 산만해지는 쪽으로 옮겨간다. 그제야 그는 하루 일과를 마감할 때가 되었음을 느끼고, 긴장을 풀기 위해 (가끔씩 한두 잔의 현지 와인을 마시며) 영화를 보거나 소설을 읽다가 잠자리에 든다.

대다수는 이런 일과가 최대 생산성과는 거리가 멀다고 생각할 것이다. 사실 맥스가 본격적으로 일한 시간은 하루 4시간밖에 안 된다. 하지만 영감을 불러일으키는 새로운 환경과 여유 있는 일정 덕분에 그는 누구보다 빠르게 논문을 완성했다. 동시에 황홀할 만큼 느긋하게 한동안 답보 상태였던 곁가지 프로젝트도 진척시켰다. 머릿속이 이토록 명쾌하고 예리하다고 느끼기는 실로 오랜만이었다. 시로스 섬에서 보낸 몇 주가 맥스에게는 생애에서 가장 생산적이고 느긋한 시기였다.

호기심 어린 여행자가 되어

물론 관광지 방문, 이국적인 칵테일을 든 채 아름다운 해변에 누워 여유 만끽하기, 최대한 많은 곳을 거쳐 가는 장거리 자동차 여행 등에서도 큰 즐거움과 가치를 발견할 수 있다. 그러나 최고의 여행은 좀 더 느긋한 속도에서 일어날 때가 많다. 최고의 여행은 일상의 고역에서 도피하는 것이 아니라, 오히려 일상 속에서 어떤 장소를 (또는 익숙한 주변 환경에서 벗어날 때 진면목을 드러내고 증폭되는 우리 내면을) 진정으로 탐사하는 경험이다. 정말이지 모두에게 이와 비슷한 경험을 해보라고 독려하고 싶다. 장기간 타임오프를 가질 형편이 못 되는 사람도, 멀리 그리스까지 갈 수 없는 사람도 누구나 참 여행의 유익을 누릴 수 있다.

장거리 여행을 떠날 형편이 안 된다면 근처 미지의 장소로 여행을 떠나보자. 어느 화창한 토요일 오후, 필자 존은 휴대폰을 집에 놔두고 텍사스 오스틴의 낯선 지역을 걷기로 했다. 그곳은 도시 동편의 라틴문화 밀집 지역이었다. 한 시간 남짓 걸어 들어가자 흡사 멕시코에 온 기분이 들었다. 갓 구운 빵 냄새. 휘황찬란한 벽화. 가게 유리창 너머로 반짝이는 주석 밀라그로스(부적). 멕시코의 과달라하라에 온 것 같은 착각이 들 정도였다. 그는 동네 주민들과 스페인어로 가볍게 대화를 나누고, 근처의 칸티나 식당에 가서 메즈칼을 몇 잔 마시기도 했다. 그날 오후 내내 멕시코에 여행 온 기분이었다. 그는 다만 도시에서 완전히 생소한 지역으로 발걸음을 옮겼을 뿐이다. 어떤 면에서는 예전에 갔던 몇몇 장거리 여행보다 나았다. 밤에 어느 호텔에서 묵을지 미리 알아보거나 돌아갈 항공편을 예약하는 번거로움도 없었다. 한 시간만 걸으면 다시 집으로 돌아갈 수 있으니.

물론 장시간 비행기를 타고 먼 나라로 갈 때 느끼는 독특한 설렘이 있다. 그러나 몇 주씩 해외여행을 할 형편이 안 된다면, 등잔 밑 미지의 세상을 찾아나서 보자. 새로운 문화를 접할 뿐 아니라 덤으로 당신이 사는 도시의 새로운 결과 다양한 아름다움을 발견할 수 있을 것이다. 옆 동네 농수산물 시장에 장을 보러 가거나 슬슬 걸어 다니며 근방을 탐사해보라. 흔히 해외여행을 갔을 때 하는 일들을 당신이 사는 지역에서 한번 해보라. 허먼 멜빌이 『모비딕』에 썼듯이 "진정한 장소는 결코 지도에 나와 있지 않다. 지도 어디에도 없다".

안타깝게도 많은 이들이 여행을 그저 바쁜 직장생활의 해독제로만 생각한 나머지 단거리 경주를 하듯이 빽빽하게 일정을 잡는다. 너무 많은 관광지를 우왕좌왕하며 분주하게 다니다가 어느 한 곳도 제대로 경험하지 못한다. 장기 여행일지라도 이런 단거리 경주를 좀 더 오래하는 것이라고 생각한다. 한편 극단적으로 여행 시 아무것도 안 하는 부류도 있다.

진짜 여행은 이런 게 아니다. 호화판이거나 정신없지 않아도 된다. 금세 지루함을 느낄 만큼 단조로운 여유도 아니다(간간이 순전한 여유를 즐기는 것은 아무 문제 없다). 포츠는 "여행길에 오른 첫 며칠간의 설렘 속에서 명심할 한 가지는 속도를 늦추는 것"이라고 말했다. 그는 장기 여행자에게 이런 조언을 했지만, 더 짧은 여행에도 동일하게 적용할 수 있다. 여행을 "또 하나의 장신구, 우리가 옷이나 가구를 사는 것과 똑같이 캡슐화 된 경험"으로 보지 말라. 속도를 늦추고 넓이가 아닌 깊이가 있는 경험을 찾아나서야 한다. 놀이하는 아이처럼 눈을 초롱초롱하게 뜨고 당신의 랜턴 사고방식에 시동을 걸어 주변 세상이 선사하는 영감과 경이로움을 마음껏 즐겨라.

여행 중에는 식료품 구입이나 버스 타기 등 평범하기 짝이 없는 일들도 낯선 풍경, 소리, 냄새로 우리를 인도하며 가슴을 설레게 한다. 그런 것들 덕분에 우리는 한 장소를 실감나게 경험한다. 속도를 늦추지 않는다면 이 모든 기쁨을 놓치고 말 것이다. 상투적으로 들리겠지만 여행의 보상은 여행 그 자체에 있다. 노자의 표현대로 "진정한 여행자는 정해진 계획을 고집하지 않으며 도착하는 일에 연연해하지 않는다." 포츠는 여행의 본질은 "한마디로 일상의 학생이 되는 것"이라고 주장한다. 식당에 가는 대신, 직접 요리할 식재료를 사러 현지 식료품점이나 농수산물 시장에 가본 여행자라면 이 말이 무슨 뜻인지 알 것이다. (현지인에게는 별것 아닌) 향신료의 독특한 향. 희한하게 생긴 과일과 야채. 진열대에 즐비한 낯선 생선과 고기. 이 모든 것이 여행자의 눈을 통과하며 강렬한 호기심과 창의적인 사고 방식을 자극한다.

여행에서 얻은 이런 사고방식을 집에 가져와 제대로 실천한다면, 우리는 일상의 작은 부분들을 더 민감하게 포착하게 될 것이다. 여행길에서 경험한 새로움과 대조되어 일상의 작은 일들이 새롭게 눈에 들어오기 때문이다. 여행하면서 얻은 이런 정신을 돌아온 후에도 간직한다면, 지금 살고 있는 동네도 외국의 이국적인 장소처럼 느끼게 될 것이다. 필자 존이 오스틴을 거닐며 그랬던 것처럼 말이다. 속도를 늦추고 놀이에 열중하는 아이마냥 호기심 어린 여행자의 시선으로 주변을 둘러보면 출퇴근길, 뒷마당 산책 등 일상의 경험조차 설레는 여행이 될 수 있다. 누가 알겠는가? 덕분에 늘 우리 눈앞에 있었으나 바빠서 지나쳤던 창의적 돌파구와 반짝이는 아이디어를 발견하게 될지.

손해보지 않는 장사

스테판 사그마이스터(1962~) **미국 그래픽 디자이너**

"우리는 인생의 처음 25년은 배우면서 보내고, 그 다음 40년은 일하면서 보낸다. 나머지 15년쯤은 은퇴의 시기다. 기본적으로 은퇴 생활에서 5년을 떼서 일하는 시기 사이사이에 넣으면 유용할 것 같다. 분명 나 자신에게 즐거운 선택이 될 것이다. 아마도 더 중요한 것은 그 기간에 생성된 작업이 회사와 사회 전체로 되돌아온다는 것이다. 한두 명의 손자에게 도움이 가기보다는."

스테판 사그마이스터는 기상천외한 아이디어맨이다. 그는 뉴욕에서 디자인 회사 사그마이스터 앤 월시(주)를 공동창업하여 독특한 그래픽 디자인, 스토리텔링, 타이포그래피로 짧은 시간 안에 많은 주목과 찬사를 받았다. 그는 디자인과 음악에 대한 사랑을 접목시켜 다작의 뮤지션들과 왕성하게 협업을 이어갔다. 그에게 앨범 커버 디자인을 맡긴 뮤지션으로는 롤링 스톤스, 데이비드 번, 제이 지, 루 리드와 오케이 고우, 에어로스미스 등이 있다. 그런데 그의 아이디어 중에서 가장 기상천외한 일은 따로 있다. 1년간의 안식휴가를 갖기 위해 디자인 스튜디오 문을 닫기로 결정한 것이다. 그는 7년간 차근차근 키워온 사업에 돌연 일시정지 버튼을 눌렀다.

쉬운 선택은 아니었다. 그는 회고한다. "우리 디자인 스튜디오가 일곱 살이 되었을 때였어요. 마침 인터넷 붐이 일어나 다들 사업으로 돈을 엄청 벌 때였죠. 새로운 시도를 하고자 1년간 스튜디오 문을 닫는 게 영 프로답지 못하다고 생각했어요." 당시 회사는 디자인계에서 온갖 상을 다 휩쓸고, 인터넷 탄생에 힘입은 경기 활황으로 일감이 쇄도했다. 그런데 대체 왜 그는 1년간 사업에서 플러그를 뽑으려 한 걸까? 단순히 말하자면, 일이 반복되면서 '따분함'을 느꼈기 때문이다.

결단을 실행에 옮기도록 그의 등을 떠민 두 가지 계기가 있었다. 어느 날 그가 크랜브룩 예술대학에서 워크숍을 진행하고 있을 때, 문득 이젠 달라져야 한다는 자각이 임했다. 온종일 실험적인 시도를 하는 대학생들이 새삼 눈에 들어왔다. 사그마이스터에게 더 이상 가능하지 않은 현실이었고, 그런 예술학도 시절을 그는 동경했다. 그로부터 얼마 후 손글씨 타이포그래피 장인으로 명망 높은 그래픽 디자이너 에드 펠라가 스튜디오를 방문했다. 펠라는 자유분방한 타이포그래피 실험으로 가득한 자신의 스케치북을 사그마이스터에게 보여주었다. 그는 "그걸로 충분했다"고 회고한다. "당장 1년 후 재개업할 날짜를 못 박은 후 고객들에게 모두 알렸습니다." 사그마이스터는 실험적 방식의 디자인을 회복하기 위해 1년간 안식휴가를 떠났다. 그리고 이후로 7년마다 1년씩 안식휴가를 가지고 있다.

첫 번째 안식휴가는 과연 성공적이었을까? "저는 다시 디자인과 친해졌습니다. 재미를 느꼈죠. 멀리 내다보면 재정적으로도 남는 장사였어요. 디자인의 질이 향상되어 '프리미엄 가격'을 요구할 수 있었거든요. 가장 중요한 것은 첫 안식휴가를 다녀와서 7년간 했던 모든 일이 기본적으로 휴가 때 생각해둔 것에서 비롯되었다는 사실입니다." 사그마이스터가 테드TED 강연에서 보고한 내용이다.

이 글을 읽고 있는 독자 중에 경영주가 있다면, 사업에서 1년을 뚝 잘라낸다는 생각에 불안을 느낄지도 모르겠다. 사그마이스터도 걱정이 앞섰다. "온갖 두려움이 들었습니다. '이러다가 고객이 다 떨어져 나가고 잊히면 어쩌지. 지난 7년간 쌓아온 게 모두 무너지고 원점으로 돌아가면 어쩌지.' 주로 이런 걱정이었는데 다 기우였죠. 실제로 고객들의 반응은 약간 시샘 섞인 부러움이었고(자기도 그러고 싶다는…) 우려 중에 현실화된 건 하나도 없었습니다. 심지어 루 리드는 우리에게 앨범 커버를 맡기려고 앨범 발표일을 조정하기까지 했죠. 기본적으로 실은 없고 득이 대부분이었어요."

긴 세월에 걸쳐 사그마이스터는 세 차례의 안식휴가를 가졌고, 돌아올 때마다 회사 운영을 업그레이드했다.

아예 문을 닫은 첫 안식휴가가 가장 급진적이었다. 그때 회사에 남겨둔 건 "내년에 다시 전화 주십시오"라는 자동응답기 안내밖에 없었다.

두 번째는 좀 더 순화된 형태였다. 적어도 전화에 응대하고 몇 가지 장기 프로젝트를 마무리할 디자이너 한 명은 남겨두었으니까. 세 번째는 제시카(사그마이스터 공동 설립자)가 안식휴가를 원치 않는다고 해서 나만 휴가를 내고, 스튜디오는 여전한 방식으로 돌아갔다. 세 차례의 안식휴가 모두 사업적으로 완벽하게 남는 장사였다. 돌아보면 첫 휴가를 갈 때가 가장 두려웠다.

당신이 몸담고 있는 회사가 창의성을 중시하는 전문직종이라면 어떤 모양으로 안식휴가를 보낼 수 있을지 상상해보라. 얼마나 오래 일시정지 버튼을 눌러놓을 수 있을까? 안식휴가 동안 과연 무엇을 할 수 있을까? 어떤 실험이나 예술을 창조할 수 있을까? 사그마이스터는 안식휴가 덕분에 회사의 독창성이 한층 강화되었음을 발견했다.

안식휴가 덕분에 우리는 다른 스튜디오는 하지 않는 여러 시도를 했다. 그 결과 가격 경쟁에서 완전히 벗어날 수 있었다. 타사와 같은 일을 하고 고객이 최저가를 고르는 상황이 아니었다. 재정적 이유가 동인은 아니었지만, 결국 재정적으로도 성공했다. 안식휴가에서 얻은 가장 큰 수확은 디자인을 직업이 아닌 소명으로 바라보는 관점을 유지하게 되었다는 것이다. 그게 뭔 대수냐 싶겠지만, 대다수의 전문직에서는 일에 권태를 느끼기 시작할 때 큰 문제가 생긴다.

번아웃되어 창의적인 일에 애정을 잃어버리는 경우가 빈번하게 일어난다. 형편상 1년까지는 쉬지 못해도 나름대로 안식휴가를 가지면 자신의 전문기술과 다시 사랑에 빠지는 데 도움이 된다. 사그마이스터 사례는 일에 대한 열정을 잃어버렸을 때, 안식휴가가 탁월한 치료법이 될 수 있음을 방증한다. "언젠가 밀튼 그레이저가 이런 말을 했습니다. 자신이 50년 넘게 디자이너로 일하며 가장 긍지를 느끼는 것은 여전히 일에 흥미를 느끼고 몰입하는 것이라고요. 제 경우에 최고의 치료법은 안식휴가였습니다."

현재 사그마이스터는 사그마이스터 앤 월시를 떠나기로 결정했다. 이제 그는 무슨 일을 할까? 구체적으로 아는 바는 없지만, 무슨 일을 하든지 그의 쉼 윤리 한복판에는 안식휴가가 있을 것이다.

실천하기 〉 **안식휴가를 3단계로 계획하라.**
1) 헌신하라 2) 알리라 3) 계획을 세우라

안식휴가를 내기란 쉽지 않지만, 다음 세 가지 핵심 단계에서 사그마이스터에게 배울 점이 있다. 첫째, 장기 타임오프를 갖고자 마음먹었다면 입장을 분명히 해야 한다. 당신의 시간이 필요한 무수한 요구가 쏟아질 것이다. 그러니 캘린더에 타임오프 전용 시간부터 확보하라. 일단 일정을 못 박아두면 주변 사람들과 기대치를 조율할 수 있다. 타임오프 계획을 다른 사람들에게 알리면 자신에게 쉼을 강제하는 데도 도움이 된다. 사그마이스터처럼 "스스로 꽁무니 빼지 못하도록 많은 사람에게 알리라." 마지막으로, 계획 없이 타임오프에 들어가면 시간 낭비를 하기 쉽다. 사그마이스터는 아무 계획 없이 안식휴가를 보내야 한다는 선입견 때문에 어떤 면에서는 첫 번째 안식휴가를 망쳤다고 고백한다. "계획이 없으면 작은 요구들에 끌려 다니고, 어느새 자신의 인턴이 되어버리더군요." 그는 안식휴가 동안 추구할 관심사들을 미리 적어보라고 권한다. 그런 다음 그 목록에 우선순위를 부여해 안식휴가 일정을 짜라.

나를 재발견하게 해주는 여행

포츠는 "여행길에서 우리는 하루를 즉흥적으로 살고, 눈에 띄는 것마다 새로운 시선으로 보고, 스케줄에 집착하지 않는 법을 배운다"라고 말했다. 여행은 우리를 익숙한 환경에서 끄집어내서 일상에 깊이 박힌 사고방식의 전원을 껐다가 재부팅한다. 포츠는 "여행만큼 오랜 습성을 깨고 저변의 두려움을 직면하며 인격의 억눌린 면을 시험하기에 좋은 기회는 없다"고 말한다. 여행은 놀이터마냥 우리 자신을 재정의하고 재발명하는 창구다. 포츠는 "열린 눈과 단순한 호기심으로 떠돌아 다니다 보면, 여기저기 이동할 때마다 사방에서 잔잔하게 울려 퍼지는 가능성을 발견할 것"이라고 말한다. 길에서 배우는 많은 것이 실은 자신에 관한 것이다. 여행지와 타지 환경은 자신의 성향을 증폭시켜 자기성찰에 이상적인 여건을 조성한다. 필자 존과 맥스 둘 다 여행에서 얻은 소중한 통찰과 경험을 출발점 삼아 더 많은 타임오프를 찾는 여정에 올랐다 (그 종착점이 이 책이다).

학습이나 취미에 (다시) 빠져보는 것도 여행 시간을 알차게 활용하는 방법이다. 이건 어디서나 할 수 있잖아, 차라리 관광을 더 하거나 해변에서 선탠을 한 시간 더 할걸 하는 식으로 죄책감을 느끼지 말라. 같은 경험이라도 색다른 사고와 맥락과 결합되면 참신한 경험이 되어 창의성의 봇물을 터뜨리는 데 도움이 된다. 덕분에 우리는 일상에서 벗어나 각성하게 된다. 포츠는 "어떤 장소를 풍성하게 경험하려면 늘 새로운 시도를 하고 계속해서 배우라"고 제언한다.

필자 맥스는 시로스 섬에서 몇 주를 보내며 니코스 카잔차키스의 『그리스인 조르바』를 다시 읽었다. 주인공 알렉시스 조르바는 삶에 대한 열정을 인격화한 인물이다. 그는 악과 허물투성이지만 이 모든 것에도 불구하고, 아니 어쩌면 그것 때문에 경이로운 스승이요 통념을 벗어난 현자요 흠모할 만한 롤모델이다. 조르바는 말한다. "말도 어정쩡하게 하고 선행도 어정쩡하게 하는 것, 세상이 이 모양이 꼴이 된 건 다 그 어정쩡함 때문입니다. 할 때는 화끈하게 하는 겁니다. 못을 박을 때도 한 번에 제대로 때려 박는 식으로 하면 우리는 결국 승리하게 됩니다. 하느님은 악마 대장보다 반거충이 악마를 더 미워하시죠."

조르바의 말을 명심하라. 수시로 업무 이메일을 확인하는 며칠짜리 어정쩡한 휴가나 여행이라면 차라리 떠나지 말라. 온전하게 단절하고 오랫동안 기약해온 열정 프로젝트를 실행하라. 긴장을 풀고 재충전할 시간을 자신에게 충분히 허락하라. 때로는 일을 망치더라도 타임오프에 전적으로 집중하라. 뭔가 파격적인 일도 저질러보라. 삶이 한결 풍성해질 것이다. 시간을 낭비했다고 해서 비생산적이라고 여기지 말라. 이는 의식적으로 일하며 보낸 시간만큼이나 창의적 과정에 매우 중요하다. 더 많은 일을 해내기 위해 더 적게 일한다면 스스로도 놀랄 만한 창의적이고 생산적인 힘을 발견할 것이다. 그 긍정적 여파는 여행보다 훨씬 오래, 당신이 다시 일상에 안착하고도 한참 후까지 지속될 것이다. 피코 아이어가 고찰했듯이 "우리는 다시 한번 미숙한 바보가 되기 위해 여행을 한다. 다시 한번 시계 바늘을 늦추고 사랑에 빠지기 위해서 여행을 한다." 밖으로 나가서 여행자의 시선으로 (가까이에서든 멀리에서든) 세상을 경험하자. 우리 자신을 재발견하고 재발명하자. 시간을 늦추고 다시 삶과 사랑에 빠지자!

나 자신과 여행하는 농밀한 경험

루피타 뇽오(1983~) 케냐계 멕시코인 여배우

"치열하게 일을 마치고 나면 후유증 같은 것을 겪어요. 너무나 익숙했던 고단한 삶이 돌연 자취를 감추기 때문이죠. 후유증을 달래는 시간 없이는 살아남을 수 없어요."

루피타 뇽오는 미국 영화제작사 마벨 시네마틱 유니버스(MCU)의 슈퍼히어로 영화 《블랙 팬서》(2018)에서 나키아 역을 연기했다. 영화 속에서 그녀의 캐릭터는 가상의 동아프리카 나라 와칸다를 수호하는 용감한 스파이다. 이 영화는 전 세계적으로 13억 달러의 흥행을 거뒀고, 흑인 감독 영화로서는 아홉 번째로 큰 흥행 실적을 올리는 등 숱한 박스오피스 기록을 세웠다(미국과 캐나다의 역대 흥행 실적이 각각 랭킹 9위와 3위였고 2018년도에는 2위였다).

영화의 성공과 함께 뇽오는 배우 경력에 중요한 도약을 이뤘다. 그렇다면 그녀가 영화 제작 후 성공을 축하하는 들뜬 분위기에 휩쓸렸을 것이라고 생각하는가? 영화 홍보차 인터뷰를 다니며 파티에 참석하고 토크쇼 출연에 열심을 냈을 것 같은가? 성공의 여세를 몰아 또 다른 영화 배역을 선점하고자 발 빠르게 움직였을 것 같은가? 루피타는 영화 제작이라는 격렬한 작업에서 벗어나자 의도적으로 재정비 시간을 갖고자 이 모든 들뜬 분위기를 등지고 여행길에 올랐다. 목적지는 호화 리조트가 아니었다.

《블랙 팬서》가 개봉되고 나서 얼마 후 오스카 시상식에 출연한 다음날이었다. 그녀는 10일간 묵언 명상수련을 하고자 텍사스로 비행기를 타고 날아갔다. 명상이라니 왠지 부담스러웠지만 한 친구가 그녀에게 강력하게 권했다. 뇽오는 그 경험이 '선물'이었다고 회고한다. "제 생일을 맞이해서 한 일이었어요. 그것이 최고의 선물인 이유는 제 직업의 중요한 두 축인 연기자의 삶과 셀럽의 삶 때문이죠. 셀럽으로 살아가려면 많은 것을 내줘야 해요. 말을 아주 많이 하고 내주고 또 내줘야 해요. 그러다가 저 자신과 마주앉아 그냥 듣는 시간을 가졌죠. 우리 삶은 번잡함으로 가득하잖아요. 하나의 번잡함에서 또 다른 번잡함으로 옮겨가는 식이죠."

수련은 온갖 번잡함에서 벗어나는 피난처가 되었다. 그러나 과도한 교류로 쌓인 독소를 배출하는 과정은 전혀 쉽지 않았다. 수련에 참석하려면 휴대폰을 반납해야 했다. 수련을 완수하기로 서약서에 서명하고, 자동차 운전도 허락되지 않았다. "불쑥불쑥 관두고 싶은 마음이 들었어요. 한 시간만 더 참아보자, 한 시간만 더 참아보자, 이러면서 스스로를 다독였죠. 그런데 맙소사, 미칠 듯이 아름다운 순간이 왔어요. 열흘이 지나자 제가 그리워한 건 정작 말하기가 아님을 알았어요. … 이 프로그램의 목적은 우리가 사랑하는 것과 싫어하는 것에 집착하는 데서 벗어나는 거예요. 쾌락과 회피에 대한 애착에서 해방된다는 개념이죠. 우리는 삶의 스토리를 쓰기 위해 호불호를 조합하고 그것을 바탕으로 우리의 정체성을 구축하죠. 하지만 통제에서 벗어나는 법을 배우면 살아가기가, 존재하기가 한결 쉬워져요."

최근에 친구에게 쉼이 필요해 보인다는 이야기를 들은 적이 있는가? 그렇다면 친구의 말에 귀 기울여야 할지 모른다. 주변 사람이 훨씬 명료하게 우리를 볼 때가 많다. 농오에게 수련을 권한 친구는 이제 셀럽이 된 농오에게 유명세의 중압감과 정체성 혼란을 내려놓는 경험이 크게 유익할 것임을 분명 알았다.

10일간의 묵언 명상수련 후에는 어떻게 일상의 삶으로 돌아갈까? 농오의 친구는 다시금 심오하고 직설적인 권유를 했다. 수련을 마친 직후 자기 자신에게 좋은 선물을 하나 하는 셈 치고 좋아하는 앨범을 들으라고 권했다.

나는 켄드릭 라마의 앨범 《댐Damn》을 들었다. 보통은 음악을 틀어놓고 배경음악 삼아 다른 일을 하는데, 수련 후에는 음악에 100퍼센트 집중할 수 있었고, 그 순간 음악이 내 존재를 충만하게 채웠다. 뉴욕으로 돌아가는 비행기 안에서 라마의 노래를 들었다. 예전에는 음악을 좋아해도 속사포처럼 빠른 랩 가사를 다 알아듣지는 못했다. 그런데 이번에는 켄드릭 라마의 가사가 하나하나 다 들렸다. 음악성도 귀에 들어왔다. 나는 그저 '와우' 할 뿐이었다. 마약 하는 사람들이 이런 기분이 아닐까 싶다. 마약을 안 하고도, 그저 나 자신과 시간을 보냈을 뿐인데 이런 경험을 하다니 정말 기분이 좋았다.

흔히 여행을 타인과 함께하는 경험이라고 생각한다. 그래서 추억과 관광을 공유할 동반자나 친구, 가족을 구한다. 그게 나쁘다는 말은 아니다(어디서 저녁을 먹어야 할지 일행 모두가 결정하지 못할 때만 뺀다면). 그런데 말할 일이 별로 없는 나 홀로 여행을 고민해본 적 있는가? 나 홀로 여행을 떠나면 단기 국내여행도 딴 세상으로의 여행처럼 느껴질 수 있다. 중요한 건 행선지가 아니라 진짜 떠나겠다는 의도다. 가장 좋아하는 노래를 들으며 한 번도 가본 적 없는 낯선 도시나 시골길을 걸어보면 어떨까? 이것이야말로 열심히 일한 후 당신에게 필요한 뒤풀이 시간이 되는지 모른다.

실천하기 ▷ 묵언 수련을 하거나 노래 듣기에만 집중해보라

농오의 묵언 수련은 해외여행만큼이나 효과적이었다. 꼭 먼 곳으로 떠나야 재정비를 잘 할 수 있는 건 아니다. 크고 힘든 프로젝트를 마친 다음에는 한 번쯤 묵언 수련을 해보자. 당장 오늘이라도 몇 시간 동안 말을 삼가거나 혼자 음악에 집중하는 압축 버전의 묵언 수행을 해볼 수도 있다. 음악을 듣는 동안 다른 일을 곁들여 하고 싶은 유혹을 피하라. 두 눈을 감거나 나무를 올려다보며 오직 듣는 데 열중하라. 이런 식으로 노래에 몰입한다면 항공권이 있어도 못 가는 곳에 다다를지 모른다.

슈퍼마켓이나 커피숍에서 줄 서서 기다리면서, 혹은 몇 초간 심심함을 느끼면 자기도 모르게 휴대폰을 꺼내든다. 그리곤 별 관심 없는 내용을, 그것도 방금 몇 번이나 확인한 내용을 다시 들여다본다. '뭔가 새롭고 흥미진진한 게 올라왔을 거야! 음, 답글이나 댓글 … 새로 올라온 이메일이나 신문기사, 블로그 게시물 등 뭐든 있을 거야.'

니콜라스 카는 퓰리처상 후보작인 그의 책 『생각하지 않는 사람들*The Shallows*』(청림출판 역간)에서 이렇게 고찰했다. "나의 뇌가 그냥 기웃거리는 게 아님을 깨달았다. 나의 뇌는 굶주려 있었다. 나는 컴퓨터를 사용하지 않을 때조차 이메일을 확인하고, 링크를 클릭하고, 구글에서 무언가를 검색하고 싶었다. 나는 누군가와 연결되고 싶었다." 우리도 이런 기분을 한두 번 느낀 게 아니고, 최근 몇 년간 그 빈도가 점점 잦아지고 있음을 알고 있다. 당신도 크게 다르지 않다. 이제 우리 뇌는 몇 초 이상 가만히 있지 못한다. 오랜 시간 연속으로 단일 작업에 집중하지도 못한다. 한눈에 훑어볼 만한 짧은 글이 아니면 소화하기 힘들어한다. 당연하지 않은가? 주변의 방해거리가 저렇게 날뛰고 있는데 어떻게 우리 주의력이 버텨주겠는가? 하지만 해결책이 있다. 테크놀로지 타임오프. 전원을 빼고 연결을 끊으라!

흐트러진 우리의 주의력을 테크놀로지 탓으로 돌리기 쉽다. 완전히 틀린 말도 아니다. 하지만 더 깊이 파고들어 문제의 본질을 들여다봐야 한다. 테크놀로지 자체는 잘못이 없다. 테크놀로지를 사용하는 우리의 방식이 엉망일 뿐이다. 우리(존과 맥스)는 직업상 새로운 테크놀로지를 기반으로 일하는 비중이 상당하고, 그 가능성과 발전에도 매우 긍정적인 입장이다. 우리는 테크놀로지 없이 살고 싶지 않다. 열쇠는 테크놀로지를 우리가 하려는 일을 '지원하는' 방향으로 활용하는 것이다. 적절한 테크놀로지를 고르고, 무엇을 어떻게 사용할지 혹은 피할지 늘 유의해야 한다. 물론 말처럼 쉽지는 않다. 인간의 뇌는 현대 기술이 제공하는 부단한 정보 공세에 맞게 설계되어 있지 않기 때문이다.

정신의 가장 강력한 무기

최초의 '뇌'는 지각perception을 행동으로 전환하는 단순한 기계의 역할을 수행했다. 뇌가 하는 일이란 그저 긍정적 또는 부정적 신호를 지각하고 처리한 후, 그에 상응하는 행동을 촉발하는 것이었다. 어떤 계획 수립도, 목표 설정도 없었다. 그저 순전한 반응 자체였다. 그런데 뇌가 진화와 고도화를 거듭하면서 지각과 행동이 한층 복잡해졌고 앞서 사고 능력이 개발되었다. 혹자는 인간의 독창성은 지각-행동 주기에 일시정지를 끼워 넣고, 실행 기능이 운전대를 거머쥐지 못하도록 제어하는 능력에 있다고 주장한다. 덕분에 우리는 단순한 충동과 반사 신경이 아니라 평가와 결정에 근거하여 행동을 취사선택할 수 있다(늘 그런 것은 아니지만). 특히 혁신성과 창의성은 반사 행동과는 상극이다. 잠시 일시정지한 다음에는 더 큰 그림을 보게 된다.

근래에 우리가 많이 겪는 주의력과 집중력 관련 문제의 원인은 신경과학자 애덤 가잘리와 심리학자 래리 로젠이 공저 『산만한 정신The Distracted Mind』에서 지적하듯이, 현대 기술이 아니라 "우리 뇌의 근본적 취약성"에 있다. 기술은 그저 그 취약성을 구체적으로 드러냈을 뿐이다. 테크놀로지가 문제 유발자는 아니지만 문제를 매우 악화시킨 건 맞다.

가잘리와 로젠은 이 문제를 '간섭interference'이라고 명명하고, 그 이면의 두 가지 과정을 규명한다. 바로 "무의미한 정보에 주의를 빼앗기는 산만함, 그리고 여러 목표를 동시다발적으로 추구하려다가 생기는 방해"다. 산만함과 방해의 근원은 동일할 수 있지만 대응 시 각각 다른 뇌 기제가 동원된다는 면에서 둘은 뚜렷이 구별된다. 그리고 둘이 초래하는 간섭은 기분과 감정에서 창의력과 정신력까지 삶의 모든 면에 두루 영향을 미친다. 보통 그 효과는 부정적이다.

우리 정신의 가장 강력한 무기 중 하나가 '선택적 주의력'이다. 이 능력 덕분에 우리는 지각-행동 주기에 브레이크를 걸고 의도적 목표를 수립하고 실천할 수 있다. 선택적 주의력은 고도의 인지적 통제력을 요한다. 그런데 우리의 복합적 목표수립 능력과 비교해보면 우리가 "주의력을 배분, 할당, 지속하는" 방식인 인지적 통제력은 상당히 원시 수준에 머물러 있다. 인지적 통제력에 가장 많이 관여하는 전두피질은 선대에 비하면 그 어떤 영역보다 많이 진화했다. 하지만 세상은 최첨단이지만 우리의 뇌는 여러 면에서 여전히 옛날 뇌의 특성을 상당 부분 간직한다. 옛날 뇌가 잘 못하는 것 중 하나가 멀티태스킹이다. 멀티태스킹을 할 때 우리 뇌는 신경학적으로 동시다발적 처리를 하는 게 아니라 실은 네트워크 환승을 하고 있다! 가잘리와 로젠은 "이런 환승 행위는 우리가 실제로 환승을 하지 않더라도 작업 수행력을 저하시킨다"고 말한다. 갈수록 방해가 많아지는 세상에서 우리는 원하든 원하지 않든 갈수록 많은 작업 환승을 하게 될 것이다.

안타깝게도 작업 환승은 선택적 주의력을 떨어뜨리는 최악의 적이다. 주의 집중에는 두 가지 뚜렷한 과정이 필요한데, 한 가지에 초점 맞추기와 그 밖에 모든 것은 무시하기다. 둘은 동전의 양면이지만 근본적으로 별개의 과정이다. 여러 실험을 통해 밝혀진 놀라운 사실이 있다. 대상 자체에 초점 맞추기보다 무의미한 정보 무시하기가 더 중요하다는 것이다. 본능과 반사 신경에 기초한 특정 자극을 처리할지 무시할지 그 결정을 담당하는 뇌의 영역이 갈수록 한계점에 가까워지고 있다. 원시인이 하루에 한 번 꼴로 덤불 속 맹수와 마주쳤다면 100년 전 우리 선조는 자신을 향해 경적을 울리는 자동차와 몇 시간에 한 번 꼴로 마주쳤을 것이다. 그러나 오늘날 현대 기술은 중요한 '적색등' 자극을 우리에게 '융단폭격'하고 있다. 우리의 초점을 잘게 배분할수록 선택적 주의력에서 얻는 유익은 줄어든다(더 이상 '선택적'이라고 부를 수 없을 지경이다). 더 늦기 전에 우리의 주의력을 되찾아오기 위해 집중을 방해하는 것들로부터 의식적으로 타임오프를 해야 한다.

만화가이자 교육가인 린다 베리의 말처럼 "휴대폰은 우리에게 많은 것을 주었지만, 발견의 세 가지 열쇠를 앗아갔다. 바로 외로움, 불확실성, 지루함이다. 이것이야말로 늘 창의적 아이디어의 산실이었다." 무언가를 만들고 문제를 해결하고 영향을 일으키고 의미 있는 일을 하려면 산만함을 줄여야 한다. 디지털 기기가 켜져 있는 시간과 꺼져 있는 시간 사이에 균형을 맞춰야 한다. 창의성에 매우 중요한 정신이 고독한 방랑을 할 수 있게끔 휴지시간(다운타임)이 필요하다. 끊임없는 작업 환승과 간섭이 있으면 우리 정신은 몇 발짝 못 딛고 원점으로 돌아오게 된다. 정신의 멱살을 부여잡고 여러 반응을 빠르게 전전하기보다 정신이 오랜 시간 자유롭게 내달릴 수 있도록 내버려둬야 한다.

그러려면 적절한 인지적 통제력이 요구된다. 이 통제력은 스트레스, 수면, 알코올, 연령 등 무수한 요인에 따라 수시로 달라진다. 특히 앞서 보았듯이 수면부족은 지속적인 주의력에 직격탄을 날린다. 인지적 통제력은 쉽게 피로해지는 근육처럼 소진되는 자원이다. 그러므로 인지적 통제력에 부담을 많이 줄수록, 멀티태스킹을 많이 할수록, 방해거리에 에워싸일수록 산만함이라는 덫에 걸리기 쉽다. 설상가상으로 테크놀로지와 우리의 상호작용은 날로 다중감각화되고 있어 주의력이 한층 더 필요하다. 급기야 가잘리와 로젠은 "우리는 싱글태스킹 능력을 상실한 듯하다. 우리는 무엇이 진정으로 필요한지, 무엇이 뾰족한 막대기에 찔릴 때처럼 단순히 반사적으로 반응하는 것인지 의식하지 못한다"고 우려한다. 첨단 세상의 뾰족한 막대기들로 인해 우리의 옛날 뇌가 심하게 어그러졌다.

본능과 반사신경에 호소하다

우리가 처한 이런 현실이 100퍼센트 우발적인 것만은 아니다. 배후에는 이런 결과를 어느 정도 의도적으로 노린 공학적 설계가 있다. '휴먼 테크놀로지 센터' 소장이자 공동창립자인 트리스탄 해리스는 빅테크(대형 정보기술) 기업들이 "뇌간에 깊숙이 파고드는 경쟁"을 하고 있다고 말한다. 그들은 심리학자와 똑똑한 제품 설계자들을 동원하여 자사 제품이 타사 제품보다 더 주의를 끌고, 사람들이 그들의 앱에 더 자주 드나들고, 그들의 웹사이트를 재방문하게 만들려고 심혈을 기울인다. 우리의 주의력은 곧 그들의 광고 수익이기 때문이다. 그들은 인지적 통제력을 우회할 길을 찾아내 우리의 옛 본능과 반사 신경에 호소함으로써 우리가 결국 미끼를 물게 만든다. 당신은 이 챕터를 읽기 시작한 이후로 몇 번이나 이메일, 페이스북, 인스타그램을 확인했는가? 이 챕터를 다 읽기까지 다시 흐름이 끊기지 않게 한번 도전해보라. 집중을 방해하는 것들의 유혹을 물리칠 수 있겠는가?

21세기 초까지만 해도 우리는 약물만이 진짜 중독을 유발한다고 생각했다. 그러나 지난 10~20년간 행동 중독도 동일한 실체가 있음을 알아가고 있다. 테크놀로지의 중독성을 부채질하는 핵심 동인은 가변적이고 예측 불허의 일정으로 제공되는 "간헐적 긍정 강화"라는 보상이다. 연구 결과에 따르면 무작위적 보상이 예측 가능한 보상보다 훨씬 많은 도파민 분비를 유발한다(카지노 운영자나 도박 중독자라면 경험상 수긍할 것이다). 온라인에 게시물을 올릴 때마다 우리는 몇 명이 '좋아요'를 누를지, 댓글을 달지, 팔로워가 생길지 모르는 로또 놀이를 하는 것이다. 조금이라도 지루하다 싶으면 바로 휴대폰을 확인하고픈 조바심은 이런 무작위성으로 설명할 수 있다.

닐 포스트먼은 그의 책 『테크노폴리_Technopoly_』(궁리 역간)에서 새로운 기술의 부작용에 관한 반론이 거의 없는 사회를 '테크노폴리'라고 정의한다. 그는 기술을 신격화하는 '인터넷 종교집단'이 등장했다고 말한다. 많은 사람이 이런 테크노폴리에 살면서 부단히 기술을 신격화하고 있다. 기업에서 널리 쓰이는 메신저 서비스 '슬랙'을 보자. 슬랙은 "모든 일이 일어나는 곳Where Work Happens"임을 이라는 슬로건을 달았다. 그런데 정말 그럴까? 과연 어떤 종류의 일일까?

대부분은 바쁘기만 할 뿐 얄팍한 일은 아닐까? 저서 『딥 워크』에서 칼 뉴포트는 많은 지식 근로자가 훈련받고 고용된 이유인 전문 작업보다는 "인간 정보 전달기"로 전락해버린 현실을 개탄한다. 어떤 면에서 슬랙 같은 도구는 우리의 가시적 바쁨의 무대를 온라인상으로 확장한 것이다. 슬랙이 큰 인기를 끌며 성공한 이유가 바로 여기에 있다. 이런 도구 배후의 개발자들은 새로운 것과 가시적 바쁨을 추구하는 우리의 강한 욕구를 파고든다.

테크노폴리에서 새로움에 이의를 제기하면 이단과 다름없는 취급을 받는다. 뉴포트는 인터넷 시대에 탈연결을 제안하는 것은 흡사 국기를 불사르는 것 같은 '신성모독 행위'라고 말한다. 마리사 메이어 전 야후 CEO는 재택근무 시 직원들이 이메일에 자주 로그인하지 않는다는 이유로 재택근무를 금지한 것으로 악명이 높다. 바빠 보이지 않고 로그인도 안 하면서 대체 무슨 쓸모 있는 일을 할 수 있겠느냐고 생각한 것이다.

사회적으로 인정받고 싶은 욕구도 중독을 조장하는 동인이다. 우리는 사회적 인정을 갈망하도록 회로가 짜여 있다. 끈끈하게 연결된 소규모 부족 공동체로 살던 시절에 사회적 인정은 필수 생존 기술이었다. 오늘날은 '좋아요' 표시가 그런 인정을 실시간으로 확인하는 방편이다. 태곳적부터 내려온 인정 욕구는 우리가 받는 메시지나 이메일에 즉시 응답하려는 충동을 설명해준다. 우리 속에는 부족 사회의 신호에 호응하지 않으면 호랑이 밥이 될지 모른다는 뼛속 깊은 두려움이 여전히 남아 있다. 안타깝게도 기업 문화 역시 별반 다르지 않다. 개발자들은 우리의 근원적 두려움과 갈망의 과학을 완벽하게 의식한 상태에서 이런 중독 성향을 돈벌이 수단으로 삼고자 교묘하게 테크놀로지를 설계한다.

관심경제에서 좋은 기술 선택하기

트리스탄 해리스(1985~)　미국 컴퓨터 과학자, 디자인 철학자

"우리가 원하는 것은 우리의 시간과 삶을 선용하도록 돕는 기술이지, 항상 켜져 있어 우리를 방해하고 집중하지 못하게 하며 최대한 화면에 붙들어두는 기술이 아니다. ⋯ 궁극의 자유는 자유로운 정신이다. 우리에게 필요한 건 우리 편이 되어 우리가 자유롭게 살고 느끼고 생각하도록 돕는 기술이다."

트리스탄 해리스의 회고다. "나는 다섯 살쯤에 어머니가 주신 맥킨
토시 LC II에 푹 빠졌다. … 그림 그리기, 하이퍼카드로 쌍방향 게임
스크립트 짜기, 자잘한 도구나 게임 프로그래밍하기 등 뭔가를 만
드는 일에 푹 빠졌다." 스마트폰과 상시적 연결 시대 이전에 테크놀
로지를 경험한 연배 중에는 해리스처럼 테크놀로지에 얽힌 좋은 추
억을 가진 이들이 많을 것이다. 해리스의 말에 공감할 이들도 적잖
을 것이다. "나는 수시로 주의산만해지는 유혹을 받는다. 툭하면 이
메일을 들여다보고 웹사이트에 정신이 팔린다. 일의 흐름을 끊고 들
어온 문자 메시지를 주고받으며 한참 스케줄 조정을 하다 보면 흡사
불도저가 밀고 지나간 느낌이다. 아니면 새벽 1시에 멍하니 웹사이
트를 스크롤할 때도 있다." 무슨 일이 일어난 걸까? "왜 우리의 인
터넷과 컴퓨터 경험이 이런 식으로 흘러가는 걸까? 우리에게 힘을
실어주는 쪽이 아니라 우리를 산만하게 만드는 쪽으로." 해리스는
그 질문에 이렇게 답한다. "그것은 우리가 관심경제attention economy
환경에서 살기 때문이다."

이 주제에 관해 아직도 의견이 분분하지만 해리스만큼 이 분야
에 해박한 사람도 드물다. 그는 스탠퍼드대학교 설득기술연구소에
서 공부한 뒤, (그가 소유한 회사 애퍼처를 구글이 인수한 후) 구글에서 기
술 디자이너로 일했다. 얼마 못 가서 그는 기술 디자이너들이 대중
의 관심을 '갈취하는' 수법에 우려를 표했고, 점차 테크업계 전체의
방향을 놓고 고민하게 되었다. "관심경제란 테크기업이 무엇을 만
들든 … 일단 사람들이 시간을 많이 쓰도록 만들어야 승자가 된다는
의미다. 처음에는 사람들이 쓸모 있는 데 시간을 쓰도록 하려고 시
작한 정직한 경쟁이 이제는 사용 시간을 최대한 늘리기 위해 뇌간
을 파고드는 경기로 변질되었다." 해리스는 처음부터 우려하는 바

를 사람들에게 밝혔고, 그 결과 구글의 '디자인 윤리학자'가 되어 윤리적이고 인간다운 방향으로 디자인 결정을 이끄는 일을 맡았다. 나중에 구글에서 퇴사한 후에 '휴먼 테크놀로지 센터'를 공동창립해 소장이 되었고, '시간선용Time Well Spent' 운동을 공동 발족했다. 오늘날 그는 여전히 최전방에서 사려 깊은 기술 디자인을 위해 싸우고 있다. 미국 시사지 『애틀랜틱』은 해리스를 "실리콘 밸리에서 양심에 가장 근접한 인물"이라고 소개했다.

페이스북과 구글 같은 빅테크 기업을 악마시할 수 있지만, 그들 대부분도 처음부터 현재 우리가 직면한 '관심경제' 시스템을 만들려고 나선 건 아니었다. 해리스는 "아무 내용도 없는 이메일을 수백만 명이 확인하는 건 누구에게도 유익한 일이 아니다. 애플과 구글의 디자이너들도 슬롯머신처럼 작동하는 스마트폰을 원한 건 아니었다. 어쩌다보니 그렇게 되었다"라고 말한다. 그러나 대중의 관심이 수익에 직결됨을 발견한 많은 기업이 점점 더 의도적으로 관심을 끌기 위해 우리 뇌의 취약성을 이용하려 든다. 해리스는 식품업계의 유기농 마크처럼 '시간선용' 마크를 도입할 것을 주장한다. 그저 주목을 끌기 위해 경쟁하는 소프트웨어가 아니라 사람들이 시간을 알차게 쓰도록 돕는 소프트웨어를 인증하자는 것이다. "우리가 원하는 것은 우리의 시간과 삶을 선용하도록 돕는 기술이지, 항상 켜져 있어 우리를 방해하고 집중하지 못하게 하며 최대한 화면에 붙들어두는 기술이 아니다." 우리가 원하는 건 양질의 여가를 가능하게 하고, 쉼 윤리를 지원하는 기술이라는 얘기다.

해리스는 '시간선용' 운동이 테크놀로지에 반대하는 운동이 아님을 강조한다. "이 운동은 우리가 어떻게 시간을 써야 하는지에 관한 보편적인 관점을 제시하려는 게 아니다. 화면을 들여다보는 게 나쁘다거나 모든 화면을 꺼야 한다는 말도 아니다. 특정 앱(소셜미디어나 게임)이 나쁘다는 얘기도 아니다." 이는 소비자와 개발자가 테크놀로지를 디자인하고 사용하는 방식을 보다 의식적으로 선택하기를 독려하는 운동이다.

개발자 중에는 자신은 그저 서비스를 제공할 뿐이고, 사용자가 쉬지 않고 산만하게 생활에 방해가 되는 식으로 서비스를 사용하는 건 온전히 그의 선택이라고 주장하며 문제를 회피하는 이들도 있다. 그러나 그건 손쉬운 핑계에 불과하며 현실은 그리 간단하지 않다. 만일 누군가가 의도적으로 사람들을 낚는 앱을 만든다면 그 사용 행태에 대해 적어도 부분적으로나마 책임을 져야 한다. 이제는 그 책임을 인정하고 사람들이 최상의 방식으로 시간을 사용하도록 돕는 앱과 서비스를 개발할 때다. 소비자도 수동적 역할에 머물지 않고 자신의 관심을 낭비하지 않고 존중하는, 그래서 관심을 받을 자격이 있는 앱만 찾는 보상 개념의 선택을 해야 한다.

실천하기 ▷ **사용하는 앱은 '시간선용' 마크를 받을 만한가**

해리스가 지적했듯이 테크 업계 판도 자체가 사용자에게 불리하게 조작되었기에 무수히 울리는 알림으로 산만해지는 것이 (전적으로) 우리 탓이라고만은 할 수 없다. 그러나 우리에게 아무 책임이 없다고 손 놓고 있을 수도 없다. 우리는 개발자에게 압력을 가할 수 있다. 당신이 사용하는 서비스와 앱을 검토하면서 '시간선용' 마크를 받을 만한 것인지 진지하게 평가해보라. 자격 미달이라면 삭제하라. 당신의 시간을 더 존중하는 대체재를 찾든지 애초에 이 서비스가 필요한 게 아닐지 모른다는 사실을 받아들여라.

더 이상 정보가
귀하지 않은 시대

        수세기에 걸친 동물의 채집 행태 연구를 통해 최적의 채집 행태를 보여주는 수학 모형과 이론이 도출되었다. 가장 지배적인 모형은 1976년 진화 생태학자 에릭 차르노프가 처음 제안한 임계치 정리Marginal Value Theorem다. 이는 자원이 은밀한 곳에 드문드문 존재한다는 전제 하에 어떤 동물이 자원이 점차 고갈되며 수확률이 감소하는 현재 장소에서 다른 장소로 이동해야 할 때를 설명한다. 한마디로 최상의 채집자는 현재 장소의 수확률이 다른 곳으로 이동하는 비용보다 낮은 수준으로 떨어질 때 이동한다.

    가잘리와 로젠은 우리의 정보 소비 역시 일종의 채집이라고 주장하며 임계치 정리를 정보 소비에 적용한다. 따지고 보면 우리는 정보를 좇는 생물이다. 배고픔에 이끌려 양식을 모으는 것과 마찬가지로 우리에게는 새로운 정보를 찾아나서는 본원적 욕구가 있다. 새로움은 우리 뇌에 보상감을 촉발하여 진화적으로 우리가 새로운 환경을 탐사하도록 나서는 훌륭한 원동력이 되었다. 대부분의 역사에서 정보 자원은 먹거리 자원과 비슷했다. 정보 자원은 희귀했고, 꽤 최근까지도 정보원을 얻는 데는 적잖은 비용이 들었다. 신문은 하루에 한 번씩만 배달되었다. 라디오 뉴스는 한 시간마다 방송되었고, 채널도 몇 개 안 되었다. 이웃을 만나려면 두 발로 걸어가야 할 뿐 아니라 새로운 대화를 하려는 의지력도 동원해야 했다. 자연스레 직접적인 대인 접촉이 제한되었다. 자연적으로 우리는 수중의 정보 자원을 남김없이 활용하며 온전히 주목했다. 이동 비용이 너무 높다는 단순한 이유 때문이었다.

그러나 오늘날 우리의 스마트폰에는 앱이 수십 개씩 깔려 있고 손가락으로 몇 번 누르면 무궁무진한 인터넷 세계가 펼쳐진다. 새로운 정보원을 얻는 비용은 거의 제로에 가깝다. 우리는 눈 깜짝할 사이에 앱을 갈아치우며 여러 정보원을 전전한다. 그 속도가 너무 빨라서 우리의 주의력이 미처 따라가지 못할 정도이고, 이런 현상은 점점 가속화되고 있다. 한 장소에 머무는 최적의 시간을 좌우하는 것은 현재 장소에 자원이 얼마나 남아 있는가, 또는 다음 장소가 얼마나 멀리 떨어져 있는가 등 외적 요인이 크다. 그런데 우리의 정보 채집은 내적 요인의 영향을 받기도 한다. 특히 불안과 지루함을 무시할 수 없다. 그 영향으로 한 장소에서 머무는 시간이 최적치보다 단축될 수 있다.

테크놀로지가 제공하는 새로운 요인들로 인해 우리의 정보 채집은 최적의 행태와는 거리가 멀어졌고, 우리는 이율배반적 상황에 처했다. 그 어느 때보다 정보를 많이 가지고 있지만, 정보 소화력은 그 어느 때보다 약화된 것이다. 우리는 끝없이 쌓여가는 도토리 무더기(저장한 글, 열려 있는 여러 브라우저 창, 끝없는 단톡방 채팅 등) 위에 앉아있지만 소화력을 잃어 굶주리는 작은 다람쥐와 같다. 정보와 정보 접근성의 최적화에 대한 끝없는 갈망이 우리의 정보 소비 역량을 추월해버렸다. 도토리 무더기가 금방이라도 무너질 듯 위태위태하다. 계속 이렇게 물밀듯 쏟아지는 정보에 휩쓸리다가 그나마 남아 있는 창의력과 추진력마저 잃어버리지는 않을지 두렵다.

우리는 이미 작업 환승의 높은 비용과 이것이 창의적 정신과 선택적 주의력에 미치는 악영향을 살펴보았다. 그리고 상황은 갈수록 나빠지고 있다. 우리가 작업들 사이를 전전할 때 주의력이 즉시 따라오는 것은 아니다. 주의력 일부가 이전 작업에 잔존하는데, 이것이 생산성에 치명타가 된다. 소피 리로이는 "왜 내 일을 하기가 너무나 어려울까?"란 시의적절한 제목의 연구에서 여러 작업을 전전할 때 생기는 주의 잔류물attention residue 문제에 주목한다. 리로이는 우리가 이메일 수신함이나 슬랙 메시지를 열어보고 당장 답신하지 않거나 제기된 사안을 처리하지 않을 때, 즉 주의를 앗아간 작업을 미완으로 남겨둘 때 특히 주의력에 악영향이 미친다고 말한다. 정신은 미완의 작업에 여전히 주의를 기울인다는 것이다. 주의 잔류물이 강할수록 다음 작업의 수행력이 약화된다. 결과적으로 우리가 두 가지 작업 사이를 전전할 때, 두 작업 모두 시간이 지연될 뿐 아니라 수행력이 떨어진다.

직접적으로 주의를 산만하게 하는 것 없이 별 자극 없는 '지루한' 작업을 할 때에도 주의력은 금세 한계에 부딪힌다. 문제는 우리가 지루함을 느끼는 문턱이 엄청나게 낮아졌다는 것이다. 가잘리와 로젠의 말이다. "우리는 아무 일도 안 하며 지루함을 견디는 능력을 상실한 듯하다. 그로 인해 성찰이나 심사숙고하는 시간을 가지지 않는다. 단순히 등을 기대고 앉아서 우리의 무작위적 사고가 마냥 뻗어나가면서 전혀 새로운 곳으로 우리를 이끌고 가는 경험을 하기가 어려워졌다. 우리는 창의성과 아이디어 생성에 매우 중요한 일, 즉 장시간의 고독 가운데 정신에 긴 목줄을 매어 방랑하게 하는 일을 거의 중단한 상태다. (팽팽한 보상 목줄에 우리를 매어둘 목적으로 설계된) 현대 매체와 앱의 빠른 보상 주기는 우리가 느끼는 지루함의 기준치를 근본적으로 뒤바꿔놓았다. 우리는 훨씬 빨리 지루해하고, 더 많이 불안해하며, 훨씬 더 고독을 두려워한다.

일반적으로 운동과 식습관 같은 요인은 차치하고서라도, 장시간의 매체와 테크놀로지 사용은 어린이와 청소년의 심신 건강을 악화하는 확실한 요인으로 밝혀졌다. 젊은 세대들은 스스로 멀티태스킹을 잘한다고 생각하겠지만(실제로 멀티태스킹 빈도수도 더 높다) 멀티태스킹이 인지에 미치는 영향이 부정적이기는 매한가지다. 그들이 학습과 성장에 집중해야 할 인생 단계에 있음을 감안하면 부정적 효과는 더 심각할지도 모른다. 새 기술을 학습하거나 머리를 싸매고 복잡한 개념을 파고 들어야 할 때는 오랫동안 방해받지 않는 연속적 집중이 꼭 필요하다. 오직 의도적이고 집중적인 실천만이 신경회로 강화로 이어지는데, 주의력이 분산되면 동시다발적으로 너무 많은 회로가 점화되어 어느 것 하나도 제대로 강화되지 못한다. 멀티태스킹의 달인이 되는 것이 우월한 능력인 것 같아도 장기적으로는 열등해지는 길이다(팀 하포드의 느리고 의도적인 '슬로우 모션 멀티태스킹'이나 쇠렌 키르케고르의 윤작을 실천하지 않는 한). 상시적 주의력 전환은 뇌에 두고두고 좋지 않은 타격을 입힌다. 진짜 깊은 일과 깊은 사고를 할 수 없게 된다.

탈연결과 디지털 미니멀리즘,
어떻게 실천할까?

주의력을 되찾으려는 노력은 뉴포트의 표현

에 따르면, "골리앗에 맞서는 다윗처럼 무지막지한 재력으로 당신의 승리를 막고자 총궐기하는 제도권에 당당히 맞서는 것"이다. 하지만 우리도 다윗처럼 머리를 써서 구글, 페이스북 같은 골리앗을 이길 수 있다. 이 전투에서 승리하기 위해 우리는 두 가지 상호보완적 접근법을 쓸 수 있다. 그중 하나는 우리 뇌를 바꾸어 인지적 통제력을 끌어올리는 것과, 다른 방식은 우리의 행동거지와 환경을 바꾸어 산만함을 줄이는 것이다.

성인의 뇌는 정체되어 있으며 더 이상 발전하지 않는다는 오랜 통념은 이제 완전히 신빙성을 잃었다. 우리의 뇌는 평생에 걸쳐 신경가소성을 유지한다. 그러므로 뇌를 개선하고 인지적 통제력을 제고하기에 너무 늦은 때란 결코 없다. 그 일을 위한 숱한 도구가 있고 계속 늘어나는 추세다.

우리는 뉴로피드백이나 경두개 자기자극술TMS 같이 직접적으로(그리고 비침습적으로) 뇌의 신경세포를 자극하여 수면, 기분, 인지적 통제력 등을 향상시키는 흥미진진한 신기술을 눈앞에 두고 있다. 하지만 현대 기술에만 의존해야 하는 건 아니다. 우리 뇌를 개선시키기 위한 옛날식의 기술도 낮은 방법들도 있고, 그중 여러 가지를 앞서 살펴보았다.

뇌의 가소성을 자극하는 검증된 방법들이 있다. 그중 하나가 자신을 (여행이나 연극 관람처럼) 새롭고 낯선 상황과 환경에 노출시키는 것이다. 주기적 (명상이나 성찰 같은) 마음챙김 실천이 우리의 인지적 통제력을 직접적으로 향상시킬 수 있음을 보여주는 증거들도 축적되고 있다. 이 모든 형태의 타임오프는 인지적 통제력을 끌어올리고 산만함에 대항하는 효과가 있음이 연구를 통해 이미 확증되었다. 고귀한 여가야말로 정신의 예리함을 유지하는 최고의 도구임을 다시

한번 확인할 수 있다.

여기에 우리의 행동거지를 고치는 방법까지 결합한다면 산만함의 굴레를 깨뜨릴 확률이 한층 높아진다. 첫 단계는 우리의 메타인지meta-cognition를 개선하고 작업 환승의 높은 비용과 문제점을 의식하는 것이다(즉, 작업 환승이 우리에게 불리하다는 점을 인정해야 한다). 이 책을 읽은 당신은 이미 첫 단계는 넘어섰으리라 기대한다. 그다음 우리는 뉴포트가 "기술 활용 철학"이라고 부르는 것을 개발해야 한다. 어떤 기술을 우리 삶 속에 들이고 들이지 않을지 일련의 규범을 정하는 것이다. 우리는 어떤 디지털 도구를 사용할지를 신중하게 결정하고 맹목적으로 소비해서는 안 된다.

저서 『디지털 미니멀리즘』에서 뉴포트는 이렇게 촉구한다. "온라인에서 시간을 보낼 때 당신이 소중하게 여기는 것들에 도움이 되며, 신중하게 선택한 소수의 최적화된 활동에 초점을 맞추고, 다른 모든 활동은 기쁜 마음으로 내려놓으라." 타임오프와 마찬가지로 관건은 우리의 시간과 주의력을 어떻게 쓸지 자각하는 것이다. 모든 새로운 도구나 기술을 신중히 평가하여 그것이 우리에게 상당한 가치를 보낼 때에만 (그 가치가 무엇을 의미하는지 결정하는 주체는 우리다) 도입해야 한다.

우리는 종종 '범용성'이 '생산성'과 같다는 착각을 한다. 그러나 한 시점에 쓸 수 있는 기능의 가짓수를 제한하는 것이 우리의 초점을 끌어올리고 결과적으로 생산성도 오르게 한다. 헨리 데이비드 소로는 현대 기술이 대두하기 전 이미 고전 『월든』에서 이 점을 잘 요약했다. "어떤 물건의 비용은 즉시 또는 장기적으로 교환하는 데 필요한, 우리가 생명이라고 부르는 금액이다." 테크놀로지가 아무리 쓸모 있어 보여도 그 대가로 우리가 거두는 유익보다 더 큰 우리의

'생명'을 내줘야 할지도 모른다. 앱 스토어에 진열된 반짝이는 신상 앱을 가지기 위해 얼마나 많은 생명을 내어주고 싶은가?

여기서 한 걸음 더 나아가자면, 대다수 사람들은 어떤 테크놀로지를 들일지만 고민하지 어떻게 사용할지는 고민하지 않는다. 소셜미디어는 잘 사용하면 멋진 도구가 될 수 있지만, 다른 한편으로 우리의 주의력을 완전히 흩트리고 비참한 기분이 들게 할 수도 있다. 단순하고도 강력한 방법 중 하나는 당신의 휴대폰에 깔린 소셜미디어 앱을 삭제하는 것이다. PC에서 접근해도 소셜미디어의 유익을 고스란히 누릴 수 있다. 그렇게 하면 끊임없는 방해와 가용성과 모바일 체험을 겨냥해서 설계한 숱한 중독적 특성을 제거할 수 있다. 주의력 전환을 바로바로 할 수 없도록 하는 선택이라면 뭐든 좋다. 뉴포트는 컴퓨터공학과 교수로서 의외의 발언인 듯싶으나 "장기적으로는 컴퓨터를 다용도로 쓰겠지만 어느 한 순간에는 한 가지 용도로만 효과적으로 쓸 수 있게" 설정하라고 권한다.

우리의 컴퓨터를 다용도로 만드는 주범은 (제대로만 사용하면 경이로운 기술이라고 주장할 만한) 인터넷이다. 인터넷 접근 시간을 미리 설정한 한도 내로 제한하는 (이 책 집필에도 사용한) 프리덤 같은 앱과 도구를 사용하는 것이 아주 효과적이다. 우리 스스로도 놀랐지만 처음 사용할 때는 무척 고통스럽다. 그러나 이러한 고통은 우리가 그동안 얼마나 인터넷에 중독되었는지를 반증한다. 회복기의 중독자라면 알겠지만, 단번에 끊는 것은 극도의 불쾌감을 유발하여 장기적으로는 성공 확률이 낮다. 하지만 테크놀로지에 대해 의도적이고 연속적으로 타임오프를 실천하다 보면 그동안 잃어버린 자유를 차츰 회복하게 될 것이다.

초기에는 익숙하지 않기에, 또는 주변의 (현실 또는 상상의) 기대치에 못 미칠까 봐 고통스러울 수 있다. 하지만 우리는 모두 탈연결할 수 있다. 알림을 끄고, 이메일 계정과 슬랙과 페이스북에서 로그아 웃해도 된다. 우리는 인터넷 연결을 끊고, 휴대폰을 비행기 모드로 돌리고, 디지털 기기의 전원을 끌 수 있다.

한 세계가 닫히니 다른 세계가 열렸다

티파니 슈레인(1970~)　**미국 창업가, 영화제작자**

"매주 하루 우리는 테크놀로지의 전원을 끈다. 이는 우리의 인생을 뒤바꾼 심오한 경험이었다. 덕분에 내 영혼이 매주 초기화된다. 눈앞에 보암직한 화면이 있으면, 시간이 없어서 못하겠다고 한 일들을 결국 다하고 만다."

종이 지도나 손으로 적은 메모, 길 안내문을 들고 길을 찾아다니던 적이 마지막으로 언제였던가? 디지털 화면 없이 24시간을 지내본 게 마지막으로 언제인가? 티파니 슈레인에게는 바로 지난 주말이었을 가능성이 크다.

수년간 슈레인과 그녀의 가족은 그녀가 '테크 샤바트Tech Shabbat'이라고 부르는 날을 위해 매주 하루 모든 화면을 끈다. 매주 금요일 저녁 그들은 모든 테크놀로지의 플러그를 뽑고 24시간 후에 다시 전원을 켠다. 꼬박 하루 '탈디지털 상태'가 되는 습관 덕분에 그녀 자신은 물론 가족들과 더 값진 시간을 보내고 있다. 아울러 매주 실시하는 초기화 덕분에 테크놀로지를 당연하게 여기지 않게 되었다.

책임과 일을 내려놓고 매주 하루를 쉰다는 개념은 유구한 발상이다. '샤바트'는 안식일이나 안식휴가 개념과 관련이 있다. 안식일은 일을 금하는 종교적 규례로 유대인은 금요일 저녁부터 토요일 저녁까지, 대부분의 기독교인은 일요일에 안식일을 지킨다. 오늘날의 늘 연결된 세상이야말로 이 종교적 관습에서 얻은 영감을 우리와 테크놀로지의 관계에 적용하기에 좋은 시대다.

슈레인의 가족은 어떤 계기로 테크 샤바트를 실천하게 되었을까? 슈레인이 배우자 켄 골드버그와 연애를 시작할 때, 골드버그는 자신이 안식일을 실천한다고 분명하게 밝혔다. 그는 안식일인 토요일에는 일을 하지 않는다면서 이날 자신은 꼭 쉬어야 한다고 말했다. 그녀는 그가 꾸준히 타임오프를 하기에는 너무나 바쁠 것 같은 명망 있는 로봇학과 교수라는 사실에 흥미를 느꼈다. 당시 슈레인은 우수한 인터넷 콘텐츠에 수여하는 '웨비 상'의 창설자이자 창업가, 테크놀로지 마니아로서 플러그를 뽑는 데 고전하는 중이었다. 그래서인지 골드버그의 의도적 실천에 더 매력을 느꼈다.

마침내 그들은 결혼하여 자녀를 가졌다. 우리 대다수처럼 그들 역시 기기를 스마트폰으로 업그레이드했다. 그리고 얼마 못 가서 이 중독성 강한 슈퍼컴퓨터에 빠져버렸다. 시간 가는 줄 모르고 정보를 찾아 헤매고 기꺼이 정신이 팔려 다른 일에 집중하지 못했다.

2009년 슈레인은 아버지가 별세한 지 며칠 후 딸을 출산했다. 흔치 않은 인생의 중대사건들을 연속으로 겪으며 그녀는 인생에서 가장 중요한 나날에 끼어드는 테크놀로지에 촉각을 곤두세우게 되었다. 고인을 애도하는 기간에 그녀가 속한 단체 '리부트'에서 24시간 테크놀로지 휴지 시간을 갖는 '전국 플러그 뽑는 날'을 시행했다. 단체에서 합류를 요청했을 때, 그녀는 기꺼이 디지털 기기 없이 더 많은 삶을 탐색하는 이 일에 참여했다.

"그때 저는 가장 강력한 끈인 아버지를 잃고 붕 뜬 느낌이었어요. 제 삶 속에서 깊이 사랑하는 사람들을 보살피고 삶에 긍지를 느끼려면 뭔가 달라져야 했죠. 우리는 실존을 회복할 마음의 준비가 되어 있었어요. '전국 플러그 뽑는 날'에 동참한 그 하루는 오롯이 현재에 충실할 수 있게 한 너무 좋은 경험이었어요. 그래서 매주 실천하기로 결정했죠."

디지털 기기와 화면 없이 꼬박 24시간을 보낸다고 상상해보라. 새로운 눈이 뜨여 당신의 마을이나 도시가 탐사하고 싶은 타지처럼 보일 수 있다. GPS에 의존하지 못하면 내면의 탐험가가 길을 찾고자 주변 환경에 더 촉각을 곤두세울 것이다. 구글에서 목적지를 검색할 수 없다면 자연스레 낯선 사람이나 바리스타에게 다가가서 길을 묻게 될 것이다. 주변 사람들이야말로 이제껏 제작된 그 어떤 테크놀로지보다 경이로운 존재임을 발견할 것이다.

오프라인으로 떠나려면 약간의 준비가 필요하다. 슈레인은 친지들에게 24시간 동안 디지털 연결이 끊길 것이라고 미리 알린다. 그녀는 일정을 미리 프린트하거나 적어두고 필요한 전화번호는 메모해둔다. 가족들은 준비를 마친 후, 정한 시간 또는 금요일 해질녘에 한데 모여 기기를 끄는 의식을 거행한다.

24시간 동안 화면이 없으면 대체 무슨 일을 할까? 슈레인은 독서, 정원 가꾸기, 천천히 식사 준비하기, 걸어서 이웃집에 놀러가기, 아이처럼 놀이를 탐구하고 만들기, 인터넷에서 답을 검색하지 못하므로 머리로 문제 풀기, (필자 존이 첫 번째 테크 샤바트에 한 것처럼) 장시간 데이트하기 등을 추천한다.

필자 존 역시 팟캐스트에서 슈레인과 인터뷰하면서 영감을 받아 공식적으로 테크 샤바트를 해보기로 마음먹고 여자 친구와 함께 시도했다. 놀랍게도 둘 다 시간의 속도가 느려진 느낌을 받았다. 그들은 함께하는 순간의 속도감을 늦추는 것이 모든 관계에 유익이 된다는 사실을 깨달았다. 주의력을 흩트리는 기기들을 의도적으로 치워두는 것이야말로 양질의 타임오프를 하는 가장 확실한 방법 중 하나다.

실천하기 ▷ **미니 '테크 샤바트'를 시도해보라**

우리 대부분은 화면 앞에서 일한다. 화면 너머의 아름다운 세상을 누리고자 픽셀 세상의 플러그를 뽑은 적이 마지막으로 언제인가? 온라인 세상에서도 숱한 영감을 발견할 수 있지만, 상당 부분은 디지털 세상 밖의 무언가를 참조한 것이다. 그러므로 디지털 세계에 영감을 주는 원천을 탐색하며 새로운 깊이의 경험과 영감을 발견하라. 디지털 기기 없이 24시간을 보낸다니 너무 가혹하게 들리는가? 그렇다면 아기가 걸음마를 떼듯 우선 오후 한나절이나 오전 동안만 테크 샤바트를 시도해보라. 금요일 밤과 토요일 밤 사이의 24시간을 한꺼번에 쉬기보다 점심 후 한나절이나 오전만이라도 기기 없이 시간을 보내보라. 화면에서 타임오프를 했다가 다시 로그인할 때 더 큰 영감을 얻을지도 모른다.

공허함을 채워주는
테크놀로지 활용법

테크놀로지 사용과 관련하여 인지적 통제력 개선과 좋은 습관 개발 모두가 중요하다. 하지만 막상 그 과업을 완수하면 더 깊은 문제가 수면 위로 드러날 수 있다. 테크놀로지 중독이 실은 또 다른 문제를 은폐하는 깁스에 불과할 수 있기 때문이다. 뉴포트는 "많은 이들이 제대로 된 여가 생활의 결여로 생긴 공허함을 강박적인 휴대폰 사용으로 땜질하고 있다"면서 양질의 여가 부족은 "정직하게 직면하면 견딜 수 없지만, 디지털 소음의 도움으로 어느 정도 외면할 수 있는 공허함으로 귀결되었다"고 분석한다. 여기서 우리는 다시금 타임오프를 제대로 실천하는 법을 잊어버린 결과 초래되는 지루함의 문제로 돌아온다.

사회심리학자 에리히 프롬은 "지루함은 한 사람의 활동이나 상황 속 의미 부재에 관한 불안감"이라고 말했다. 애써 마련한 자유시간을 의미로 채우지 않는다면 이제껏 이룬 긍정적 변화가 급격히 허물어질 것이다. 그 결과 우리는 또다시 공허함 앞에 서지 않으려고 개념 없는 테크놀로지 사용으로 되돌아갈 것이다. 더 늦기 전에 아리스토텔레스의 고귀한 여가로 복귀하여 우리의 공허함을 채우고 갈수록 세지는 산만함의 유혹에 강력한 (그리고 의미로 충만한) 균형추를 제공해야 한다.

이 일에 테크놀로지를 활용할 수도 있다. 뉴포트는 "인터넷은 그 어느 때보다 일반인에게 풍성한 여가 선택권을 제공함으로써 일종의 여가 르네상스를 불러일으키고 있다"고 올바르게 분석한다. 그는 디지털이라고 무조건 피하는 게 능사가 아니라고 말하며, 만연한 수동적 소비를 의미 있는 양질의 여가 활동으로 대체하라고 촉구한다. 이를 위해 그는 여가를 현실 세계의 기술이나 사물, 직접적인 대인 상호작용과 접목시키기를 권한다.

인터넷은 이런 기술을 개발하고 새로운 것을 습득하는 데 탁월한 수단이다. 유튜브에는 고양이 동영상만 있는 게 아니라 현실 세계에서 활용 가능한 스킬을 가르치는 우수한 교육 동영상도 수두룩하다. 새로운 취미나 기술을 배우는 과정은 지루함과 나만 뒤처질 것 같은 두려움을 대폭 완화시켜준다. 그래서 수시로 이 일 저 일로 옮겨 다니지 않고 진득하게 한 가지에 집중할 수 있다. 이런 식으로 흡족한 여가 생활을 개발하고 쉼 윤리를 가꿔간다면 우리의 테크놀로지 사용 방식이 크게 개선될 것이다.

타임오프와 고귀한 여가가 뒷받침하고 균형을 이룬 테크놀로지 사용은 회사, 전문직, 창조가 들이 미래의 직업 세계에서 경쟁우위를 가지고 두각을 나타내는 데 보탬이 될 것이다.

멍하니 몇 시간을 앉아 있는 능력

브루넬로 쿠치넬리(1953~)   이탈리아 패션 창업가

"하루 첫 다섯 시간의 당신과 방금 전 다섯 시간의 당신이 같은 사람이라고 생각하는가? 결코 그렇지 않다. 당신은 피곤하다. 피로한 사람은 귀를 닫는다. 그러면 당신이 내리는 결정이 위태로워진다."

이탈리아 솔로메오 마을의 점심시간이다. 에메랄드빛 움브리아 언덕이 내려다보이는 어느 카페에서 사람들이 느긋하게 가정식 스타일의 점심을 즐기고 있다. 그들은 따뜻한 빵을 찢으며 영양이 풍부한 여러 코스 요리를 즐기며 와인을 홀짝인다. 나지막한 웃음과 수다 소리가 배경음악으로 깔리는 이탈리아 기타 연주 소리보다 살짝 크다.

유럽에서 보내는 꿈같은 여름휴가의 한 장면처럼 보이는가? 이 장면은 명품 캐시미어 스웨터를 제작하여 연매출이 4억5천만 달러가 넘는 유명한 패션 브랜드 브루넬로 쿠치넬리 직원들의 일상적인 점심시간이다.

쿠치넬리 직원들은 인간의 존엄성을 중시하는 직장문화 속에서 영혼이 풍성해지고 성장하는 경험을 한다. 쿠치넬리는 쇄도하는 이메일을 확인하려고 한시도 손에서 휴대폰을 놓지 않는 사람이 아니다. 그는 회사의 누구도 쉼 없이 24시간 일하는 것을 허용치 않는다. 그는 이메일로 까다로운 지시를 하달하기보다 어떻게 해야 직원들이 새로운 기능과 기술을 익히기에 좋은 회사 문화를 가꾸고 보존할지 골몰한다. 그는 평온하고 창의적인 직장문화를 최우선순위에 둔다. 이런 문화가 결국 직원들이 제작하는 아름다운 패션 제품에 스며든다고 믿기 때문이다.

"내가 당신을 과로하게 만든다면, 당신의 영혼을 절도한 것이다"라고 쿠치넬리는 말한다. 직원을 이렇게까지 생각하는 지도자가 더 많아진다면 어떤 일이 일어날까? 쿠치넬리의 사업 관행은 순전히 숫자로 사람을 평가하고 인간에게서 최대치를 뽑아내려는 사업가 마인드와 대조된다. 우리는 건강한 속도로 꾸준히 사업 성장을 이루고 있는 이 사람에게 많은 점을 배울 수 있다.

오티움! '오티움*otium*'이란 라틴어는 쉼이나 사색, 만찬, 여가 활동을 즐기거나 그냥 아무것도 안 하는 형태의 타임오프라고 번역할 수 있다. 브루넬로 쿠치넬리의 개인 철학은 오티움으로 응집된다. 그는 말한다. "나는 겨울 어느 일요일 오후 벽난로 앞에서 멍하니 불꽃을 응시하며 생각에 잠긴 채로 대여섯 시간을 보낼 수 있다. 저녁이 되면 아름다운 생각들에 취할 정도다."

쿠치넬리에게 일을 내려놓는 이 시간은 더 잘하기 위해 꼭 필요한 시간이다. "우리 회사는 퇴근 시간인 오후 5시 반 이후에 이메일 발신을 금지합니다. 다음날 아침이면 창의성이 하늘을 찌를 정도로 치솟아 있죠." 그의 리더십 스타일은 사람을 잘 대우하는 것이다. 쿠치넬리는 조직문화를 아름답게 가꿔가는 일을 회사가 장인의 기술로 명품 옷을 만드는 것만큼이나 중요시한다.

"어떤 성격의, 어떤 종류의 일이든 사람들의 삶과 쉼, 영혼과 육신의 균형을 찾는 데 필요한 시간을 잠식해서는 안 됩니다"라고 쿠치넬리는 일깨운다.

실천하기 ▷ **품질 개선을 원한다면 공정한 근무 환경부터 조성하라**

당신의 목표는 질인가, 양인가? 당신의 목표가 일이나 일터 공동체의 질적 개선을 도모하는 것이라면(솔직히 그것만이 최저가 경쟁에서 벗어나는 유일한 길이다), 인간의 존엄성을 지키는 쿠치넬리의 리더십에서 배울 점이 있을 것이다. 퇴근 시간에 대해 고민해본 적이 있는가? 그 시간을 존중하는가? 팀원을 기계 다루듯이 하지 않고, 그들이 지지받는 느낌과 창의성, 흥미를 가지고 일하도록 문화적으로 혜택을 주고 있는가? 팀원의 삶의 질을 존중한다면 작업의 질에도 날개를 달 수 있다. 별것 아닌 것 같아도 자신의 근로 습관부터 의식적으로 돌아본다면, 조직문화에 더 많은 오티움을 불어넣는 데 투자할 수 있다.

2016년 3월 컴퓨터 과학계를 충격에 빠뜨린 일대 사건이 벌어졌다. 구글에 합병된 '딥마인드 테크놀로지'가 개발한 AI 프로그램 '알파고'가 바둑의 거장 이세돌을 4대 1로 제패한 것이다. 사실 이 운명적 대국이 벌어지기 거의 20년 전에 이미 IBM의 '딥블루'가 체스 장인 가리 카스파로프를 제패했다. 하지만 두 대국의 함의는 차원이 다르다. 체스는 바둑과 비교할 때 포석당 고려해야 할 선택지와 변수의 수가 훨씬 적다. 충분한 성능의 컴퓨터라면 가능한 체스 포석의 가짓수를 검색하여 최상의 포석을 고를 수 있다. 딥블루가 특별히 똑똑하다고 볼 이유가 없다. 그저 검색 화력이 강력한 연산 기계일 뿐이다.

그러나 바둑은 다르다. 바둑은 더 큰 판 위에서 훨씬 단순한 규칙으로 전개된다. 그래서 더 쉬운 게임일 것 같지만, 단순하기에 오히려 훨씬 고차원의 창발적 복잡계emergent complexity가 만들어진다. 제약의 수가 적기에 포석마다 가능한 경우의 수가 훨씬 많아지는 것이다. 바둑은 첫 두 돌을 놓은 후 이미 129,960개의 변수가 열리는 반면, 체스는 변수가 400개에 불과하다(이 격차는 돌 하나가 추가될 때마다 기하급수로 늘어난다). 사실 바둑판 위에서 가능한 모든 변수의 수는 171 자릿수다. 이는 (대략 80자릿수로 추정되는) 우주 전체의 원자 수를 훌쩍 뛰어넘는 어마어마한 수다. 한마디로 바둑은 우리가 상상할 수 있는 아무리 강력한 컴퓨터라도 단순무식한 검색력만으로는 어림도 없는 게임이라는 얘기다. 알파고가 이세돌을 이기려면 진짜 이세돌보다 더 똑똑해야 한다. 알파고는 인간 출전자와 똑같이 '머릿속'에서 어떤 발상을 좇을지, 어떤 발상을 폐기할지 결정해야 했다. 이는 사전에 정의된 규칙을 실행하는 계산력 중심의 인공 지능이 아니라 진정한 인공 '지성'이 요구되는 일이다. 딥마인드가 이런 종류의 지능을 보유한 시스템을 개발했다는 사실에, 그것도 대부분의 연구자들의 기대를 몇 년 앞질러 개발했다는 사실에 컴퓨터 과학계와 바둑계는 화들짝 놀랐다.

이 돌파구의 주역 중에는 딥마인드의 선임연구원이자 알파고 팀을 진두지휘한 데이비드 실버가 있다. 이세돌에게 승리를 거둔 후 실버가 이끄는 팀은 승리를 자축하기보다 즉각 AI 기능 보강에 착수했다. 그리고 알파고보다 한층 더 강력하고 범용적인 (체스와 같은 다른 게임도 할 수 있는) 후속 버전 '알파제로'를 만들어냈다. 알파제로의 탄생에 얽힌 이야기는 우리 모두에게 중요한 교훈을 제공한다. 실버는 렉스 프리드먼과의 인터뷰에서 "알파제로에 관한 아이디어가 정확히 어느 순간에 떠올랐는지 이야기할 수 있다"고 술회했다. 알고 보니 타임오프의 순간이었다.

실버는 "실은 신혼여행 중에 떠올랐다"고 설명한다. "그 어느 때보다 마음이 여유로운 상태였고 진짜 즐거움을 만끽하고 있었어요. 그때 바로 알파제로의 알고리즘이 완성된 형태로 눈앞에 '딱' 떠오르는 거예요." 실버는 이 아이디어가 쉬는 동안에 떠오른 것이 우연이 아니라고 본다. "너무 깊숙이 연구 삼매경에 빠져 다음 아이디어를 찾고자 하루 24시간 주7일씩 일하는 연구자들에게 이것이 시사하는 바가 있다고 생각합니다." 우리는 실버의 견해에 전적으로 동의하며, 그의 조언이 비단 연구계 종사자에만 해당하지 않는다고 믿는다. 어떤 영역이든 빅아이디어를 발견하려면 간간이 일에서 물러나야 한다. 미래에는 AI가 바둑 같은 게임뿐 아니라 일의 영역에서도 우리를 앞지를 가능성이 크다. 타임오프야말로 이런 미래에 우리가 경쟁력을 가지고 뒤처지지 않을 방법이다.

인류가 고귀한 여가를 복원할 절호의 기회

리카이푸(1961~) **대만계 미국인 AI 전문가, 벤처 투자전문가**

"루틴한 일이 우리의 존재 이유가 아님은 분명하다. 우리는 창조하기 위해 존재한다. 우리는 사랑하기 위해 존재한다."

리카이푸는 커리어의 상당 기간을 기계처럼 일했다. 그는 여가와 느긋한 여유를 게으름과 동일시하며 강한 반감을 품었다. 그에게 주 80시간 근무는 드물지 않은 일이었다. 새벽 2시에 일어나 이메일을 확인하고 해외 파트너들에게 답신하는 것은 일상다반사이고, 그가 부지런히 일하고 있음을 주변에 알리는 신호이기도 했다. 그는 노력에 걸맞은 성과를 거뒀다. 대학 재학 중 세계 최초의 화자 독립 연속 음성인식 시스템을 개발한 뒤 애플, 마이크로소프트, 구글의 AI 개발팀장을 거쳐 벤처투자사 '시노베이션 벤처스'를 창업했다.

리카이푸는 지난날을 돌아보며 자신의 근로 윤리가 광적이었음을 인정한다. "수 세기 동안 인간의 하루를 채우는 것은 일이었다. 우리는 시간과 땀을 내주고 집과 음식을 얻었다." 우리 중 대다수는 하루의 노동 생활에서 자긍심을 얻도록 조건화되었다. 나는 이러한 일중독적 세뇌 작업의 자발적 피해자였다." 오랫동안 리의 1순위는 가족이 아닌 근로 윤리였다. 하지만 2013년도 림프종 4기로 몇 개월밖에 못 살 거란 의사의 시한부 선고를 받고 모든 것이 바뀌었다.

리는 회고한다. "살 수 있는 날이 몇 개월밖에 남지 않았다는 현실 앞에 서자 앞이 캄캄해지면서 많은 생각이 들었다. 성취가 내 모든 자부심의 토대가 되었던 것이 얼마나 어리석은 일이었는지 알게 되었다. 우선순위가 엉망진창이었다. 나는 가족들을 방치했고, 아버지가 돌아가셨고, 어머니는 치매에 걸려 더 이상 나를 알아보지 못했다. 딸들은 이미 다 커버렸다." 다행히 리의 암은 이제 줄어들고 있다. 현재 그는 투병 기간에 얻은 혁신적 통찰을 가지고 AI 세상에서 인류가 추구해야 할 목표를 밝히는 일을 하고 있다.

그는 자신이 스스로를 '기계화'했음을 깨달았다. 그러나 더 이상 그런 식으로 살 이유가 없었다. 기계가 할 일은 AI가 할 수 있다. 리는 머신러닝(기계학습)과 로봇 기술로 수십조 달러의 부가 창출될 시대가 그리 멀지 않았다고 주장한다. 이런 테크놀로지 진보는 전 세계 경제와 고용에 지각변동을 일으킬 것이다. 곧 들이닥칠 변화로 그 어느 때보다 많은 타임오프가 우리에게 허락될 것이다. "조만간 여러 단순 반복적 직업이 대체될 것이고, 그 결과 우리는 더 많은 시간을 갖게 됩니다." 이 시간을 어떻게 재투자해야 할까?

리는 말한다. "이제 인간은 인간 본연의 일을 해야 합니다. 우리의 주특기는 창의성, 전략적 문제 해결, 타인과의 연결과 공감 그리고 사랑입니다. 나는 이런 일을 해야 하고, 다른 사람들도 단순하고 반복되는 일이 아니라 이런 일을 해야 한다고 일깨우고 싶습니다. 그런 일을 내려놓고 당신이 사랑하는 것을 발견하여 창의성이나 공감을 추구하는 것 … 단지 AI와 겨루어 살아남기 위해서가 아니라, 또는 AI와 상생하려는 목적이 아니라, 인류가 나아갈 더 나은 방향을 발견하고 의미를 찾기 위해 그래야 합니다."

리는 죽음이 스쳐간 뒤안길에서 테크놀로지 분야를 새로운 시선으로 바라보게 되었다. 그는 사랑과 창의성에 대한 강조가 우리와 인공지능의 관계에도 적용된다고 믿는다. 저서 『AI 슈퍼파워*AI Superpowers*』(이콘 역간)에서 그는 이런 깨달음을 전한다. "우리는 과학적 과정과 질병 치료, 책 집필, 영화 시나리오 쓰기, 스토리 만들기, 마케팅에서 기지가 필요한 일에 창의성을 발휘한다. 창의성이야말로 우리의 가장 인간다운 면모다." 아울러 우리는 "공감하는 직업은 AI가 결코 대체할 수 없을 것"이라고 단언한다. 그는 미래를 낙관적으로 바라본다. 단순하고 반복되는 작업은 "인간 본연의 일이 아니다. 가장 인간다운 일은 사랑하는 능력"이라고 말한다.

우리 미래의 원동력은 더 똑똑한 기계들과 협업하는 인간의 사랑과 창의성이다. 그는 우리 모두가 일의 미래에 대해 풍성하고 즐거운 상상을 하자고 권한다. "이제 우리는 생각하고 발명하고 창조하고 사람들과 어울리고 재미있는 취미 활동을 하는 쪽으로 스스로를 만들어갈 수 있다." 여러 면에서 세상은 현재 창의적으로 재건되는 과정에 있다. 오늘날 아리스토텔레스가 살아 돌아와 우리의 테크놀로지 진보를 목도했다면, 이 흥미진진한 상황에 대해 인류가 고귀한 여가를 복원할 절호의 기회라고 생각하지 않았을까?

AI 충격파가 현실화될 날이 성큼 다가왔다. 벌써 여러 직업 현장에서 AI가 상용화되고 있다. 리의 주장이다. "오늘날 주식 선별, 대출심사, 고객지원, 텔레마케팅, 조립라인 작업, 지원 업무, 중개사와 법무사의 일을 인간보다 더 잘 해내는 사례가 여기저기서 나타나고 있다. 이 최적화 작업은 인간이 하던 일을 대체함으로써 인간에게 시간의 자유를 부여할 것이다. 그래서 우리가 진짜 사랑하고 가장 잘하는 일을 하게 된다. 미래의 일은 슈퍼 지능을 가진 컴퓨터가 인류를 통제하는 디스토피아가 아니라 인류 최고의 창의성이 폭발적으로 꽃을 피우는 기회가 될 것이다." 이제 우리의 쉼 윤리를 더욱 발전시켜 이 기회를 적극 활용하자. 우리의 창의적 잠재성에 투자하여 스스로 '포스트 AI' 직업 세계에 대비하자.

실천하기 ▷ **창의적인 기량을 개발하라**

잠시 당신이 하는 일을 돌아보라. 최신 기술로 자동화될 가능성이 큰 부분은 무엇인가? 창의력이 필요한 부분은 무엇인가? 당신이 소유한 일련의 기량을 검토한 후, 어디에 시간이나 노력, 돈 등의 자원을 더 투자할지 생각해보라. 창의적이고 고유한 인간 본연의 재능인가 아니면 자동화될 재능인가? (평소 '엑셀의 달인'이라고 자부하던 사람은 지금 흠칫했을 것이다.) 당신이 즐겨 하는 (그리고 일부는 타임오프라고 여기는) 창의적 일이야말로 당신이 주력할 부분이다. 이제 그 영역을 더욱 발전시켜라. AI 시대에 성공하는 커리어의 열쇠는 인간의 창의성과 독창성에 있다.

인간과 AI가 동반성장하는 시대

오늘날의 직업 구성을 보면 몸과 손을 써서 가치에 기여하기보다, 사고력과 창의력을 요하는 전문직에 종사하는 지식 근로자가 날로 늘어나는 추세다. 대부분의 지식 근로자는 고등 교육과 현장 경험의 조합에서 얻은 전문성을 가지고 활동하는 전문가다. 그런데 막상 지식 근로자의 근무 시간 중 '전문가'라는 이름에 걸맞은 전문성을 활용하는 시간은 그리 많지 않다. 근무 시간 대부분을 행정 작업이나 정보 교환 등 지루하고 반복적인 업무가 차지한다. 이런 관례적 업무야말로 AI와 여타 생산성·자동화 도구가 뒤흔들어놓기 딱 좋고, 결국은 대체될 것이다. 한마디로 수명이 얼마 남지 않았다. 커리어를 창의적이고 인간다운 전문성 위주로 재편하지 않는 한 우리의 직업 역시 시한부 운명을 만날 것이다.

당신이 하는 일이 일련의 규칙과 지침으로 정리될 수 있는 것이라면, 언젠가는 기계나 더 값싼 노동력에 의해 대체될 것이다. 작업 난이도가 낮아서 그런 게 아니다. 미래에는 그만한 가치가 없을 것이기 때문이다. 계속해서 가치 있는 일을 하고 싶다면, AI가 할 수 없는 기량에 투자하는 것이 현명한 대처법이다. 현재 가장 각광받는 AI 유형인 딥러닝deep-learning이 극도로 강력해보이지만, 실상은 외관만 화려한 '대용량 데이터 통계분석 기계'일 뿐이다. 연구자들이 '완벽한 정보 게임'이라고 묘사하는 바둑과 체스는 출전자에게 세세한 관련 정보가 모두 공개된 상황에서 경기가 진행된다. AI가 이길 확률이 가장 높은 패턴을 파악하여 승리하기에 딱 좋은 조건을 갖춘 게임판인 것이다. 그러나 대부분의 현실 게임에서는, 특히 인간의 창의성과 기발함이 관건인 영역에서는 이런 조건을 갖춘 경우가 드물다. AI가 많은 일을 할 수 있기는 하지만, 흔한 패턴과 손쉽게 제공되는 정보 너머를 보는 인간 고유의 능력은 절대 따라올 수 없다. 모름지기 진정으로 창의적인 발상이란 언제나 통계적 정상치 바깥에 있는 이상치outlier가 아닌가. 시대에 뒤떨어지지 않으려면 이런 이상치를 찾아야 한다.

아울러 우리에게는 한발 뒤로 물러나 어디서 일이 꼬였는지 돌아보고 대책을 세우는 인간 고유의 능력이 있다. 우리에게는 어떤 것이 더 이상 유익하지 않음을 인정하며 스스로를 개혁하는 '탈학습' 능력이 있다. 컴퓨터 과학계의 선구자로 명망 높은 앨런 케이의 조언처럼 "어떤 의미에서 미래를 개척하는 데 관건은 학습이 아닌 탈학습을 얼마나 잘하느냐에 달려 있다." 역사 이래로 변화는 늘 있어왔지만, 최근 변화가 급물살을 타고 있다. 탈학습 능력 덕분에 우리는 변화를 수용하고, 성큼 다가온 테크놀로지 물살 속에서 새로운 기회와 도구를 활용할 수 있다.

AI와 함께 성장하려면 규칙을 따르는 법이 아니라 학습법을 배우는 데 투자하고, 고정관념을 뛰어넘어 일해야 한다. 스스로 규칙을 만들고 당신이 하는 여러 일을 섞으며 원거리의 점들을 연결해가야 한다. 불확실성을 편하게 받아들이고 창의성을 길잡이 삼아 나아가야 한다. 기존에 어떤 훈련을 받았든 이제 당신은 엄격한 패턴을 따르는 클래식 음악이 아니라 즉흥 재즈식 학습을 해야 한다.

요컨대 한층 더 인간다워져야 한다. 산업화로 인해 조립라인이 대두한 이래로 우리는 기계처럼 일하라고 배웠다. 그러나 이제 기계와 나란히 성장하기 위해서는 바쁨의 바통을 내던지고 인간 고유의 기량과 특성, 재능을 개발해야 한다. 다행히 우리는 이미 이런 특질을 가지고 있다.

이세돌이 알파고에 참패한 여파로 적잖은 바둑기사들이 사기를 잃었다. 그러나 초기의 충격이 어느 정도 가시고 나자 파괴된 기존 질서를 비집고 긍정적 흐름이 싹텄다. 이세돌과의 5차 대국에서 확연히 드러난 사실은 알파고가 인간 기사와는 사뭇 다른 방식으로 바둑을 둔다는 점이었다.

때때로 중계자들은 AI가 일부러 실수한 척한 건지, 아니면 기상천외한 수를 둔 건지 갈피를 잡지 못했다. 다만 어떤 인간 기사도 생각해내지 못한 수를 AI가 생각해냈다는 데 다들 동의했다. 얼마 후 인간 기사들은 알파고의 바둑 스타일을 분석하기 시작했고, AI를 강력한 훈련 파트너로 활용하기에 이르렀다. 이세돌이 알파고와의 5차 대국에서 딱 한 번 이겼는데, 이는 관중이 훗날 '신의 한 수'라고 칭송한 기막힌 한 수 덕분이었다.

이세돌은 알파고가 예상을 뒤엎는 기상천외한 스타일로 계속 자신을 한계로 내몰아 자신도 '초인적' 수를 찾지 않을 수 없었다고 고백한다. 그 후 몇 년 사이에 많은 프로 바둑기사들이 비인간의 대국 스타일에서 큰 영감을 받았고, 이를 활용하여 바둑에 대한 이해를 심화하고 있다.

전략은 지식 근로의 핵심이다. 어떤 전략을 창조하고 업그레이드하려면 확산적 사고divergent thinking(아이디어를 생성해서 큰 그림으로 사고하는 기술)와 수렴적 사고convergent thinking(문제에 파고들어 초집중하는 기술) 둘 다를 활용하는 능력이 요구된다. 현재 AI 응용과 시스템은 수렴식 작업에 탁월하다. 전문용어로 '좁은 인공지능narrow AI'이라고 부르는 AI는 특정 작업을 파고들어 집중하는 데는 탁월하지만,

약간이라도 낯선 작업이나 상황에 부딪히면 지식을 확대 적용하지 못한다. 좁은 인공지능은 좁은 영역 안의 모든 점들을 연결하는 데 탁월하다.

그러나 아직 먼 점들의 연결은 확산적 사고와 초점 확장, 전략화를 타고난 인간의 독보적 영역으로 남아 있다. 앞으로 몇 년간 좁은 인공지능은 엄청난 발전을 거듭할 것이다. 그러나 대다수 전문가들은 중단기적 미래에 '범용 인공지능general AI'이 등장할 가능성에 대해서는 회의적이다. 큰 사고는 여전히 우리 인간의 몫이다(앞으로 오랫동안 그럴 가능성이 높다). 우리는 AI의 협소한 초점을 활용하여 얻은 결과물을 연결함으로써 우리의 절묘한 수를 창조하는 데 초점을 맞춰야 한다.

그 일을 잘 하려면 AI가 지닌 새로운 가능성을 주목하고, 이를 새로운 맥락 속으로 진화, 통합, 해석하는 방법을 전략화하는 법을 익혀야 한다. 이 일은 이미 현실화되고 있다. 딥마인드는 알파고 외 여러 유사 프로젝트를 통해 습득한 전문성을 현실 세계의 다양한 문제에 응용하고 있다. 그 결과 눈병을 조기 발견하는 기술, 에너지 소비량을 30퍼센트 절감하는 구글 데이터 센터의 냉각장치 최적화 기술, 인간 신체 내 단백질 접힘 현상에 대한 이해를 심화하는 기술이 개발되었다.

오늘날의 AI는 이처럼 최적화를 가능케 하는 조력자다. 그런데 AI는 전략화, 다방면 사고, 직관을 바탕으로 낯선 상황에 대처하기, 큰 그림 보기 등은 하지 못한다. 이런 일은 우리 인간이 잘할 수 있다. 인간은 AI라는 강력한 도구를 활용하여 이런 (인간 본연의) 일을 이전보다 훨씬 더 잘하게 될 것이다.

인간은 공감할 수 있다

인공지능 음성 비서인 '알렉사'나 '시리'가 당신의 고단한 하루를 이해한다고 느낀 적이 있는가? 아마 없을 것이다. 타인의 감정을 이해하고 공유하는 얼핏 단순해 보이는 이 일은 우리의 상호작용과 관계가 바탕이 되어야 한다. 친구에게 하는 진심 어린 조언부터 직장 동료와의 유대감 형성까지, 공감은 우리의 진화 역사에 깊이 뿌리내린 협업과 협동에 꼭 필요한 기술이다. 이는 기계가 못하는 일이다.

감정과 상황은 경험하는 사람만큼이나 각양각색이다. AI 시스템이 행복한 얼굴과 슬픈 얼굴의 차이를 간파할 수는 있다. 하지만 인간 감정에 대한 겉핥기식 '이해'는 일견 대단해 보여도 실은 시각적 단서와 숱한 사례 데이터에 기초한 패턴 매칭에 불과하다. 인간의 감정은 훨씬 복잡다단하다. 우리는 때로 기쁨에 겨워 울고 답답한 나머지 씁쓸한 미소를 짓기도 한다. 이 대목에서 다시금 제한된 정보에도 불구하고 직관을 적용하는 우리의 능력을 얘기하지 않을 수 없다. 인간관계와 상호작용은 깔끔하게 떨어지지 않는다. 체스나 바둑 같은 완벽한 정보 게임과는 딴판이다. 우리는 종종 타인의 감정은커녕 자신의 감정조차 알지 못할 때가 있다. 어떤 감정에 올바른 이름표를 붙이는 것 그리고 그 맥락과 온갖 세세한 뉘앙스의 스펙트럼을 이해하고 적절하게 반응하는 것은 기계가 갖추지 못한 무언가를 요구한다. 바로 공감력이다. 통계와 빅데이터에 근거한 접근은 천태만상인 개개인과 공감하는 우리의 천부적 능력을 결코 따라오지 못한다. 그리고 AI를 활용하면 우리는 이 일을 더 잘 할 수 있다.

신기술과 협업한다면(신기술이 우리 잡무를 감당한다) 자기 고유 기량을 충분히 활용할 뿐 아니라, 가장 잘하는 일에 주력할 수 있다. 필자 맥스는 이전 직장에서 금융 애널리스트들이 방대한 분량의 데이터에서 쓸 만한 통찰을 뽑아낼 수 있게 하는 AI 기반 제품 개발팀을 이끌었다. 이 새로운 도구 덕분에 애널리스트들은 연관성 있는 정보를 추리는 데 쓰던 시간을 최대 90퍼센트까지 단축할 수 있었다. 그들은 단순 작업에 낭비하던 90퍼센트의 시간을 이제 그들의 기량과 창의성, 사람과의 만남 등 진짜 중요한 일에 재투자하게 되었다. 그들은 AI를 경쟁자로 보지 않고, 그들의 일을 업그레이드해줄 유능한 조력자로 받아들였다.

대표적으로 전문직 범주에 속한 의료인과 법조인을 보자. 그들은 얼마나 많은 시간을 행정 작업이나 지루한 검색에 낭비하고 있는가? 또 환자와의 개별 상담이나 사건에 대한 심층적 이해를 얻기 위한 의뢰인과의 상담에는 얼마나 적은 시간을 쓰고 있는가? 가끔 현대 병원이 공장 같다는 느낌을 받을 때가 있다. 환자는 콘베이어 벨트에 실린 표준화된 단위로서 이 구역에서 저 구역으로 이동한다. 의사는 힐끗 환자를 살펴보고 어느 범주에 해당하는지 체크한 다음 또 다른 환자를 받는다. 만약 AI를 활용해 의사가 온갖 잡무에 쓰는 시간을 90퍼센트 이상 줄일 수 있다면, 그리고 남는 시간을 환자와 대면하는 시간에 재투자할 수 있다면 어떤 일이 일어날지 상상해보라. 기계가 기계적인 일을 함으로써 인간이 인간적인 일을 하게 된다면 작업 수준이 얼마나 올라갈까?

2020년에 아스펜 연구소는 「인공적 친밀감Artificial Intimacy」이라는 제목의 인공지능에 관한 특집 대담 보고서에서 "AI의 새로운 역할은 인간이 더 나은 인간이 되도록 돕는 것"이라는 시리 사의 전 CTO이자 공동창립자, 디자인 책임자 톰 그루버의 말을 인용했다.

대담 중 탈학습과 무지를 인정하는 것의 중요성이 제기되었고, 이와 관련하여 MIT 교수 셰리 터클은 공감에 대해 이런 견해를 개진했다. "공감은 '당신이 어떤 기분인지 알아요'에서 출발하는 것이 아닙니다. 공감은 타인이 어떤 기분일지 알지 못함을 깨닫는 데서 출발합니다." 성찰과 연민을 바탕으로 스스로 무지함을 깨닫는 것이야말로 인간 본연의 역량이다. 그러나 AI와의 협업을 통해 이 역량 역시 향상시킬 수 있다.

인간은 큐레이팅할 수 있다

이 책의 출간을 준비하면서 필자 맥스는 도쿄에 위치한 '쿠오즈모'라는 작은 회사에서 전산 창의력computational creativity을 통해 인공지능을 예술, 음악, 디자인에 응용하는 일을 진행하고 있었다. 우리는 창조할 때 필요에 맞는 한 조각을 '채굴'하고자 광활한 도서관(온갖 그림, 소프트웨어 프로그램, 노래, 사업 계획 등)을 찾아 헤맨다. 이것이야말로 AI와 딥러닝이 개입할 영역이다. 인류 역사상 어떤 도구도 머신러닝만큼 빨리, 체계적으로 이 도서관을 검색하지 못했다. 우리는 이 여정의 아주 초기 단계에 있다. AI는 우리가 원하는 것을 채굴하고 도서관의 무질서에 질서를 부여하는 일을 돕는다. 그러나 무엇을 찾을지, 발견한 것 중 무엇을 보관할지를 결정하는 것은 여전히 인간의 몫이다. AI는 큰 도움이 되는 부지런한 사서는 될 수 있어도 큐레이터는 우리다. 무엇이 예술이고 무엇이 헛소리인지 판단하는 것은 우리 몫이다.

포토샵과 여타 디지털 그래픽 디자인 소프트웨어가 도입되었다고 별안간 그래픽 디자이너라는 직업이 없어지지 않았다(오히려 정반대였다). 새로운 도구를 도입하기로 결정한 이들은 도구를 쓰면 많은 과정이 '한결' 쉬워지고, 가능한 디자인 영역의 탐색이 훨씬 빨라지는 것을 발견했다. 하지만 소프트웨어가 디자인하는 건 아니다. 소프트웨어는 어떤 디자인이 좋은지 판단하지도 못한다. 그저 디자이너가 도구를 사용하여 더 많이 탐색하고 더 나은 큐레이팅을 하도록 도울 뿐이다.

근본적으로 AI도 이와 다르지 않다. 화가가 붓과 화폭을 연구하고 필치를 갈고닦는 것처럼, 피아니스트가 악기의 정교함을 연구하고 테크닉을 연습하는 것처럼, 성공적인 AI 아티스트도 그가 작업에 사용하는 시스템과 머릿속 창작물을 정확하게 구현하기 위해 어떤 식으로 시스템을 조작해야 할지 깊이 연구한다. 인공지능과 인공신경망은 창조자가 아니다. 그들은 펜, 붓, 카메라, 바이올린, 조각칼이다. 그들은 도구다. 워낙 고도로 복잡하고 참신하니 일견 마법처럼, 아니 자율적인 디자이너처럼 보일지 몰라도 실은 인간 창작자의 손에 들린 연장에 불과하다.

이런 도구를 수용하고 고유의 인간적 면모를 가지고 도구와 협업하는 사람들은 새로운 창의적 표현 방식을 발견하고 더 많은 공감을 실천하며 더 크게 생각할 시간적 여유를 얻을 것이다. AI는 어마어마한 잠재성을 가진 새로운 도구다. 그걸 어떻게 사용하는가는 우리에게 달려 있다.

소프트 스킬이 돈이 되는 시대

야외 놀이를 통해 아이들의 기량 개발을 돕고 멘토링을 제공하는 캠프 상담가, 노인과 시간을 보내고자 요양원을 방문하는 젊은 세대, 자신들의 정신 건강 문제를 토로하고자 편안한 환경에서 모임을 가지는 전문직 종사자들, 도시의 황량한 지역에 나무를 심기 위해 힘을 모으는 지역사회 공동체…. 예전에는 이 모든 활동을 그저 과외활동 또는 자원봉사라고 여겼지만, 이것이야말로 고귀한 여가가 무엇인지 보여주는 최상의 사례다. 서로를 보살피는 인간다운 일은 사회에 가치를 더하고 세상에 긍정적 에너지를 창출함으로써 궁극적으로 우리 자신을 위한 의미 발견으로 귀결된다. 청소년의 정서 지능이 향상되고, 노인이 혜안을 공유하고 존중받는 느낌을 가지며, 사람들이 모임을 통해 고립감을 덜고, 자연이 현대사회와 상생한다. 왜 이 모든 것에 돈을 지불하지 않을까? 예전에는 '해피 아워happy hour'가 온종일 일을 한 후 숨을 돌리게 하는 시간이었다면 미래에는 우리의 근무시간 전체를 채울 것이다.

필자 존은 애너멀 벤처스(공급망 관리 자동화 기술을 개발하는 테크기업)에서 파트너로 일할 때, 〈포춘〉 선정 100대 회사의 중역들에게 자동화 추세 가운데 미래형 근무인력 양성 방안에 관해 자문을 제공했다. 조언은 단순했다. 바로 사람들이 '아이디어 디자이너'가 되도록 양성하라는 것이다.

아마존이나 애플 같은 거대 기업부터 동네 빵집이나 인쇄소, 온라인 시장의 프리랜서까지, 모든 활동에는 공급망이 있기 마련이다. 공급망은 대략 설계, 제작, 조율, 발송, 네 가지 범주로 나뉜다. 가령 공장 제작 옷을 판매하는 전자상거래 스타트업이라면 옷을 디자인하고, 원단을 조달하여 의류를 제작하고, 다수의 판매처와 재고 개발을 조율하고, 최종적으로 그들의 틈새 제품을 사려고 '구매' 버튼을 누른 고객들에게 제품을 발송한다.

변호사는 자신의 변론과 관점을 디자인하고, 관련 법적 서류를 취합하고, 다수의 상대 및 조사 파트너들과 조율하며, 의뢰인에게 법률 서비스를 제공한다. 자동화 도구의 부상으로 갈수록 이 기능 중 세 가지, 즉 제작, 조율, 발송이 테크놀로지와 기계로 관리되는 추세다.

당신이 앞서 언급한 공장 의류 스타트업을 운영한다고 상상해보자. 이제는 로봇이 제작과 제조를 맡고, 머신러닝 알고리즘이 원자재 조달을 조율하고 일정을 맞추며, 모든 공급망 파트너를 위한 예측까지 제공한다. 머지않아 드론과 자율주행차가 고객에게 제품을 발송하는 일까지 맡게 될 것이다.

그러나 디자인은 예외다. '디자인'과 관련된 직업은 소통, 공감, 창의성, 불확실성 앞에서 전략적으로 사고하기, 질문하기, 꿈꾸기 등 매우 인간적인 특질을 요한다. 버트란드 러셀과 테리 루돌프의 명성은 그들이 늦지 않게 연구비 지원서를 제출해서가 아니라 그들이 철학과 과학 분야에서 공헌한 덕분이었다. 베토벤, 차이콥스키, 이더우드가 음악으로 사람들에게 기쁨을 선사한 건 그들이 선대 예술가를 모방하는 데 남다른 부지런함과 탁월함을 보여서가 아니다. 마이크 멘샤스와 피라스 자하비가 독보적 코치가 된 것은 선배 코치들의 선례를 잘 따라서가 아니다. 앨리스 워터스와 매그너스 닐슨이 수준급 셰프가 된 것은 재료 조달이나 주방 스태프의 교대 스케줄 맞추기를 잘해서가 아니다.

그들은 모두 디자인 작업, 창의성, 장난기, 기꺼이 바보짓을 하려는 자세 그리고 타인과의 연결을 통해 사회에 공헌했다. 그렇다. 그들은 매우 뚜렷한 '하드 스킬hard skill'을 갖추고 있었지만 그런 사람은 차고 넘친다. 그들을 차별화한 건 자신의 재능을 최대치로 끌어올리기 위해 '소프트 스킬soft skill'을 사용한 방식에 있다.

지금쯤이면 여러 형태의 타임오프를 적절하게 활용하는 것이 디자인 작업과 아이디어 부화에 저력이 된다는 사실을 충분히 알고 있으리라고 생각한다. 그러므로 우리 쪽으로 성큼성큼 다가오는 자동화에 화를 내기보다는 임박한 변화에 선제적으로 대응해야 한다. 지금 적절한 대책을 세우고 기계처럼 일하는 것을 관둔다면, 스스로를 이상적인 기계 협업자로 자리매김할 수 있을 것이다. 그 결과 독보적인 경쟁우위를 점하고 새롭게 진화하는 세태 속에서 성공할 것이다. 당신의 게임을 업그레이드하려면 지금껏 일해온 관계의 틀을 다시 짜야 한다.

일의 미래에서 타임오프는 '있으면 좋은' 것 또는 너그러운 고용주가 인재를 영입하고 지키기 위해 제공하는 매력적 유인책 그 이상이다. 일의 미래에서 인간 고유의 역량과 기량, 재능은 우리의 핵심 경쟁력이 될 것이다(이 모든 것의 활용을 가능케 하는 것이 바로 타임오프다). 결과적으로 타임오프는 조명등과 와이파이 연결만큼이나 우리 일에 필수불가결해질 것이다. 우리는 AI가 갖지 못한 종류의 지능을 가지고 있지만, 그것을 가꿔가려면 공간이 필요하다. 그 공간을 마련하는 것이 우리 몫이다.

하루 5시간만 일하기 위해 바꿔야 할 것들

스테판 아르스톨(1972~) 미국 창업가, 작가

"근로자들이 한 주의 30퍼센트를 누리기 위해 70퍼센트를 견뎌야 한다고? 이것이 바로 집단 광기다. 이젠 바쁨을 맹목적으로 추구하는 건 그만두고 보다 전략적으로 시간을 사용하고 결정해야 할 때다."

화창한 샌디에이고의 아름다운 7월 어느 오후. 시간은 1시 30분. 도심의 대다수 사무직 근로자들이 점심식사를 마치고 이메일 수신함을 다시 열며 오후 일과에 돌입할 채비를 할 때다. 하지만 '타워패들보드'의 모든 임직원은 하루 일과를 정리하고 느긋한 여가를 즐기기 위해 해변으로 발길을 옮기고 있다. 회사 휴일이나 기념일이어서가 아니다. 그들에게는 정상적인 하루다. 회사는 매해 여름 6월부터 9월까지 오전 8시 30분부터 오후 1시 30분까지만 근무하는 하루 5시간 근무제를 도입했다. 이 시기에는 전 직원이 넉넉한 타임오프를 가지며 이 계절에만 덤으로 주어지는 햇볕을 충분히 즐긴다. 회사 웹사이트에도 "우리의 근무 시간은 대다수 사람들의 휴가철보다 나은 수준이다"라고 당당하게 밝히고 있다.

회사 창립자이자 CEO인 스테판 아르스톨은 타임오프의 굳건한 신봉자다. 그는 하루 5시간 근무제가 자사 문화의 정수라고 본다. 저서 『하루 5시간 근무제*The Five-hour workday*』에서 그는 하루 5시간 근무제를 성공으로 이끈 과정을 소개하고 다른 사람도 그렇게 할 수 있다고 강조한다. 아르스톨은 1세기 전 헨리 포드가 공장 근로자를 위해 했던 것처럼 우리의 근무 시간을 재고해야 한다고 목소리를 높인다. 그는 "하루 8시간 근무제는 머리가 아닌 신체를 위해 만들어진 것"이라고 주장한다. 오늘날 일의 세계는 머리 쓰는 일이 대부분이다. 그래서 아르스톨과 그의 회사는 하루 8시간 근무제가 "시대착오적이며 오늘날 고도로 생산적인 지식 근로 환경에 잘 맞지 않는다"고 선언했다.

대신 회사는 하루 5시간 근무제를 도입했다. 그리고 새 정책을 전 방위적으로 실행했다. 오프라인 매장과 고객센터까지 새 정책에 포함시켰다. 대부분의 사업주는 이렇게 응대 시간을 단축하면 고객의 분노를 사거나 재앙이 생긴다고 예상한다. 그러나 아르스톨은 다른 관점으로 보았다. "지금과 같은 '즉각 만족' 사회에서조차 고객을 응대하기 위해 직원이 온종일 대기하고 있을 필요가 없다. 소통할 수 있을 때 소통하면 된다." 그의 생각이 맞았다. 실은 근무시간 감축을 실행한 6월부터 9월까지는 회사의 가장 바쁜 성수기로서 연매출의 70퍼센트를 차지한다. 5시간 근무제는 빈둥거리고 일을 적게 하는 것을 허용한다는 의미가 아니다. 오히려 정반대다. "더 적은 시간에 동일한, 아니 더 많은 성과를 냈다. 생산성 손실은 없고 이익만 있었다."

근로시간 단축은 집중력과 명료함을 요한다. 아르스톨은 직원들 스스로 무엇이 본질적인지를 물으며 더 나은 근무 과정을 구축하라고 독려했다. 그는 직원들 대다수가 근로시간 중 그저 일만 할 뿐 일하는 방법은 충분히 고민하지 않는다고 확신했다. "하루 5시간 근무제를 통해 근로자는 어쩔 수 없이 가치가 높은 활동에 우선순위를 두고 스스로 시간관리를 하게 된다." 인위적으로 시간 제약을 두면 잠겨 있던 생산성이 해제되어 생산성 향상으로 귀결된다는 논리다. 스스로 일하는 방식을 재평가할 수밖에 없기 때문이다. 아르스톨은 올바른 근로 윤리와 쉼 윤리로 이 방식을 제대로 활용한다면 생산성 감소 없이 시간을 30퍼센트 절감할 수 있다고 자신한다. 그는 "인간은 기계가 아니다. 책상에 8시간 붙어 있다고 생산성이 오르지 않는다"면서 (종종 간과되는) 또 다른 요인을 주목한다. "행복은 생산성을 끌어올린다. [그리고] 근무 시간이 줄면 근무 시간이 귀한 줄 안다." 회사 실적은 이 방법에 효과가 있음을 입증한다. 〈샌디에이고 비즈니스 저널〉은 2014년 샌디에이고에서 가장 급속도로 성장한 비상장회사로 타워패들보드를 선정했고, 투자자 마크 큐반은 미국 TV

프로그램 〈샤크 탱크〉에서 이 회사가 자신의 최고 투자처라고 칭송했다. 회사는 2016년 단 7명이 하루 5시간씩 일하며 연매출 1천만 달러를 달성했다.

하루 5시간 근무제로 상승하는 건 생산성만이 아니다. 이런 문화 속에서 창업가 정신도 활짝 피어난다. 아르스톨은 이것이 직원과 고용주 모두에게 좋다고 믿는다. 회사는 부업과 취미를 용인하는 수준을 넘어 적극 독려하고 지원한다. "팀원을 챙기는 주장처럼, 창업가는 근로자의 부수적 활동을 독려함으로써 그들이 창업가가 누리는 자유를 동일하게 경험하도록 해야 한다. 유감스럽게도 너무 많은 고용주들이 자사의 최고 인재가 열정 프로젝트를 추진하거나 기술을 두루 연마하려고 할 때 이를 막으려고 한다." 최고의 인재는 어떻게든 자신의 활동을 찾아 나설 것이다. 우리가 이를 적극 독려한다면 모두 승자가 된다. 직원 입장에서는 재정 부담이 줄고 동기 부여와 창의성이 커진다. 고용주 입장에서는 이런 활동을 독려하는 것이 오히려 이직률을 낮추는 방편이 된다. 창업가다운 노력을 통해 직원이 습득하는 경험과 기술은 당연히 도움이 된다. 타임오프는 창업가 정신, 자원봉사, 공동체 참여 그리고 이 모든 것에 수반되는 배움으로 모두에게 남는 장사가 될 것이다.

대부분 타임오프 형태에서 관건은 적절한 균형과 사려 깊은 태도다. 아르스톨은 5시간 근무제가 늘 효과적이지는 않다고 순순히 수긍한다. 회사가 1년 내내 5시간 근무제를 실행하지 않는 까닭도 여기 있다. 그는 보통 사람들이 일에 매진해야 할 경우 나 홀로 일하는 경향이 있음을 발견했다. 이는 생산성에는 주효할지 몰라도 "정상적인 스타트업"의 참호 속에서 오랜 시간 함께 뒹굴며 끈끈해지는 동지의식을 갖는 데는 효과적이지 못했다. 그래서 나머지 1년은 전통적인 오전 8시 30분 출근, 오후 5시 30분 퇴근 일정을 고수한다. 여름 몇 달간에도 간간이 장시간 근무를 해야 할 상황이 발생하지만, 이는 예외적이기에 한결 순적하게 대처한다. 아르스톨은 "여느 나인투파이브 직장과 마찬가지로 스스로 원해서 또는 필요에 의해 잔업근무를 하는 날도 있다. 그러나 오후 1시에 서핑을 하거나 하교하는 아이들을 데리러 갈 때, 일은 삶과 분리된 게 아니다. 다만 그 모든 게 삶이다"라고 말한다.

근무시간 단축이 모든 사람의 취향에 맞는 건 아니다. 사무실에 8시간 이상 붙어 있는 게 당연하다는 기대치에 길들여져 자신도 모르게 게으름이 몸이 밴 사람도 많다. 이 구습을 포기하고 싶지 않은 사람도 있다. 이 회사에 적응하려면 구습을 깨려고 결단하고, 중요할 때는 생산성에 온전히 집중하고 그렇지 않을 때는 모드 전환을 할 줄 알아야 한다. 고용주로서 아르스톨은 직원들에게 근무시간 단축이 성과 감소를 의미하는 건 아님을 단호하게 피력해야 했다. 그는 생산성 마인드를 가르치고 기대치를 명료하게 설정한 다음, 필요한 경우에는 해고라는 강수까지 두며 기대치를 고수했다. 이 새로운 근로 방식을 기꺼이 수용하려는 많은 인재가 회사의 문을 두드리고 있다.

실천하기 ▶ **마감 시한을 엄수하고, 자유 시간을 늘리는 시스템을 개발하라**

나만의 마감 시한을 설정하고 특정 업무를 완수하는 데 필요한 시간을 평소 생각한 것보다 적게 설정해보라. 그다음 역방향으로 어떻게 일해야 할당된 시간 안에 일을 완수할지 궁리하라. 그러면 이제껏 일해 온 방식을 돌아보며 어떤 시스템과 프로세스를 새롭게 갖춰야 할지 고민하게 된다. 사업을 경영하고 있다면, 어떻게 하루 5시간 근무제를 도입할 수 있을지 생각해보라.

고귀한 여가 위에 다시 세운 문화

일의 미래에 대비하려면 우리 모두 개인의 습관과 행동을 점검하고 쉼 윤리를 구축해야 한다. 하지만 개인 차원을 넘어 집단 차원의 접근이 필요하다. 우리 사회, 공동체, 회사에서 제기되는 여러 도전과 기회를 살펴야 한다는 얘기다. 다 함께 타임오프의 가치를 중심으로 문화를 가꿔가야 한다.

인류는 기후 온난화, 자연 파괴, 경제 불안, 사회 소요 등 여러 굵직한 도전을 마주하고 있다. 이런 도전에 대응하려면 우리가 새로운 유형의 혁신 주도형 경제 시스템 안에 살고 있으며, 미래로 순적하게 이행하기 위해서는 그에 걸맞는 새로운 모델과 실천이 필요하다는 사실을 인식해야 한다. 현대 테크놀로지의 변화 속도는 우리의 생산, 분배, 에너지 관련 시스템(그 외에도 많지만)이 급진적으로 변해야 한다는 것을 의미한다. 이것은 결코 쉽지 않은 과업이며, 우리 모두가 이 일에 책임이 있다.

2018년 '세계경제포럼'의 안건은 세계인을 향한 이런 호소를 담고 있다. "시대에 뒤떨어진 사고방식을 붙들고 기존 프로세스와 제도를 다듬는 것만으로는 부족하다. 기초부터 다시 설계해야 한다. 그래야 오늘날 목도하는 여러 혼란을 피하는 동시에 우리 앞에 놓인 새로운 기회를 활용할 수 있다." 우리는 놀이터 사고방식을 활용해야 한다. 용기 있게 엉뚱한 아이디어를 내야 한다. '이러면 어떨까?' 하며 상상의 나래를 펼쳐야 한다. 아이디어의 함의를 성찰하며 잠재적 해법을 부화시킬 정신적 시공간을 스스로에게 허락해야 한다. 더 이상 현대 세계에 맞지 않는 구태의연한 모델과 사고방식을 떠나보내야 한다.

이미 이것을 깨달은 똑똑한 지식 근로자가 많다. 그들의 목표는 더 이상 최대치의 연봉 인상이 아니다. 그들에게 돈이란 대체로 시간을 사기 위한 자원에 불과하다. 그들의 주요 측정기준은 시간당 급여가 아니다. 슬프게도 급여는 고액연봉을 받는다는 직종조차도 꽤 저조한 수준이다. 최고의 인재들이 직장을 등지고 프리랜서 일을 추구하는 것은 어찌 보면 당연하다. 프리랜서 세계에서 프리랜서와 고객 모두가 보편적으로 이해하고 합의하는 원칙은 따로 있다. 중요한 건 투입 시간이 아니라 오직 성과물이라는 것. 그러나 옛 방식을 따르는 수많은 고용주들은 이런 통찰에 거세게 반발한다. 그 결과 자기 주도적으로 스케줄을 잡고 일하면 더 적은 시간에 더 많은 일을 할 수 있음을 깨달은 개인들이 점점 더 프리랜서로 나서고 있다. 그 과정에서 그들의 수입이 몇 배로 불어날 뿐 아니라 그들이 제공하는 일의 질 역시 향상된다. 일의 미래에서 생산성과 여가의 관계는 더 이상 '양자택일'이 아니라 '둘 다'이다.

다행히 과로와 타임오프 부족이 어떻게 사업에 타격을 입히는지에 눈뜨는 리더가 갈수록 많아지고 있다. 그들 중에는 슈테판 아르스톨처럼 변화의 선봉에 선 이들도 있다. 소프트웨어 기업 베이스캠프의 공동창업자인 제이슨 프라이드와 데이비드 하이네메이어 핸슨은 오래전부터 직장 내 충분한 타임오프를 주창하며 직장을 어떻게 조용한 곳으로 만들지 고민하는 리더들을 돕는 방법을 제시했다. "일단 회사를 제품으로 생각하기 시작하면, 회사를 발전시킬 수 있는 다양한 방법이 떠오른다. 일하는 방식이 더 나아질 수 있다는 점을 깨달으면, 좀 더 새롭고 나은 방식으로 고칠 수 있다. 우리는 제품 개발에 들이는 노력만큼이나 회사를 더 좋은 곳으로 만들기 위해 노력한다." 이런 눈으로 직장 내 문화를 검토해보면 직장에도 소프트웨어와 같이 오류가 있음을 발견한다. 잘못된 조직체계나 쓸데없이 스트레스를 일으키는 관습과 기대치가 눈에 띈다면, 더 늦기 전에 직장의 문화적 소프트웨어를 손봐야 한다.

리더들의 노력이 진가를 발휘하려면 더 폭넓은 문화적 전환이 필요하다. 무제한 휴가 같은 혜택과 정책을 도입하는 회사들도 더러 있다. 하지만 저변 문화가 변하지 않았기 때문에 두려워하거나 회사를 못 믿어서 혜택을 쓰지 못하는 직원들도 많다.

특히 미국에서 개방휴가제는 사람들이 도리어 연차를 덜 쓰는 결과를 초래했다. 많은 사람이 의식적이든 무의식적이든 자신의 생산성과 근면성을 입증하고 싶어했기 때문이다. 때로는 좋은 의도로 실시한 정책이 도리어 불안과 번아웃을 유발하는 원인이 되기도 한다. 차라리 회사 전체적으로 실시하는 '강제' 연차가 현재의 문화 수준에서는 최상의 접근이 아닐까 싶다. 표현 방식도 중요하다. "오후 7시 이후에는 이메일을 확인하지 않아도 됩니다"라는 문구보다 "오후 7시 이후 이메일 확인을 금합니다"라는 편이 훨씬 낫다. "필요하다면 연차를 낼 수 있어요"라는 표현도 마찬가지다.

관리자는 이 문제를 진지하게 생각해야 한다. 번아웃된 사람은 자신만 고통당할 뿐 아니라 동료들에게도 영향을 미쳐 모든 사람의 사기와 생산성을 끌어내린다. 팀으로 일하는 환경에서 한 사람만 번아웃되는 경우는 드물다. 한 직원이 힘들어하면 주변인도 힘들어할 가능성이 크다. 특히 지도자와 관리자는 팀의 행복과 창의성을 유지하기 위해 저변 요인을 잘 살펴야 한다.

저서 『아무 일도 하지 않는 방법How to Do Nothing』에서 제니 오델은 "견제당하지 않고 계속 성장하는 것은 기생하거나 암적인 존재인 경우가 많다. 그런데 우리는 순환과 재생보다 새로움과 성장에 가점을 부여하는 문화 속에 살고 있다. … 우리는 유지관리와 돌봄을 생산적이라고 보지 않는 경향이 있다." 특히 창업가는 성장 마인드에 매몰되는 경향이 있다. 물론 성장하려고 경주해야 할 때도 있지만 뒤로 물러나야 할 때도 있다. 늘 그렇듯이 열쇠는 균형이다. 현실적인 목표와 기대치가 필수적인 까닭이 여기에 있다. 그렇지 않으면 무엇을 향해 성장하고 있는지, 언제 충분히 할 만큼 했는지 어떻게 가늠하겠는가?

성공적인 협업은 서로를 보완하고 각기 다른 기량과 견해와 아이디어로 기여하는 사람들 간에 일어난다. 그런데 대부분의 직장은 획일적 모형에 끼워 맞추는 식이다. 이 또한 부작용이 크지만 우리가 떨쳐내기를 꺼리는 산업시대 사고방식의 잔재다. 저서 『은근한 매력*Introvert Power*』(흐름출판 역간)에서 로리 헬고는 "대체로 자기 존재에 대해 끊임없이 불쾌감을 불러일으키는 환경은 그릇된 환경이다"라고 말한다. 우리는 모두 (근무) 환경이 우리를 돕는지 또는 저해하는지 의식적으로 살펴야 한다. 후자라면 더 늦기 전에 저항하며 환경에 변화를 주거나 스스로에게 맞는 환경을 찾아 나서야 한다. 우리 모두 나름의 방식으로, 나름의 속도로, 나름의 때에 맞게 일에 접근하는 유연성을 갖춘다면 잠재성을 온전히 풀어놓을 수 있다.

안타깝게도 우리는 아직 바쁨과 스트레스, 과로가 우리의 성취도와 중요성을 입증하는 영예훈장인 양 여기는 사회에 살고 있다. 기업가와 관리자, 개인이 단지 장시간 이 악물고 미친 듯 일하면 생산성과 능률이 올라간다고 착각하는 것은 모두에게 위험한 악순환이 될 것이다. 종종 우리가 그저 그런 수준에 갇히는 이유는 현상유지와 사회적 관습으로 고착화된 규칙에 의문을 제기하길 두려워하기 때문이다.

늘 이런 식이어야 할 이유는 없다. 우리는 고귀한 여가 문화를 일궈나감으로써 그저 그런 수준에서 벗어나 성공과 의미로 자기 삶을 채울 수 있다. 우리는 여가 문화 덕분에 미래의 직업 세계에서 성공할 수 있다. 미래가 닥쳐야만 이런 문화에서 엄청난 수확물을 거둘 수 있는 건 아니다. 개인과 회사와 사회 차원에서 문화적 이행을 수용함으로써 이미 성공을 맛본 세 사람의 사례를 나누고자 한다.

자발적 조기 은퇴의 기술

피트 애드니(1975~, 필명: 미스터 머니 무스타슈)

미국인 은퇴자, 금융 블로거

"돈의 제약에서 자유로워졌다고 해서 일을 그만두는 사람은 생각보다 적다. 오히려 가장 값진 일을 하기 시작한다. 당장 사회의 최고 성취자들을 보라. 세계 지도자들과 생산적인 기업의 설립자들은 이미 상당히 많은 것을 이룬 사람들이다. 그런데도 일이 그들에게 주는 의미가 있기에 계속해서 일을 한다."

아, 은퇴라. 기나긴 커리어 끝자락에 있는 달콤한 종착지. 마침내 모든 힘든 일에서 오는 결실을 거두며 당신이 늘 꿈꿔온 것을 할 수 있는 시간. 그런데 정말 60대, 70대가 될 때까지 기다려야 하는 걸까? '파이어'(Financial Independence, Retire Early, 경제적 자립을 기반으로 한 자발적 조기 은퇴)라는 작지만 활발한 운동에 참여한 사람들은 그렇게 오래 기다리지 않아도 된다고 생각한다. 그들은 훨씬 일찍, 여생이 한참 남았을 때 은퇴할 수 있다고 믿는다. 그들 중에 '미스터 머니 무스타슈'라는 필명으로 인기리에 개인 금융 블로그를 운영하는 피트 애드니가 있다.

애드니 자신도 2005년, 서른의 나이에 은퇴했다. 유산 상속을 받거나 스타트업을 매각한 게 아니었다. 어떤 계기로 일확천금을 번 것도 아니었다. 그는 평범한 직장에 다니는 평범한 남자였다. 은퇴 전 부부가 모두 소프트웨어 엔지니어였고, 각각 평균 연봉이 7만 달러가 못 되었다. 그런데 부부가 일반적인 사무직 근로자와 달랐던 부분이 하나 있었다. 그들은 검소하게 살았고 공격적으로 저축을 했다. 세후 급여의 반 이상을 기본 인덱스 펀드와 여타 보수적 자산에 투자했다. 은퇴할 즈음 그들 수중엔 60만 달러 상당의 투자 자산과 20만 달러 상당의 대출 없는 집이 있었다. 애드니와 가족이 평생 생계를 유지하기에 충분한 돈이었다.

파이어 운동의 금과옥조는 '4퍼센트 규칙'이다. 장기적으로 인덱스 펀드가 연평균 7~8퍼센트의 수익을 낸다는 전제 하에, 애드니와 파이어 공동체는 4퍼센트의 저축 인출이 안전한 소비율에 해당한다고 주장한다. 이는 "은퇴 시점까지 모은 돈을 살아생전 탕진하지 않기 위한 최대치의 소비율"이다. 애드니 가족은 늘 검소한 생활을 한다. 그렇다고 딱히 부족함을 느끼지도 않는다. 연 지출 총액이 2만5

천 달러를 크게 넘지 않는다면 안전한 인출금 내에서 행복하게 생계를 유지할 수 있다.

최근에 은퇴한 사람들에게 누차 들었겠지만 타임오프의 최고봉, 즉 일로부터의 완전한 자유가 누군가에게는 상당한 고역이 될 수 있다. 달리 시간을 채울 무언가가 없다면 말이다. 종일 소파에 누워 빈둥거리는 재미도 하루 이틀이다. 본질은 일에서 벗어나는 게 아니라고 애드니는 말한다. 본질은 돈벌이 걱정 없이 원하는 장소에서 원하는 일을 하는 것이다. 그는 은퇴 후 훨씬 활동적인 삶을 살고 있다. 그는 자신이 "소파나 해변에 한 시간 이상 가만히 앉아있지 못하는 사람"이라고 말한다. "휴가 때에도 행복감을 느끼려면 소일거리가 필요해서 몸 쓰는 일을 찾고야 맙니다. 하루라도 생산성이 제로인 날은 기분이 좋지 않아요. 일을 멈추거나 하고 싶은 일이 없어지면 소파에서 빈둥거리거나 오전 11시에 낮잠을 자게 되죠. 일할 게 없으면 우울하고 지루해지거든요."

애드니의 다양한 활동 중에는 블로그를 통해 "어떻게 하면 우리 모두 검소하지만 '겁나게 멋진' 여가를 누리며 살 수 있는지" 사람들에게 가르치는 일도 포함된다. 하지만 그가 정말 좋아하는 것은 현실 세계에서 만나는 다채로운 일, 손에 흙을 묻히고 몸을 쓰는 일이다. "도대체 왜 남이 운동하는 걸 구경하는 게 즐거운지 모르겠어요. 관광지 다니는 것도 별로고, 큰 모래성을 쌓는 게 아니라면 해변에 계속 있기도 힘들어요. … 온종일 내버려두면 저는 아마도 목공, 웨이트 트레이닝, 글쓰기, 악기 연주, 할 일 목록 실행하기 등을 할 겁니다." 애드니가 가장 좋아하는 활동은 대부분 별로 돈이 안 들거나 심지어 돈벌이가 되는 것이다. 이 모든 활동은 창의성, 뚝딱거리고 뭔가를 만들기, 문제 해결로 응축된다.

은퇴한 후에도 직업을 가지거나 사업을 시작할 수 있다. "새로운 정의에 입각한 조기 은퇴는 일을 관두라는 의미도 되지만, 꼭 일을 관둬야 하는 건 아니다. 다만 일을 하면서 겪는 끔찍한 부분, 이를테면 출퇴근길, 사내 정치, 돈벌이에 급급한 불량품 생산 등에서 빠져나올 선택권을 행사하라는 것이다." 이 새로운 형태의 은퇴를 하면 타인의 시선과 상관없이 우리의 진짜 열정을 좇아 생산할 수 있다. 은퇴를 일의 반대로 생각하지 말고 이런 질문을 스스로에게 던져보자. "더 이상 주택대출금 상환에 쫓기지 않고, 내게 여전히 창의적 욕구가 있다면 어떻게 살고 싶은가?" 이 질문에 대한 답이 은퇴에 관한 새로운 정의가 되어야 한다. 어쩌면 당신은 생각보다 훨씬 일찍 은퇴할 수 있을지 모른다.

실천하기   **소비 습관을 점검하라**

타임오프를 간절히 원하지만 그럴 형편이 안 된다고 스스로에게 타이르고 있는가? 조기 은퇴가 먼 나라 얘기로만 들리는가? 그렇다면 당장 소비 습관을 돌아보라. 한 해에 얼마를 지출하고 있는가? 무엇이 필수적이고, 무엇이 짐만 되는 불필요한 지출인가? 당신이 원하는 건 더 많은 물건인가, 아니면 더 많은 자유인가? 아무리 돈을 많이 벌더라도 씀씀이가 크면 더 많은 돈을 벌려고 하는 굴레에 갇히기 쉽다. 자신을 돌아보고 올바른 습관을 들인다면, 실제로 경제적으로 자립해서 일찍 은퇴하는 것이 가능하다.

최고의 창의력을 이끌어내는 리더

리처드 브랜슨(1950~) **영국 창업가, 투자가, 자선사업가**

"책상 앞에 앉아야 일을 잘할 수 있다는 것은 시대에 뒤떨어진 생각이다. 나는 한 번도 사무실에서 일한 적이 없다. 사무실 밖에서 열심히 일하면서도 가족과 귀중한 시간을 보내는 편이 좋다."

"언제 어디서든 일할 수 있고, 일과 놀이를 별개로 보지 않는다는 점에서 나는 행운아다. 미래에는 나 같은 사람이 점점 많아질 것이고, 이것이 기업과 나라와 개인에 유익하다고 생각한다. 당신이 직원들을 신뢰하고 어른으로 대한다면, 그들은 효율적으로 유능하게 일함으로써 보답할 것이다."

카리브 해에 섬을 사유지로 소유하고, 400여 개의 은행과 건강, 미디어, 우주관광 분야의 회사를 아우르는 다국적 대기업의 총수. 네커 섬 소유주이자 버진 그룹의 창업주 리처드 브랜슨 경을 처음 만난다면 당신은 그리 친근감을 느끼지는 못할 것이다. 그러나 몇몇 '사소한' 것만 빼면 브랜슨은 매우 친근감이 가는 남자다. 엄청난 성공과 세계적 기업을 경영하면서도 자기 인생에 타임오프 공간을 넉넉히 마련할 줄 아는 사람이기도 하다. 게다가 직원들에게도 타임오프를 장려하고, 다른 리더들도 자신처럼 할 것을 독려한다.

브랜슨은 새벽 5시쯤 일찌감치 일어나 하루를 시작한다. 일어나자마자 즐겨 하는 일은 테니스나 카이트 서핑 같은 운동이다. 가족을 아주 중요하게 여기는 그는 운동 후에 가족과 함께 느긋하게 아침식사를 한다. "사업에 임하기 전에 운동하고 가족과 함께 시간을 보내면서 마음가짐을 새롭게 합니다." 그는 하루의 마감도 시작과 비슷하게 사교적이고 편안한 방법으로 한다 "대개는 여럿과 함께 저녁식사를 하며 하루 일과를 마무리하죠. 그 자리에서 이야기가 오가고 아이디어가 탄생합니다. 취침시간은 대략 11시 정도예요." 그는 기본적으로 가족과 함께하는 시간 사이사이에 사업 경영을 한다.

다수의 글로벌 기업을 경영하려면 사람들과 많이 연결되어야 한다. 하지만 그는 테크놀로지로 인해 산만해지는 것을 방지하고자 일기 쓰기와 메모 등을 통해 고요한 성찰의 시간을 충분히 가지려고 애쓴다. "나는 어디에 있든, 무엇을 하든, (카이트 서핑이나 수영할 때를 제외하면) 늘 필기구를 가지고 다닙니다. 나의 '생존 비법'은 메모하기거든요! 아이디어가 떠올랐을 때 바로 필기할 수 있게 늘 펜을 들고 다니지 않았다면, 나는 지금과는 아주 다른 모습이었을 겁니다." 브랜슨은 하루 일과를 캐주얼하고 활동적으로 유지하려고 노력한다. "격식을 갖춘 회의를 별로 좋아하지 않아요. 편한 분위기에서 어울려 식사하는 편을 훨씬 선호하죠. 시간이 촉박할 때면 걸으면서 회의하는 것도 좋아합니다." 일기 쓰기, 함께 식사하기, 운동. 이것이 리처드 경과 같은 억만장자가 타임오프를 발견하는 통로다. 따지고 보면 평범한 사람 아닌가.

그러나 브랜슨에게 평범하지 않은 구석이 하나 있는데(실은 더 많겠지만), 바로 버진 그룹 직원들을 대하는 방식이다. 그는 직원들이 스스로의 판단에 입각하여 가장 좋은 장소에서 가장 좋은 때 일하게 해야 한다고 굳게 믿는다. 그의 말이다. "다른 사람들과 더불어 일하려면 서로 신뢰해야 합니다. 감독자가 없어도 어디서든 일을 완수할 것이라고 믿는 게 대단히 중요합니다. 이렇게 일을 분담하는 기술이 오랜 세월 버진 그룹과 다른 여러 회사에 유익했습니다. 추진력과 전문성을 갖춘 사람은 책상 앞에서든 주방에서든 일을 탁월하게 할 수 있다고 믿습니다. 그래서 나는 사람들이 원하는 곳에서 일할 자유를 마음 편히 허락합니다. 보여주기식 신뢰는 사무실 밖에서는 전혀 효과적이지 않고 앞으로도 그럴 겁니다. 직장생활은 더 이상 나인투파이브9-to-5가 아니에요. 세상은 연결되어 있습니다. 이 점을 수용하지 않는 회사는 앞으로 헛다리를 짚게 될 겁니다."

버진 그룹이 헛다리를 짚고 있지 않음은 분명하다. 그는 "몇 가지 유연 근무제(재택근무, 무제한 휴가, 통합 테크놀로지, 직장 복지 등)를 통해 직원을 유능한 어른으로 대하고 있습니다"라고 말한다. "버진 그룹 경영진은 유연 근무제를 전면적으로 수용하고 있으며, 사람들에게 언제, 어디서, 어떻게 일할 것인지 계속해서 더 많은 선택권을 줄 것입니다. 우리 모두가 더 똑똑하게 일한다면 더 오래 일하지 않아도 됩니다." 아울러 브랜슨은 멀지 않은 미래에 3일 또는 4일 주말이 더 널리 퍼지고 흔해질 것이라고 예상하며, 사람들이 "더 많은 여가를 누릴 수 있도록" 더 적은 시간 일하고 더 많은 급여를 받게 되리라 믿는다. 그는 기술 발전으로 초래된 실업과 일의 재분배, 여가의 "적절한 균형점 찾기가 어려운" 현실을 우려 섞인 시선으로 보면서도 결국엔 제대로 해내리라 확신한다. 우리가 올바른 방식으로 테크놀로지에 접근하고 수용한다면, 더 적은 시간에 더 많은 일을 해내고 창의적이고 인간다운 시간을 더 많이 누릴 것이다.

창의성을 최대치로 끌어올리기 위해 사람들이 언제, 어디서 일할지 자율적으로 판단하게 해보면 어떨까? 근무 시간을 엄격하게 못 박아놓으면 그 시간대가 모든 사람에게 맞는 건 아니기에 모두가 최고의 능률을 올리지는 못한다. 제대로 된 근무 유연성을 제공하기 위해 활용 가능한 도구와 테크놀로지를 적극 도입해보라. 사람들이 스스로 근무 시간과 타임오프 간에 최적 균형점을 가늠하도록 하라. 그것이야말로 최고의 성과를 내는 길이다.

실천하기 ▷ **사람들에게 선택권을 부여하라**

직원들을 획일적으로 생각하고 행동하는 복제인간 군단으로 만들지 말라. 팀원의 개성을 수용하고, 모두가 프로젝트에서 최고의 창의력을 발휘할 수 있게 하라. 만능 모델은 없다. 한 가지 모델을 강요하면 사람들의 창의적 잠재력을 제한하고 신뢰를 약화시킬 뿐이다. 필요에 맞게 테크놀로지를 활용하여 팀원들이 저마다의 시간에, 저마다의 장소에서 작업할 수 있도록 하라.

오래 일할수록 생산성은 낮아진다

코무로 요시에(1975~), **사라 아라이**　　**일본 워라밸 컨설턴트**

"당신 삶의 평가자는 회사가 아니라 가족이다!" – 코무로 요시에

"자녀가 당신을 보며 '어른이 되는 건 참 괜찮은 일이네'라고 생각하는 모습을 그려보라. 모든 사람에게 자녀들이 희망을 품고 어른이 될 날을 손꼽아 기다리게 만드는 삶을 살라고 독려하고 싶다." – 사라 아라이

일본어에 '과로사'를 뜻하는 '카로시'라는 단어가 있다. 1970년대에 신조어로 등장한 이래로 봉급생활자 문화에서 점점 유의미하게 된 '카로시' 현상이 근래에 새로운 정점을 찍었다. 2015년 젊은 사무직 근로자를 비롯한 몇몇 직장인의 직접적인 자살 원인으로 '카로시'가 지목되었고, 마침내 사람들은 과로가 심신의 건강에 미치는 영향에 주목하기 시작했다. 정부 조사 결과 일본인 근로자의 무려 20퍼센트가 '카로시' 위험 상태라고 결론 내렸다. 과로는 죽음이란 극단적 선택 외에도 생산성, 창의성, 삶의 만족도에 악영향을 미치며 일본 경제 전반에 족쇄로 작용하고 있다.

이런 상황을 바꾸기로 결단한 사람들이 있다. 코무로 요시에는 대학 시절 미국에서 1년을 보내며 싱글맘의 아기를 돌보는 아르바이트를 했다. 그곳에서 그녀는 미국의 육아휴가와 일본의 현실 사이에 큰 격차를 절감했다. 미국 엄마들은 육아휴가 기간 중에 육아와 학업을 병행하여 복직 시 급여 인상과 진급을 얻어냈다. 하지만 당시 일본 여성에게 출산은 완벽한 경력 단절을 의미했다. 가까스로 직장에 복귀하더라도 낮은 직급에 발목이 잡혔다. 타지에서의 경험은 코무로에게 영감을 주었다. 그녀는 귀국하여 대학을 졸업한 뒤, 화장품 기업 시세이도에 입사하여 복직 여성을 지원하고 독려하는 사내 벤처 프로젝트를 출범시켰다. 그녀의 프로젝트는 큰 성공을 거뒀고, 2004년 닛케이 신문은 그녀를 '올해의 여성'으로 선정했다. 2년 후 코무로는 시세이도를 넘어 전국으로 사명을 확장하고자 WLB_{Work-Life Balance}라는 회사를 창업했다.

초창기 WLB의 초점은 여성이 커리어를 포기하지 않고 자녀 양육과 가정생활을 병행하도록 돕는 것이었다. 그러나 코무로는 문제의 근본 원인이 보다 깊숙한 곳에 있음을 알게 되었다. 그녀 역시 이 문제를 만났다. 그녀가 첫 아이를 출산했을 때, 남편은 새벽 2시가 되어서야 퇴근하는 날이 잦았다. 자녀양육의 부담은 고스란히 그녀 몫이 되었다. 초기에는 남편에게 화가 났지만, 과로가 남편에게도 얼마나 고역인지 곧 깨달았다. 다행히 남편은 일하는 방식을 바꾸었고, 이젠 부부가 두 자녀의 양육에 동등하게 헌신하고 있다. 덕분에 가정에 행복이 찾아들었다. 이런 변화를 겪으며 그녀는 "날로 커지고 있는 일본 기업 근로자의 정신건강 문제"에 눈을 떴다.

WLB의 컨설팅 대상은 모든 지식 근로자다. 그들이야말로 더 나은 '워라밸'(일과 삶의 균형)이 절박하게 필요한 계층이다. 코무로는 "제조업과 달리 일본 화이트칼라 근로자의 시간당 생산성은 극도로 낮다. 특히 그들이 새로운 산업 유형으로 진입할 때 워라밸은 꼭 필요하다"라고 말한다. 외형적인 이미지와 달리 일본은 세계에서 생산성이 가장 낮은 편에 속한다. 보여주기식 분주함이 일상화되어 있고 서로에게 그런 것을 기대하기도 한다. 게다가 사생활이 없는 강행군은 점점 아이디어를 낼 수 없게 만들어 또 다른 악순환을 만들어낸다. 근로자는 아이디어와 창의성 결여를 만회하려고 더 과로하고, 이로 인해 사생활과 창의성은 더 쪼그라든다.

사라 아라이는 우리와 전화 인터뷰를 하면서 회사 이름은 '워라밸'이지만 "본질은 밸런싱보다 시너지에 있다"면서 "일과 삶은 부정적이든, 긍정적이든 서로 영향을 미치고 시너지를 낼 수 있다"고 말했다. 일과 삶이 경쟁관계라는 통념은 그릇된 발상이다. 아라이는 말한다. "너무 오래 일하면 개인의 삶이 없다거나 개인의 삶에 시간을 너무 쓰면 일을 제대로 할 수 없다는 말은 모두 그릇된 이해입니다. 우리는 보람 있는 일과 만족스런 삶, 둘 다를 가질 수 있어요." 현재 그녀는 30여 명의 WLB의 컨설턴트 중 한 명으로 일하고 있다.

성장기 내내 일본에 살았지만 부친이 뉴질랜드인이어서 어릴 때부터 여러 나라의 문화와 아이디어를 접할 수 있었다. 청년 시절에 아라이는 다른 나라들과 일본의 근로 환경을 비교한 뒤 일본에서 일하는 건 별로 매력 있는 미래가 아니라고 결론을 내리고 다른 나라에서 일하기로 마음먹었다.

그러나 아라이가 대학에 다닐 때 어머니가 암으로 세상을 떠났다. 어머니와 많은 시간을 보냈지만 아쉬움은 짙게 남았다. 아라이는 현재의 근로 문화와 급격히 고령화되는 일본 사회를 감안할 때 그런 아쉬움을 느끼는 일본인이 많으리라는 데 생각이 미쳤다. 그즈음 우연히 코무로가 쓴 책을 접했다. "만일 일본이 이렇게 변한다면, 어른들이 일과 삶을 즐기게 된다면, 행복한 아이가 더 많아질 것이고, 나도 그런 일본에서 살아보고 싶다"는 생각이 들었다. 그녀는 일본이 그렇게 변화되기를 손 놓고 기다리는 대신에 변화에 기여하기로 결심했다. 그렇게 그녀는 WLB의 초창기 일원이 되었다.

WLB 팀은 이제껏 4인 규모의 영세 사업체부터 수만 명을 거느린 다국적 기업까지 1천여 개의 기업을 도왔다. 고객층은 광범위해도 기본 접근법은 대개 동일하다. 매일 가까이서 함께 일하는 사람들 위주로 10명 남짓의 소그룹을 짜도록 회사에 주문하는 것에서 출발한다. 소그룹이 꾸려지면 구성원들이 모임을 가지며 이상적인 근무 스타일에 관한 '목표 이미지'를 정의한다. 이 이미지는 어떻게 가족과 더 많은 시간을 보내고, 일을 즐기며, 서로를 지원할 것인가에 관해 아주 명료하게 묘사해야 한다. 마지막으로 "그들이 목표 이미지에 합의하면, 그 이상적인 목표에 다가가기 위한 단계별 대책을 세우도록 돕는다"라고 아라이는 설명한다.

초기에는 그들이 실천하는 변화 노력이 사소해보일 수 있다. 일터 정리정돈하기. 워라밸 개선을 위해 노력 중임을 알리고 늦은 밤이나 주말에는 이메일을 보내지 말아달라고 하기. 서로에게 더 친절하기. 아라이는 말한다. "일본 기업에서는 사람들이 피로에 찌든 데다가 '그런 식으로 일하면 안 되지', '이걸 해야만 해'라는 말을 귀에 못이 박히도록 들어서 나중에는 아예 생각이 멈춰버려요. 새 아이디어를 내거나 다른 시도를 해볼 용기를 잃는 거죠." 이것은 생산성과 창의성, 행복을 훼방하는 직격탄이 된다. "소소한 변화일지라도 사람들이 스스로에게 최선이라고 생각하는 것을 하도록 권한을 위임받고 서로 격려할 때, 회사와 고객과 문화가 달라지기 시작합니다."

작은 변화가 모여 큰 운동이 된다. 아라이는 "사람들이 작은 단계에 성공하면 용기와 힘을 얻어 더 큰 도전에 집중할 마음을 먹는다"고 설명한다. 무엇이 더 큰 도전일까? 한 가지 예를 들자면, 부담스러운 고객과의 소통에 변화를 주어 근로자의 부담을 덜고 고객에게도 더 나은 경험을 선사하는 것이다. 혹은 상급 경영진에게 보다 효율적인 회사 문서화나 회의 정책을 건의할 수도 있다. 거창하지 않아도 된다. 하지만 사람들이 변화를 일으킬 수 있고 의견 개진이 허용된다는 느낌을 받기 시작하면 운동에 힘이 실린다.

소그룹이 행동양식을 바꿔가다가 근무 시간 30퍼센트 단축을 이룬 일도 빈번했다. 이런 경우 사람들은 큰 효능감과 행복감을 맛보며 이에 관해 얘기하기 시작한다. 부러움 섞인 시선으로 지켜보던 동료들은 따라 하려고 마음먹는다. 이렇게 타임오프의 씨앗이 심기고 퍼져나간다. "점차 많은 소그룹이 프로그램에 합류하면 시간이 흐를수록 회사가 달라진다"고 아라이는 고찰한다. 그들이 목격한 바로는 모든 고객사를 관통하여 관계의 질이 개선된다. "팀원 간에 더 나은 관계가 형성되면 생산성이 오릅니다."

생산적인 팀의 열쇠는 "팀원 간의 심리적 안전감과 팀 내 균형 잡힌 소통의 양"에 있다. 한 사람이 독점해서 말하고 나머지는 듣기만 하는 시나리오는 안 된다. 모든 사람이 활발히 발언해야 한다. WLB는 언행일치를 이루고자 자사 내 관계의 질과 팀원 간의 심리적 안전감에도 역점을 둔다. 그들은 소통 방식에 유의하며 팀원들이 협력하고 상호 지원하도록 독려하는 시스템을 구축했다. 아울러 더 행복하게, 더 효과적으로 일할 방법을 팀 차원에서 숙고하고자 정기적으로 논의한다. 매일 아침 그들은 근무 스케줄을 짠 다음 메일로 팀원과 공유하며 일과를 시작한다. 덕분에 모든 사람이 누가 언제 무엇을 하는지, 전반적인 상황이 어떻게 돌아가는지 훤히 알고 있다.

WLB는 더 큰 사회적 반향을 일으키고자 노력 중이다. 코무로의 노력은 이미 일본 법 제도에 파문을 일으키고 있다. 2019년 3월 일본은 마침내 최대 잔업 시간을 월 45시간, 연 360시간으로 제한하는 법을 제정했다(일부 예외 규정은 있다). 이는 일본 사회가 점진적으로 옛 근무 스타일에서 벗어나는 출발점이 되었다. "제 소망은 사람들이 더 행복해지고 삶을 즐겼으면 하는 거예요. 즐길 게 많은데 삶을 누리지 못한다면 낭비잖아요!" 이것이 아라이가 도달한 결론이다. 그 조언을 따라 우리도 일과 삶의 시너지를 최대한 활용하여 타임온과 타임오프 둘 다 즐기는 삶을 가꿔보자.

> **실천하기** ▷ **당신의 목표 이미지를 그려보라**

당신의 이상적인 일과 삶은 어떤 그림인가? 스스로 숙고해보고, 가능하다면 매일 함께 일하는 팀원과 생각해보라. 자신과 팀이 나아갈 이미지를 정의했다면, 한 번에 한 단계씩 작은 실천을 해보자. "뚜렷한 목표 이미지를 가지고 있는 것, 즉 어떻게 일하고 살고 싶은지에 관해 이상적인 이미지를 가지고 있는 게 아주 중요합니다. 그래야 현재 삶과의 괴리를 파악할 수 있어요. 목표 이미지를 파악하면 무엇을 바꿔야 할지 보입니다."

'고귀한 여가'의 주인공이 되라

1932년 버트런드 러셀은 "여가는 문명에 필수적이다"라고 선포했다. 지금쯤이면 당신도 러셀과 같은 의견이지 않을까 기대해본다. 그런데 우리가 특별히 주목해야 할 부분은 이 인용문에 이어지는 내용이다. "예전에는 다수의 노동이 있어야 소수의 여가가 가능했다. 그러나 다수의 노동이 가치 있던 이유는 노동이 좋은 것이어서가 아니라 여가가 좋은 것이기 때문이다. 그리고 현대 기술로 말미암아 문명에 타격을 주지 않고 여가를 공정하게 분배하는 것이 가능해졌다." 러셀이 시대를 살짝 앞서간 감이 없지 않지만, 이제 대략 1세기 후 정말로 AI가 '다수의 노동'을 대신할 수 있는 시점에 이르렀다. 덕분에 역사상 최초로 누구나 유한계급에 합류할 수 있게 되었다. 지금이야말로 아리스토텔레스의 고귀한 여가라는 이상 위에 우리 사회를 재건할 때다. 이번에는 모든 사람이 동참할 수 있다.

우리는 AI가 인간의 직업을 빼앗아가지 않으며, 인간 본연의 가치를 위협하거나 약화시키지도 않을 것이라고 믿는다. 오히려 정반대가 될 것이다. 물론 AI는 직업의 판도를 뒤흔들 것이다. 그러나 여전히 남아 있는 일자리와 새롭게 만들어질 일자리는 창의성과 공감력 같은 인간다운 기량 중심이 될 것이다. 그리고 이런 기량은 분주함이 아니라 결실이 풍성한 일과 원기를 충전하는 쉼의 균형 잡힌 순환 위에 구축될 것이다.

우리는 오랜 세월 스트레스와 번아웃에 시달린 채 바쁘지만 비생산적으로 일했다. 만일 우리가 바뀌지 않는다면, 과로사할 때까지 일하거나 로봇이 우리를 대체하는 과정에서 무의미한 존재로 전락하고 말 것이다. 진정으로 생산적인 지식 근로를 위해서는 분주함보다 더 어렵고 사려 깊은 접근이 필요하다. 그러려면 더 늦기 전에 진지하게 타임오프를 대해야 한다.

우리가 그 중요성을 인식했다고 해서 타임오프가 마법처럼 현실화되지는 않는다. 특히 우리의 현재 작동 모드가 바쁨이라면 더욱 그렇다. 우리는 책임감을 가지고 타임오프를 위한 시간을 내고, 타임오프를 빼앗아가려는 세상의 시도를 막아야 한다. 다소 반직관적이지만 이렇게 하려면 우리의 여가 시간에 관해 더 많이 고민하며 야금야금 잠식해 들어오는 일로부터 타임오프를 방어해야 한다. 그러자면 당연한 전제에 물음표를 제기하고 좋은 프로세스를 도입해야 한다. 건전한 일상과 습관이 뒷받침하는 규범을 세워야 한다. 우리의 쉼 윤리가 근로 윤리만큼 막강해야 한다.

미래의 직업 세계에서는 쉼 윤리가 휴가 정책이나 주말의 쉼을 훨씬 능가하는 의미를 가질 것이다. 쉼 윤리는 우리가 기계를 모방할 수 없고, 그래서도 안 됨을 인식하는 것이다. 이는 우리에게 휴지 시간과 거리 두기가 필요하다는 사실을 인정하고 수용하며 그런 시간을 통해 생성되는 인간 고유의 기량에 긍지를 가지는 것이다. 타임오프를 그저 일을 멈추는 것으로만 볼 게 아니라 일과 우리 삶 전체에 없어서는 안 될 것으로 봐야 한다. 창의성과 빅아이디어를 위한 우리의 전략은 우리의 사고가 부화하여 떠돌아다닐 시공간을 허락하는 것이다. 쉼 윤리야말로 가장 창의적이고 인간다운 잠재력을 발견하고 잠금 해제해야 할 궁극의 승부처다.

이미 여러 개인과 기업이 공감력과 창의성을 지지하는 실천과 습관을 핵심 철학으로 삼아 성공을 거두고 있다. 우리는 그들이 앞으로도 계속 성공하리라고 믿는다. 그리고 얼마 못 가서 이것이 유일하고 현실적인 선택지가 될 날이 오리라고 본다. 분주한 잡무는 자동화하기 쉽다. 아무리 많은 시간을 투입하고 인생의 많은 부분을 희생하더라도 분주한 잡무 처리로 AI를 당해낼 사람은 없다. 반면 창의성과 공감력은 앞으로도 오랫동안 인간 고유의 영역으로 남을 것이다. 새로운 도구와 인간다운 기량을 이해하는 사람이라면 AI를 장애물이나 천적이 아닌 그들의 인간다움을 한 단계 끌어올리는 테크놀로지로 받아들일 것이다.

일과 여가의 리듬에 건강하게 접근하고 타임오프를 의도적으로 실천하는 것이야말로 우리가 강해지는 길이다. 그러므로 당신은 지금 당장 선제적으로 실천에 돌입하기를 권한다.

우리에게는 새로운 일하기 방식이 필요하다. 깔끔한 새 출발이 필요하다. 평정심을 유지하며 더 똑똑하게 일하기 위한 거대하고 대담한 아이디어가 필요하다. 더 많은 타임오프를 창출하고, 이를 의미 있는 활동으로 채울 아리스토텔레스가 말한 '고귀한 여가'로의 복귀가 필요하다. 우리 모두는 버트런드 러셀이 모든 문명의 결정적 공헌의 배후로 지목한 유한계급이 되어야 한다. 이 책에서 만나 본 사람들과 같은 리더와 창조성 대가들이 더 많이 나와야 한다. 당신이 세상에 변화를 일으킬 창의적인 사람이 되기를 기대한다. 공감 능력이 탁월하고 잘 쉬는 행복한 사람이 되기를 기대한다.

일중독자가 '의도적인 쉼'의 전도사가 된 이유

존 피치

나는 커리어의 대부분을 테크놀로지 스타트업에서 보냈다. 모험을 감행했고 아무것도 없는 데서 프로토타입(시제품)을 만들어냈으며 그 가치를 알리려고 노력했다. 처음 아이폰이 출시되었을 때에는 하던 일을 모두 접고 소프트웨어 디자인에 뛰어들었다. 그 일을 해낼 유일한 길은 강박적인 근로 윤리라고 생각했다. 나를 가리켜 회복 중인 일중독자라고 해도 할 말이 없다.

　끊임없는 몰아치기, 밤샘 작업, 주 80시간 근무, 그 외 소프트웨어 업계의 온갖 과로 실태가 내 삶의 표준이었던 때가 있었다. 가족과 친구와 멘토는 내게 쉬엄쉬엄 일하라고, 일에서 플러그를 뽑고 주말을 즐겨야 한다는 말을 종종 했다. 나는 그들의 말을 귓등으로 흘려들으며 계속 의자에 엉덩이를 붙이고 있었다. 그들은 내가 아는 비밀, '많이 일할수록 크게 성공한다'는 걸 알지 못했으니까. 하지만 그들은 내가 보지 못했던 무언가를 보고 있었다. 나도 파국에 이르러서야 그것을 보았다.

일중독이 최고치에 다다른 어느 주였다. 오랜 세월 이어온 관계가 갑자기 산산조각 났고 공동창립한 스타트업이 망했다. 당시에는 낙심천만이었지만, 이제 돌아보니 왜 모든 것이 한꺼번에 무너졌는지 이해된다. 나는 정말이지 열심히 일했지만 아무것도 되는 일이 없었다. 나는 바쁨에 중독되었고 쉼 윤리란 건 아예 존재하지 않았다. 나는 내게 가장 의미 있는 사람들의 곁을 지켜주지 못했다. 몸은 곁에 있어도 마음은 콩밭에 가 있었다. 저녁식사 자리에서 이메일을 처리하느라 한눈을 팔았다. '휴가' 중에도 우리 앱의 어떤 기능을 손봐야 할지를 고민했다. 나는 누구와도 제대로 된 관계를 가꿔가지 않았다. 늘 일과 연애하는 데 집착했기 때문이다.

다행히 오랜 멘토 두 사람이 나의 이런 면을 뒤바꿔놓았다. 내 삶이 녹아내린 직후, 그들은 내게 다가와 뉴욕에서 새 벤처 회사를 창업하자고 제안했다. 나는 새 출발을 할 준비가 되어 있었기에 텍사스에서 동부로 이사했다. 우리는 회사를 출범시키기 전에 리트릿을 떠났다. 리트릿의 목적은 첫 대형 프로젝트를 시작하기 전에 회사의 비전을 확고히 하기 위해서였다. 다시금 일과 프로젝트 얘기만 하고 싶은 편집증이 발동했지만 다른 두 동업자가 얼른 나를 막아섰다. 그들의 계획은 달랐다. 리트릿 내내 우리는 일 문화와 쉼 윤리에 관해 토론할 작정이었다. 여전히 일만 생각하는 나쁜 습관에 젖어있던 나는 그 상황이 불편했다. 하지만 내 방식대로 살아서 잘된 일이 없었기에 그들의 방식을 따라보기로 했다.

오랜 산책과 저녁식탁에서의 대화로 주말을 보낸 후, 우리는 회사 문화가 주기적 쉼과 성찰 중심으로 돌아가야 한다고 결정했다. 그렇게 못한다면 회사로서 성공하지 못한 것이다. 우리 회사의 가치는 얼마나 많은 시간 일했는지에 집착하지 않기, ASAP(가능한 한 빨리)를 기본 업무 태도로 삼지 않기 등이었다. 가장 급진적인 아이디어는 회사의 모든 사람이 3개월 동안 초 집중해서 프로젝트를 수행한 후 쉼, 성찰, 재충전을 위해 한 달 연차를 내야 하는 것이었다. 그리고 신선한 관점을 가지고 더 흥미로운 사람이 되어 복귀하는 것이다. 내 안의 일중독자는 이게 과연 가능할지 의심했지만, 내 안의 또 다른 자아는 이런 일을 열렬히 시도해보고 싶었다. 사람이 폭삭 망하고 나면 마음이 상당히 열리는 것 같다.

석 달 동안 첫 소프트웨어 제품을 만들고 나서 우리 팀원들은 각각 한 달간의 안식휴가를 가졌다. 나의 동업자들은 산티아노 순례길 600마일을 걸으며 느린 삶의 가치를 배웠다. 어느 팀원은 아이슬란드를 자동차로 횡단여행하며 지리탐사를 했다. 나는 개인적으로 지중해 요리법을 공부하고 날마다 타임오프를 실천함으로써 삶의 질을 개선할 방도를 찾고자 그리스 탐험에 나섰다.

이카리아는 사람들이 '죽기를 잊어버린' 섬으로 알려져 있다. 그 섬에는 100세가 넘은 사람과 마주치는 일이 다반사다. 에게해가 내려다보이는 작은 레스토랑에서 차를 즐기던 중 이카리아 출신의 한 점잖은 여성과 대화하기 시작했다. 나는 그녀에게 섬사람들의 장수 비결을 듣고 싶어 안달을 냈다. 마침 의료계 출신이던 이 친절하고 차분한 여성이 해준 조언은 내 삶을 뒤바꿔놓았다.

그녀의 말이다. "존, 오늘 당신은 굉장히 조바심을 내는 것 같아요. 이카리아에서는 시계 같은 건 외면하는 느긋한 삶을 소중히 여기죠. 덕분에 스트레스 호르몬이 많이 나오지 않아요. 우리는 시간에 엄격하지 않으니까요. 우리는 다른 사람들을 조정하려 들지 않아요. 그런데 왜 당신은 모든 사람의 스케줄에 신경 쓰면서 스스로에게 그리 많은 스트레스를 주나요? 우리가 계획을 세우면 우주가 비웃는다죠. 차라리 당신이 통제할 수 있는 일에 깊이 파고드는 데 시간을 쓰는 게 나아요. 다른 사람과 시간을 공유할 기회가 생기면 행복해하면 되고요. 최고의 추억과 아이디어는 일하지 않는 순간에 만들어지지 않던가요?"

그녀의 말이 맞았다. 내가 생각해낸 빅아이디어의 대부분은 창의성을 쥐어짜려고 했을 때가 아니라 책상에서 플러그를 뽑는 흔치 않은 순간에 찾아왔다. 미니 안식휴가 중에 나눈 그 대화 이후로 나는 타임오프의 신봉자가 되었다.

나의 수신함과 알림은 타인이 내 시간과 일을 통제하는 수단임을 이제는 의식하고 있다. 그들이 나를 비생산적으로 만들 의도는 아니었겠지만, 그로 인해 나의 집중력이 흐트러지지 않게 주의한다. 나는 바쁘지 않기를 선택할 수 있다. 나의 수신함에는 읽지 않은 메시지들이 있고, 그중 대부분은 끝까지 안 열어볼 공산이 크다. 그래도 괜찮다. 내가 당장 집중하기로 선택한 프로젝트보다 중요하지 않기 때문이다. 나는 더 많은 시간을 생각하는 데 쓰며, 휴대폰을 붙들고 조바심 내는 시간은 줄여가고 있다. 이런 변화 덕분에 더 탁월하고 깊이 있는 작업을 하고 있다. 미열람 메시지를 내버려둬도 큰일나지 않는다는 사실을 당신에게도 기쁜 마음으로 알린다.

안식휴가를 다녀온 각 팀원들은 개인 차원에서 작업 방식을 업그레이드했고, 회사는 조직 차원에서 더 나은 운영 방식을 찾아냈다. 우리 회사의 타임오프 전략으로 경영이 한 사람에게 집중되지 않을 수 있었다. 내가 떠나 있는 동안 근무 주기에 있는 다른 팀원이 내 일을 인수인계했다. 자리를 비운 동안 나의 핵심 직무는 그 팀원의 것이 된다. 타임오프에서 돌아왔을 때, 작업 방식에 여러 개선이 이뤄져 있었고, 나는 더 똑똑하게 일하는 방법을 재학습했다. 내 일을 다른 팀원이 맡으면서 새로운 시선으로 본 덕분에 내가 미처 몰랐던 것을 보고, 더 똑똑하게 일하는 방식을 발견했다. 그 결과 일하는 방식이 자주 업그레이드되었고, 조직은 진화를 거듭할 수 있었다. 이는 우리가 안주하고 정체되는 것을 막아주었다. 이를 통해 우리는 탈학습을 할 수 있었다. 의도적인 쉼 덕분에 긍지를 깊이 느낄 정도로 일할 수 있었다.

온종일 일하기에 집착하던 내가 의도적 쉼의 신봉자가 되고 나니 갑자기 궁금한 마음이 들었다. 나는 이 주제를 조사하기 시작했고 질문의 답을 구하고자 사람들과 대화하는 팟캐스트를 시작했다. 몇 개의 에피소드와 숱한 조사 끝에 나는 우리 회사가 돌연변이가 아니라는 것, 분주함이 삶에서 원하는 바를 달성하는 유일한 길이 아님을 믿는 사람들과 문화가 많다는 것, 그리고 쉼을 다른 무언가를 달성하기 위한 수단으로 보지 않는 이들도 많다는 것을 알게 되었다. 10여 개의 '타임오프' 팟캐스트 에피소드가 방송된 후, 많은 청취자는 내게 타임오프에 관한 책을 써 보라고 권했고, 그것이 이 책을 향한 여정의 출발점이 되었다.

책의 윤곽을 잡기 시작한 지 2년 만에 세상은 많이 달라졌다. 2020년 4월에 이 문단을 타이핑할 때(거의 막바지 작업이었다) 온 세상은 코로나19 팬데믹으로 칩거에 들어갔다. 우리는 여전히 팬데믹 한복판에 있으며, 이 모든 상황이 어떻게 전개될지 갈피를 못 잡고 있다. 하지만 이런 봉쇄조치가 축복일 수도 있다는 조짐이 조금씩 눈에 들어왔다. 많은 사람이 강제로 타임오프에 들어간 것이다. 날마다 산책을 갈 때마다(물론 안전거리를 유지한 채) 마침내 여가의 진가를 맛보는 사람들과 이야기를 나눴다. 그들은 이웃에게 말을 걸며 식사를 천천히 즐긴다. 어떻게 해야 우리가 더 지속 가능하고 존중할 만한 보건체계를 만들지, 어떻게 교육을 재고할지, 환경을 회복할지, 우리의 망가진 패러다임을 넘어 현대 경제를 새롭게 재건할지 빅아이디어를 내고 있다. 한편으로는 수년간 산책을 못 해봤다는 사람들이 산책을 하고, 더 이상 그들에게 유익이 안 되는 직업의 여러 면모를 돌아보게 되었다는 이들도 있다. 마침내 사람들이 일시정지하고 일과 여가의 관계를 다시 생각하는 짬을 가지게 된 것이다. 나는 미래의 직업에 대한 나의 비전이 적중하기를 소망하는 단계를 넘어 이제는 스스로 점들을 연결해가는 많은 사람을 목도하고 있다. 앞으로 팬데믹 때문에 어떤 상황이 펼쳐지든 나는 낙관적이다. 팬데믹은 우리에게 기상천외한 아이디어가 필요함을 보여주었다.

그래서 일중독에 빠졌던 예전의 나처럼 저녁 약속을 번번이 거절하고, 여가를 즐기기보다 수신함의 미열람 메시지 숫자를 0으로 만드는 것을 최우선시하는 사람들을 위해 이 책의 집필에 참여했다. 예전의 나처럼 격무와 중압감에 시달리는 누군가가 이 책을 읽는다면 당신도 일을 멈추고 성찰하고 놀이하고 회복할 자격이 있음을 깨닫기 바란다. 타임오프가 당신이 그토록 공들이며 세상을 바꾸려는 프로젝트에 유익하다는 것을 깨닫기 바란다.

세상에서 가장 강력한 휴식의 기술, 타임오프

맥스 프렌젤

"젠장, 왜 이리 비생산적이고 창의적이지 못한 느낌이 드는 걸까?" 수첩에 이런 문장을 쓴 때는 2017년 8월이었다.

　나는 야마가타 현 자오온센 마을의 오래된 민박집, 조용한 내 방에 앉아 있었다. 휴가를 내고 지방 열차를 타고 일본 농촌을 가로지르는 여행을 천천히 하는 중이었다. 모든 게 빠르게 돌아가는 도쿄에 살던 나는 며칠간이라도 일을 쉬고 일본을 찬찬히 둘러보며 새로운 관점을 얻고 싶었다. 도피하려던 건 아니었다. 그런 생각이 전혀들지 않을 정도로 모든 게 흡족했다. 나는 도쿄가 마음에 들었고, 내가 하는 일도 좋았다. 그런데 이 모든 것에서 벗어난 지 단 며칠 만에 현실의 벽에 부딪혔다. 나 자신이 이렇게 비생산적이고 창의적이지 못한 느낌이 들기는 처음이었다. 어느 때보다 산만했고 집중하기 힘들었다. 그리고 박사과정 시절을 돌아보기 시작했다.

나는 데이비드 제닝스와 테리 루돌프 교수의 지도 아래 영국 임페리얼칼리지런던에서 양자정보이론으로 박사과정을 밟았다. 당신이 지금 이 글을 읽게 된 데는 이 두 분과 함께 그곳에서 보낸(더 정확히는 그곳에서 보내지 않은) 시간의 공이 크다. 극도의 방임식 지도와 내게 허락한 완벽한 자유와 신뢰 덕분에 나는 나만의 일하는 속도와 스타일을 찾을 수 있었고, 타임오프를 진지하게 대하면서 얼마나 많은 일을 해낼 수 있는지 발견했다.

나는 양자물리학 연구를 진행하는 동시에 스타트업을 공동설립해서 경영했고, 매주 몇 시간씩 개인 과외선생으로 일했으며, 울트라 마라톤에 출전하고자 트레이닝도 겸했다(한창 때는 일주일에 15시간씩 달렸다). 그러고도 어떻게든 다방면의 독서 시간을 가졌고, 날마다 낮잠을 자고 명상을 했다. 무작위로 창의적인 프로젝트를 추진하기도 했고, 친구들과 술에 취하기도 했다(어쩌면 너무 자주). 아울러 주방에서 커피와 음식으로 실험을 했고, 다양한 '영양제' 또는 평범하지 않은 식습관과 수면 패턴을 가지고 내 몸에 실험을 했고, 그 밖에도 참 많은 일을 했다. 이 모든 일을 하면서 스트레스를 받거나 바쁘다고 느낀 적이 별로 없었다. 사실 '하루 네 시간' 이상을 일에 쓴 적이 거의 없었다. 그러나 내가 일한 시간은 매우 생산적이었다. 그런데 일본의 한 민박집에서 시간을 보내며 그때를 돌아보니 지금의 현실은 그렇지 못하다는 깨달음이 들었다.

무엇이 변했을까? 왜 상황이 달라졌을까? 작지만 급성장하는 AI 스타트업에서 연구자로 일하며 나는 이 흥미진진한 직장 일을 사랑한다고 생각했다. 하지만 문득 내가 실은 얼마나 만족하지 못하는지 알게 되었다. 그 어느 때보다 바빴고, '일'에 관여하는 시간도 어느 때보다 많았다. 하지만 하루하루가 진정한 발전 없이 늘어지는 것 같았다. 더 이상 자연스레 영감이 찾아오지 않았다. 예전과 달리 자유 시간에 다른 관심사를 추구하고 싶은 마음이 들지 않았다. 생산적이고 창의적이기는커녕 나 스스로 굉장히 따분한 사람처럼 느껴졌다.

팀 크라이더가 그의 탁월한 에세이 〈게으름: 하나의 강령Lazy: A Manifesto〉에서 밝혔듯이 우리는 "정신없는 자족적 분주함"에 취한 나머지, 매일의 산만함에 너무 깊이 갇힌 나머지, 자신이 최적 수준에서 한참 밑도는 단계에서 기능하고 있음을 인지조차 못하는 경우가 많다. 박사과정 시절에 나는 마음이 동하면 언제든 한두 주를 잠적해 다른 나라에 가보고 머리가 잘 돌아가지 않으면 며칠간 물리학 연구를 쉬며 다른 활동에 시간을 집중했다. 그 결과 보통은 더 많고 새로운 아이디어에 동기부여되어 연구에 복귀했고, 그사이에 '낭비한' 시간을 재빨리 넘치도록 만회했다.

이런 경험을 했고 상황이 어떻게 될지(또는 어떻게 되어야 하는지) 알면서도, 나는 바쁜 직장 일과에 돌입한 지 한두 달 만에 그 시절에 배운 모든 것을 망각했다. 그리고 어떤 방해도 없는 먼 곳으로 휴가를 떠나서야 스스로 깨달을 수 있었다. 휴가에서 돌아온 후에도 나는 이미 몸에 밴 습관과 일과에 안착하여 내가 무엇을 깨달았는지조차 거의 잊어버렸다. 그러나 차츰 문제를 의식하기 시작했다. 그저 포기하고 관두는 대신, 또는 이 느낌에 안주하는 대신("그냥 다들 이렇게 늙어가는 거 아닐까?" 하는 목소리) 문제의 실체와 해결책을 파악하기 위해 노력하기 시작했다.

나는 '정상적인' 사무직 일의 제약 안에서 박사시절의 삶을 일부 재현하려고 크고 작은 변화를 시도했다. 아침의 주도권을 되찾고자 곧장 사무실로 출근하는 대신 집이나 카페에서 심도 있는 작업을 하며 하루 일과를 시작했다. 사무실에 출근한 후에는 더 자주 일을 쉬며 여러 아이디어에 관해 생각하기 위해 산책을 하거나 커피숍에 가서 일하며 조용한 시간을 가졌다. 사람들은 점차 나의 이런 점을 존중하기 시작했다. 여전히 내 일은 가치가 있었기에 대부분의 동료는 내가 어디서, 언제 일하는지 개의치 않았고, 내가 눈에 띄지 않으면 그저 자기만큼 일하고 있겠거니 생각했다.

바로 이즈음 나는 내 경험과 예전의 일하기 스타일, 과거의 창의성과 호기심을 되찾으려는 몸부림에 관한 글을 쓰기 시작했다. 처음에는 가까운 친구들이 호응했고, 갈수록 많은 낯선 이들이 내 글이 마음에 와닿는다는 반응을 보였다. 나는 글쓰기뿐 아니라 타임오프를 되찾으려는 노력도 계속 밀어붙일 용기를 얻었다. 결국 그것이 계기가 되어 존과 협업을 하게 되었고, 지금 당신 손에 들린 이 책이 나왔다.

자신의 쉼 윤리 면에서는 크게 개선된 것이 틀림없지만, 내가 다니는 회사에서 더 폭넓은 변화를 도모하려는 시도는 그만큼 성공적이진 못했다. 결국, 통찰을 안겨준 1년 남짓의 여행 후 나는 퇴사를 결정했다. 그러나 풀타임 직장을 포기한 건 아니었다. 나는 디자인, 예술, 음악에 AI와 첨단 테크놀로지를 접목하는 디지털 창작자들로 이뤄진 쿠오즈모란 작은 조직에 합류했다. 나는 대형 금융기관이나 법무법인과 일하는 대신, 딥러닝을 응용하여 흥미로운 짧은 음악이나 라이브 연주를 만들고 참신한 쌍방향 예술작품을 고안하거나 기업 파트너들에게 AI 기반 미래에 그들의 창의적 팀들을 어떻게 준비

시킬 것인지 자문을 제공한다.

우리가 작은 회사인 게 좋다. 급성장하여 대박을 터뜨리고 회사를 매각하는 목표 같은 건 없다. 우리의 주된 목표는 고품질의 창의적 결과물과 사람들의 삶을 풍성하게 하는 것이다. 여기에 타임오프가 결정적 요소임을 우리는 이해하고 있다. 우리가 AI로 인간의 창의성을 대체하기보다 보강하고 향상시키길 원하는 것처럼, 여가 역시 비슷하게 우리의 창의력을 보강하고 향상시킨다고 믿는다. 회사에서 취미와 부수적 프로젝트, 다른 목표 지향 활동(이 책도 그중 하나다)은 그저 용인할 뿐 아니라 적극 권장하는 사항이다. 이러한 적극적이고 고품질인 여가는 우리의 행복을 증진시킬 뿐 아니라 우리가 하는 일에도 자양분이 되기 때문이다. 흥미로운 일을 하려면 흥미로운 삶을 살아야 한다!

나는 더 이상 풀타임 직장과 내가 박사과정 학생일 때 누렸던 삶이 상호배타적이라고 생각하지 않는다. 그러나 양자가 공존하려면 적절한 회사 문화와 적절한 리더십 그리고 사람들 사이에 신뢰가 있어야 한다. 이제는 이런 문화 속에서 일하기 위해 노력하고, 그런 문화를 만들어내는 것이 나의 우선순위가 되었다. 덕분에 요즈음 나의 일과는 예전의 박사과정 시절에 훨씬 근접해 있다.

기상 후 나는 맨 먼저 커피를 타서 한 시간 동안 독서를 한다. 원두를 갈아 완벽한 한 잔을 우려내는 날마다의 의식은 커피를 사랑하는 내게 무척이나 소중하다(그저 나의 카페인 중독을 합리화하려는 것일지도 모른다). 나는 사무실에 나와 일하기보다 원거리로 훨씬 많은 일을 한다. 나의 스케줄을 따라 대개는 번잡함에서 벗어나 자유로운 상태로 일하며, 아이디어가 바닥났다 싶을 때는 배경(집, 카페, 자연)을 자주 바꿔줌으로써 새로운 영감을 찾으려고 한다. 걷든 자전거를 타든 작업 장소 간에 이동하는 시간 역시 일과에 아이디어 부화를 자연스럽게 접목하는 데 도움이 된다. 내가 현재 공들여 추진하는 일 중에는 음악 프로듀싱과 연주, 사워도우 빵 굽기, 버섯 재배, 달리기와 크로스핏을 통한 활력 유지 등이 있다. 전반적으로 나는 전보다 훨씬 행복하고 창의적이며 생산적이고 충만하게 살고 있다.

실제로 해보면 타임오프는 말처럼 쉽지 않다. 상당한 규범과 진지한 쉼 윤리가 있어야 한다. 책을 집필하는 과정에서 스스로를 고통스럽게 마주하는 가운데 깨달은 사실이다. 전반적으로 나의 일과는 꽤 여유로웠지만, 책 작업이든 본업이든 스케줄에 조금이라도 빈자리가 생기면 '가벼운 일'을 먼저 끼워 넣으려는 자신을 발견했다. 그러다 보니 캘린더의 공간이 선명하게 흑백으로 나뉘지 않고 커다란 회색 덩어리가 되어버렸다. 타임오프를 의식적 도구로 사용하기보다 모든 것에 모호하게 스며들게 해 일과 뒤섞이게 만든 것이다. 이것이 끊임없이 '쥐어짜기'를 하는 것보다 훨씬 낫다는 사실은 확실하지만 이상과는 아주 거리가 멀었다. 어느 시점에 이르러서는 타임오프 일과로 거의 번아웃되는 느낌도 들었다. 나는 타임오프를 의식하고 의도해야 한다는 나 자신의 조언으로 돌아가야 함을 깨달았다.

다행히 (이 책에서 소개한 경이로운 인물들의 조언을 연구하고 실천한 것이 적잖은 도움이 되었다) 나는 재빨리 균형을 회복하여 다시금 일과 쉼에서 의도적일 수 있었다. 타임오프는 세상에 존재하는 가장 멋지고 강력한 기술 중 하나다. 그러나 정확히 말하자면 실천과 효과적 적용이 따라야만 한다.

나의 사연과 내가 이 책의 공저자라는 사실에서 짐작했겠지만, 나는 타임오프에 관해 생각하는 데 많은 시간을 썼다. 내 삶에서 일어난 좋은 일과 큰 성취는 대부분 내가 그토록 많은 타임오프를 했음에도 불구하고 일어난 게 아니라, 엄밀히 말하자면 모든 여가와 무작위적인 모험과 목적 지향적인 활동을 따라가다 보니 주어진 것이었다.

나는 제대로 된 타임오프가 얼마나 강력한지(그리고 끊임없는 바쁨이 얼마나 처참한지) 경험했다는 점에서 지극히 운이 좋은 사람이다. 그런 나조차 간간이 이 사실을 망각할 때가 있다. 그러니 이런 운 좋은 상황에 있지 않은 사람들 입장에서 이런 종류의 경험을 개척하고 타임오프의 힘과 중요성을 깨닫는 것이 얼마나 어려울지 생각하기 쉽지 않다.

부디 이 책을 통해 더 많은 사람이 가끔은 속도를 늦추고 분주함이라는 '사이비 종교'에서 벗어날 때 무엇이 가능한지 볼 수 있길 바란다. 우리의 타임오프를 되찾아오자. 우리 삶에서 실현할 수 있는 가장 고귀하고 가치 있는 것의 반열에 올려놓자.

마리야 스즈키 | 삽화가

고객이 늘어나고 일이 많아질수록 일을 거절하기가 어려웠다. 그 결과 밀려드는 일을 감당하기 위해 거의 매일 아침 일찍 작업실에 출근했다가 자정 즈음 막차를 타고 집에 돌아오곤 했다. 스트레스와 중압감에 시달렸고 자주 기분이 나빴다. 그러나 어찌해서든지 일감을 얻고자 애쓰는 삽화가들이 많았기에 이 모든 작업 기회를 가졌다는 데 행복을 느껴야 할 것만 같았다. 돈을 받고 내가 사랑하는 일인 그림 그리기를 하고 있지 않은가.

미처 깨닫지 못한 것은 내가 그림을 일로 그릴 때와 취미로 그릴 때 접근 방식과 얻는 유익이 완전히 달랐다는 것이다. 일로 그린 삽화는 고객을 기쁘게 하는 것이 목적이었다. 그래서 고객이 내 삽화를 좋아할지 끊임없이 염려하고 압박을 받았다. 나는 자신과 고객 모두가 곤란하지 않도록 상자 밖으로 멀리 나가는 모험이나 스타일 실험 같은 것은 하지 않았다. 하지만 이런 선택이 그리기 행위에서 즐거움을 앗아간다는 사실을 몰랐다. 자유 시간에 누구도 아닌 나 자신을 위해 그림을 그릴 때와는 전혀 다른 느낌이었다. 선명한 목표나 목적 없이, 실수에 대한 염려 없이 그리는 그림은 여유로운 자기표현과 기쁨이 넘치는 발견, 끊임없는 발전의 원동력이 된다.

그러나 고객의 일이 워낙 넘치다 보니 하루 일과를 마친 후에는 나 자신을 위해 그림을 그릴 시간도, 힘도 남지 않았다. 내게 가장 자연스러운 일, 즉 날마다 스케치북에 그림 그리는 일이 서서히 그러나 확실히 자취를 감추고 있었다. 점차 구름에 덮이는 태양처럼, 슬픈 얼굴 속으로 희미하게 사라지는 미소처럼 내 삶에도 서서히 빛깔과 기쁨이 사라지고 있었다.

2018년 연말이 되어서야 나는 내가 예전처럼 그리기를 즐기지 않는다는 사실을 깨달았다. 아울러 내가 기진맥진하고 불행하다는 사실도 깨달았다. 그리기는 가장 나다운 요소이고 그리기를 생업으로 삼고 있었지만 더 이상 행복하지 않다는 사실은 뭔가 바뀌어야 할 때임을 의미했다. 그래서 새해를 맞이하여 스스로 얼마간의 타임오프를 가졌다. 그 기간에 부모님과 한 주를 보내며 평범하고 때론 단조로운 일상이 아주 즐겁고 소중하다는 점을 발견했다.

다시 상쾌함을 맛보았다. 긴 산책을 하기 시작했고, 이젠 거의 매일 걸어서 편도 한 시간 거리에 있는 작업실에 출퇴근한다. 비슷한 맥락에서 내게 행복감을 주는 베이킹과 작업실용 가구 공예에 시간을 쓰기 시작했다. 새로운 라이프스타일 속에서 발견한 소소한 기쁨들 덕분에 나는 타임오프의 중요성을 인식할 수 있었다.

아울러 색다른 방식으로 새로운 프로젝트를 평가하기 시작했다. 이전에는 주문을 받는 데 급급해서 그 일을 진짜 즐기며 할 수 있는지 여부는 거의 고민하지 않았다. 그러나 그리기를 계속 즐기고 사랑하기 위해서는 어떤 종류의 일을 하느냐가 실은 가장 중요한 고려 사항이었다. 타임오프를 가치 있게 여기고 새로운 취미 활동을 발견하는 과정에서 나는 한발 물러나 내가 하고 싶은 일이 무엇인지 곰곰이 생각해보았다. 중압감이 너무 크고 기쁨은 그리 크지 않는 일은 분명 내게 맞지 않았다. 나는 삽화가지만 무엇보다 아티스트이고, 내가 어떤 종류의 아티스트인지를 알아야 했다. 탐구는 아직도 현재진행형이다. 나는 여전히 아티스트로서 어떤 위치에 있고 싶은지 파악하려고 노력하고 있다. 이 과정에서 타임오프가 도움이 된다고 생각한다.

존과 맥스가 이 책의 삽화를 내게 의뢰했을 때, 이 일이야말로 완벽한 타이밍에 찾아온 완벽한 프로젝트라고 생각했다. 이 일을 통해 자신의 쉼 윤리를 성찰할 수 있었을 뿐 아니라 내가 깊이 애착을 느끼는 작업을 하며 나와 비슷한 문제로 어려움을 겪는 사람들을 돕는 일에 기여할 수 있었다. 타임오프는 배움의 과정이기에 각 사람이 자신에게 맞는 접근법을 찾아야 한다고 믿는다. 나 역시 내 방식을 찾고자 노력 중이다.

당신의 타임오프

　　　이 책을 재미있게 읽고 유익한 시간이 되었기를 진심으로 바란다. 우리는 당신의 이야기도 듣고 싶다. 당신의 쉼과 여가 또는 쉼 윤리와 관련해 나누고 싶은 이야기가 있다면 hello@timeoffbook.com으로 이메일을 보내라. 타임오프에 관한 자세한 내용은 timeoffbook.com에서 확인할 수 있다. 어떤 유형의 휴가가 내게 가장 적합한지 평가할 수 있는 대화형 평가지도 준비되어 있다. 당신의 쉼 윤리를 timeoffbook.com/find-my-rest-ethic에서 찾아보라.

감사의 글

존은 이 책을 공동집필하는 데 필요한 용기와 에너지를 채워준 많은 사람에게 식사와 차 대접을 받았다. 먼저 농사, 요리, 긴 식사, 재충전과 새로운 시각을 얻기 위해 야외에서 시간 보내기 등의 본을 보여준 가족이 있다. 둘째, 이 책이 집필되기 전에 이미 책 내용을 삶으로 구현한 전 세계의 친구들이 있다. 그들은 존을 데리고 등산을 가거나 드럼 동아리에 끌어들이거나 칵테일을 한 잔 더 주문하거나 정오 운동을 제안하거나 절제하고 단순한 삶을 살라고 격려함으로써 존이 일에서 한발 물러나 순간을 즐길 수 있게 해주었다. 셋째, 독자인 당신이 타임오프를 함으로써 삶에서 더 많은 것을 누리며 창의적이고 흥미로운 작업을 더 많이 할 것에 대해 미리 감사를 전한다. 당신은 번아웃되면 안 된다. 변화하려고 노력해줘서 감사하다.

맥스는 가족, 특히 어머니 모니카에게 감사를 전한다. 어머니는 조건 없이 그를 지지해주었고 관습이나 다른 사람이 생각하는 성공을 좇아가야 한다는 압박감을 떨치고 자신의 길을 찾아가도록 했다. 더 열심히 일하라고 다그치지 않고 충분히 타임오프를 하고 있는지 물었다. 그녀의 책 사랑은 맥스에게 스며들었고 어린 시절부터 독서광이 되는 데 영향을 미쳤다. 이 모든 요소는 맥스가 이 책으로 귀결되는 여정을 좇아가는 데 꼭 필요했다.

맥스는 친구이자 동료 작가인 황유양에게도 감사를 전한다. 그녀는 맥스에게 생각을 글로 기록하여 공유하라고 맨 먼저 제안한 사람이고, 이 일을 지속하도록 독려했다. 맥스의 회계 파트너이기도 한 그녀는 그가 헌신과 포부를 놓치지 않도록 격려했다. 무엇보다 그가 글쓰기 고충뿐 아니라 삶 전반에 관해 투덜거릴 때마다 들어주며 '진정한 보헤미안 작가'가 되는 법을 가르쳐주었다.

맥스는 또한 지속적인 지원과 격려를 아끼지 않은 다른 모든 친구들, 특히 나른한 토요일을 보내는 법을 가르쳐주고 이 책을 쓰는 길고 혹독한 시간 중에 정신 줄을 놓지 않도록 도와준 시주카 카마다에게 감사를 전한다.

마리야는 이 의미 깊은 프로젝트에 자신을 초청해주고 적절한 타이밍에 그녀가 시작한 무언가에 이름(타임오프)을 붙이게 해준 존과 맥스에게 감사를 전한다. 또한 그녀가 꿈꾸는 삶을 살 수 있다고 독려해주신 부모님에게 지극히 감사한 마음을 전한다. 그녀는 가장 자연스러운 방식으로 타임오프를 이미 실천하고 있는, 그리고 스트레스가 극심한 나날에 그녀가 보지 못한 것을 보도록 길잡이가 되어준 멋진 친구들에게도 감사한다. 아름답고 인내심 많은 사람들이 주변에 있다는 건 늘 감사한 일이다.

우리는 함께 때로는 장황하게 늘어지고 산만하게 흩어진 아이디어들을 당신이 지금 보고 있는 일관성 있고 예리한 서사로 바꿔준 경이로운 편집자 앤 메이너드에게 감사한다. 그녀는 거칠고 큰 대리석 덩어리에서 아름다운 조각을 드러내려면 어디를 어떻게 깎아내야 하는지 안내해줬다. 매의 눈을 가진 쉼표 킬러이자 참조 사냥꾼인 교정편집자 수잔 카힐에게 감사한다.

디자이너 니키 엘리스에게 감사한다. 마리야의 삽화가 이토록 멋지게 본문에 스며들게 해주었고, 매력적인 표지와 내지 디자인을 마리야와 함께 작업했다. 수차례의 긴 대화를 주고받으며 모든 아이디어와 영감을 최종 디자인에 압축해서 담아준 것에 감사한다.

모든 테스트 독자에게 큰 감사를 전한다. 막연한 아이디어와 짧은 프로필 초고에 불과했던 초기부터 지지를 보내준 이들이다. 그들의 피드백, 아이디어, 무엇보다도 열정과 격려가 있었기에 이 책이 나올 수 있었고, 우리 일에 회의를 품었을 때에도 포기하지 않고 계속 전진할 수 있었다. 시간과 관심이란 선물을 줘서 얼마나 고마운지 모른다. 특히 우리의 초고보다 더 자세한 피드백과 지속적인 지지를 아끼지 않은 앤드류 아타드에게 감사를 전한다. 그의 타임오프 수용은 우리에게 정말 영감이 되었다.

마지막으로, 이 책에 사례가 실린 모든 이들에게 감사를 전한다. 그들의 쉼 윤리가 우리에게 영감을 불어넣어주었고, 그들의 대단한 이야기는 우리를 즐겁게 해주었다. 삶 가운데 타임오프를 가져오는 데 필요한 명료하고 실천 가능한 단계를 제시해줘서 고맙다. 특히 인터뷰에 응해준 이들에게, 초고에 소중한 피드백을 준 이들에게 감사한다. 타임오프 운동의 선구자가 되어주고, 이 책의 일부분이 되어줘서 고맙습니다! 이 책을 읽는 많은 독자가 그들의 사례를 따라가기를 바란다.

참고문헌

들어가는 글.

Aristotle. Aristotle's Politics: *Writings from the Complete Works: Politics, Economics, Constitution of Athens*. Edited by Jonathan Barnes and Melissa Lane. Princeton, NJ: Princeton University Press, 2017.

"Aristotle on Work vs. Leisure," The Noble Leisure Project. Accessed March 20, 2020. https://blogs.harvard.edu/nobleleisure/aristotle-on-work-vsleisure/.

Fried, Jason, and David Heinemeier Hansson. *It Doesn't Have to Be Crazy at Work*. New York: Harper Business, 2018.

Miller, Bruce B. *Your Life in Rhythm: Less Stress, More Peace, Less Frustration, More Fulfillment, Less Discouragement, More Hope*. McKinney: TX Dadlin, 2016.

Minerd, Matthew. "Leisure: The Basis of Everything?" *Homiletic & Pastoral Review*, January 20, 2017. https://www.hprweb.com/2017/01/leisure-thebasis-of-everything/.

Newport, Cal. *Digital Minimalism: Choosing a Focused Life in a Noisy World*. New York: Penguin Business, 2020.

Oshin, Mayo. "Einstein's Most Effective Life Hack Wasn't about Productivity." Quartz at Work. Accessed March 20, 2020. https://qz.com/work/1494627/einstein-on-the-only-productivity-tip-youll-ever-need-toknow/.

Pieper, Josef. *Leisure: The Basis of Culture*. Indianapolis: Liberty Fund, 2010.

Russell, Bertrand. "In Praise of Idleness." *Harper's Magazine*, October 1932. https://harpers.org/archive/1932/10/in-praise-of-idleness/.

Sahlins, Marshall. "Hunter-Gatherers: Insights from a Golden Affluent Age." *Pacific Ecologist*, no. 18 (January 1, 2009): 3–9.

Sipiora, Phillip, and James S. Baumlin, eds. *Rhetoric and Kairos: Essays in History, Theory, and Praxis. Albany*, NY: SUNY Press, 2002.

Taleb, Nassim Nicholas. *The Bed of Procrustes: Philosophical and Practical Aphorisms*. Reprint edition. New York: Random House Trade Paperbacks, 2016.

Thompson, E. P. "Time, Work-Discipline, and Industrial Capitalism." *Past & Present*, no. 38 (1967): 56–97.

1장. 인생의 밀도를 높이는 유일한 길

Aarstol, Stephan. *The Five-Hour Workday: Live Differently, Unlock Productivity, and Find Happiness*. Lioncrest Publishing, 2016.

"Bertrand Russell," Wikipedia. Last modified April 13, 2020. https://en.wikipedia.org/wiki/Bertrand_Russell

"Burn-Out an 'Occupational Phenomenon': International Classification of Diseases," WHO. Accessed March 23, 2020. http://www.who.int/mental_health/evidence/burn-out/en/.

Davis, Pete, and Jon Staff. "People Fought for Time Off from Work, So Stop Working So Much." *Fast Company*, February 23, 2019. https://www.fastcompany.com/90309992/people-fought-for-time-off-from-work-sostop-working-so-much.

Doukas, Dimitra, and E. Paul Durrenberger. "Gospel of Wealth, Gospel of Work: Counterhegemony in the U.S. Working Class." *American Anthropologist* 110, no. 2 (2008): 214–24.

"The 5-Day Week in the Ford Plants." *Monthly Labor Review* 23, no. 6 (December 1926): 1162–66.

Fogg, B. J. *Persuasive Technology: Using Computers to Change What We Think and Do*. San Francisco: Morgan Kaufmann, 2003. https://doi.org/10.1016/B978-1-55860-643-2.X5000-8.

Graeber, David. *Bullshit Jobs: A Theory*. New York: Simon & Schuster, 2018.

Huffington, Arianna. "Burnout Is Now Officially a Workplace Crisis." Thrive Global, June 3, 2019. https://thriveglobal.in/stories/burnout-is-nowofficially-a-workplace-crisis/.

———. "Don't Call It a Vacation: Thrive Time Is the Key to Sustainable Success." Thrive Global, July 12, 2019. https://thriveglobal.com/stories/vacation-time-off-pto-prevent-stress-burnout-arianna-huffington/.

———. "Microsteps: The Big Idea That's Too Small to Fail, According to Science." Thrive Global, February 27, 2019. https://thriveglobal.com/stories/microsteps-big-idea-too-small-to-fail-healthy-habits-willpower/.

Katz, Emily Tess. "The Moment Arianna Knew She Had to Change Her Life." HuffPost, March 25, 2014. https://www.huffingtonpost.com/2014/03/25/arianna-huffington-fainting_n_5030365.html.

Newport, Cal. *Deep Work: Rules for Focused Success in a Distracted World*. New York: Grand Central Publishing, 2016.

"The Nobel Prize in Literature 1950," NobelPrize.org. Accessed March 21, 2020. https://www.nobelprize.org/prizes/literature/1950/summary/.

Petersen, Anne Helen. "How Millennials Became the Burnout Generation." BuzzFeed News, January 5, 2019. https://www.buzzfeednews.com/article/annehelenpetersen/millennials-burnout-generation-debt-work.

Russell, Bertrand. "In Praise of Idleness." *Harper's Magazine*, October 1932. https://harpers.org/archive/1932/10/in-praise-of-idleness/.

Saad, Linda. "The '40-Hour' Workweek Is Actually Longer – by Seven Hours." Gallup.com, August 29, 2014. https://news.gallup.com/poll/175286/hour-workweek-actually-longer-seven-hours.aspx.

Schroeder, Doris. *Work Incentives and Welfare Provision: The "Pathological" Theory of Unemployment*. Oxford and New York: Routledge, 2018.

Weber, Max. *The Protestant Ethic and the Spirit of Capitalism*. Edited by R. H. Tawney. Translated by Talcott Parsons. Mineola, NY: Dover Publications, 2003.

2장. 창의성

Bennett, Arnold. *How to Live on 24 Hours a Day*. London: New Age Press, 1908.

Currey, Mason. *Daily Rituals: How Great Minds Make Time, Find Inspiration, and Get to Work*. New York: Picador, 2014.

Eiduson, Bernice T. "Scientists and Their Psychological World." *Engineering and Science* 26, no. 5 (February 1, 1963): 22–30.

Epstein, David. *Range: Why Generalists Triumph in a Specialized World*. New York: Riverhead Books, 2019.

Goldsmith, Margie. "Google A.I. Engineer/Rapper Wants Kids to Know It's Cool to Be a Genius." *Forbes*, January 21, 2019. https://www.forbes.com/sites/margiegoldsmith/2019/01/21/google-a-i-engineerrapper-wantskids-to-know-its-cool-to-be-a-genius/.

Hallowell, Edward M. *CrazyBusy: Overstretched, Overbooked, and About to Snap! Strategies for Handling Your Fast-Paced Life*. New York: Ballantine Books, 2007.

Harford, Tim. "A Powerful Way to Unleash Your Natural Creativity." TED video, 2018. https://www.ted.com/talks/tim_harford_a_powerful_way_to_unleash_your_natural_creativity.

―――. "Multi-Tasking: How to Survive in the 21st Century." *Financial Times*, September 3, 2015. https://www.ft.com/content/bbf1f84a-51c2-11e5-8642-453585f2cfcd.

Huxley, Aldous. *The Divine Within: Selected Writings on Enlightenment*. New York: Harper Perennial, 2013.

―――. *Music at Night and Other Essays*. London: Flamingo, 1994.

Jacobsen, Annie. *The Pentagon's Brain: An Uncensored History of DARPA, America's Top-Secret Military Research Agency*. New York: Back Bay Books, 2016.

Kerst, Friedrich. *Beethoven: The Man and the Artist, As Revealed in His Own Words*. Edited by Henry Edward Krehbiel. New York: Dover Publications, 2011.

Koestler, Arthur. *Act of Creation*. New York: Macmillan Company, 1966.

Mejia, Zameena, and Mary Stevens. "This Engineer Was a Homeless Teen – Now He's a Rapper Who Also Works at Google." CNBC, January 8, 2019. https://www.cnbc.com/2019/01/04/google-engineer-went-fromhomeless-to-rapper-and-ai-computer-scientist--.html.

Newport, Cal. *Deep Work: Rules for Focused Success in a Distracted World*. New York: Grand Central Publishing, 2016.

"The Nobel Prize in Physics 1964," NobelPrize.org. Accessed March 23, 2020. https://www.nobelprize.org/prizes/physics/1964/townes/facts/.

Rolland, Romain. *Beethoven the Creator*. Translated by Ernest Newman. New York: Garden City Publishing, 2007.

Tchaikovsky, Modeste. *The Life and Letters of Peter Ilich Tchaikovsky*. Edited by Rosa Newmarch. Honolulu, HI: University Press of the Pacific, 2004.

Tory, Brandon. "How Being an Apple and Google Engineer, and a Rapper, Are All the Same. #Multidream." Medium, October 18, 2018. https://medium.com/@brandontory/multidream-256d88cf8c3e.

―――. "MULTIDREAM." brandontory. Accessed March 23, 2020. https://www.brandontory.com/multidream.

Townes, Charles. Adventures of a Scientist: Conversation with Charles Townes. Interview by Harry Kreisler, February 15, 2000. http://globetrotter.berkeley.edu/people/Townes/townes-con0.html.

Wallas, Graham. *The Art of Thought*. London: Solis Press, 2014.

3장. 쉼

Bakker, Arnold B., Ana I. Sanz-Vergel, Alfredo Rodríguez-Muñoz, and Wido G. M. Oerlemans. "The State Version of the Recovery Experience Questionnaire: A Multilevel Confirmatory Factor Analysis." *European Journal of Work and Organizational Psychology* 24, no. 3 (May 4, 2015): 350–59. https://doi.org/10.1080/135943 2X.2014.903242.

Bell, Eric Temple. *Men of Mathematics*. New York & London: Simon & Schuster, 1986.

Carr, Michelle. "How to Dream Like Salvador Dali." *Psychology Today*, February 20, 2015. https://www.psychologytoday.com/blog/dreamfactory/201502/how-dream-salvador-dali.

Ericsson, K. Anders, Ralf T. Krampe, and Clemens Tesch-Römer. "The Role of Deliberate Practice in the Acquisition of Expert Performance." *Psychological Review* 100, no. 3 (1993): 363–406. https://doi.org/10.1037/0033-295X.100.3.363.

Frenzel, Max F., Bogdan Teleaga, and Asahi Ushio. "Latent Space Cartography: Generalised Metric-Inspired Measures and Measure-Based Transformations for Generative Models." *ArXiv:1902.02113 [Cs, Stat]*, February 6, 2019. http://arxiv.org/abs/1902.02113.

Fried, Jason. "Workplace Experiments." Signal v. Noise by Basecamp, March 5, 2008. https://signalvnoise.com/posts/893-workplace-experiments.

Immordino-Yang, Mary Helen, Joanna A. Christodoulou, and Vanessa Singh. "Rest Is Not Idleness: Implications of the Brain's Default Mode for Human Development and Education." *Perspectives on Psychological Science* 7, no. 4 (July 1, 2012): 352–64. https://doi.org/10.1177/1745691612447308.

Kierkegaard, Soren. The Concept of Anxiety. Macon, GA: Mercer, 1985.

———. *Either/Or: A Fragment of Life*. Edited by Victor Eremita. Translated by Alastair Hannay. London & New York: Penguin Classics, 1992.

Liu, Luke. "What Is Crop Rotation?" WorldAtlas, April 25, 2017. https://www.worldatlas.com/articles/what-is-crop-rotation.html.

Pang, Alex Soojung-Kim. Rest: *Why You Get More Done When You Work Less*. New York: Basic Books, 2018.

Pascal, Blaise. Pensées. Translated by A. J. Krailsheimer. Penguin Classics. London

& New York: Penguin Books, 1995.

Penfield, Wilder. *The Second Career and Other Essays and Addresses*. Boston: Little Brown, 1963.

Poincaré, Henri. *The Foundations of Science: Science and Hypothesis, the Value of Science, Science and Method*. Translated by George Bruce Halsted. New York: Science Press, 1929.

Raichle, Marcus E., Ann Mary MacLeod, Abraham Z. Snyder, William J. Powers, Debra A. Gusnard, and Gordon L. Shulman. "A Default Mode of Brain Function." *Proceedings of the National Academy of Sciences of the United States of America* 98, no. 2 (January 16, 2001): 676–82.

Servick, Kelly. "How Exercise Beefs Up the Brain." Science | AAAS, October 10, 2013. https://www.sciencemag.org/news/2013/10/how-exercisebeefs-brain.

Sonnentag, Sabine. "Psychological Detachment from Work during Leisure Time: The Benefits of Mentally Disengaging from Work." Current *Directions in Psychological Science* 21, no. 2 (April 1, 2012): 114–18. https://doi.org/10.1177/0963721411434979.

Westerborg, Dennis Van. *Quotes That Breathe*. Whimprint Books, 2016.

4장. 잠

Bezos, Jeff. "Why Getting 8 Hours of Sleep Is Good for Amazon Shareholders: Interview with Thrive Global." *Medium*, April 27, 2017. https://medium.com/thrive-global/jeff-bezos-sleep-amazon-19c617c59daa.

Cartwright, Rosalind D. The Twenty–Four Hour Mind: *The Role of Sleep and Dreaming in Our Emotional Lives*. Oxford: Oxford University Press, 2010.

Cooke, Rachel. "'Sleep Should Be Prescribed': What Those Late Nights Out Could Be Costing You." *The Observer*, September 24, 2017. https://www.theguardian.com/lifeandstyle/2017/sep/24/why-lack-of-sleep-healthworst-enemy-matthew-walker-why-we-sleep.

Domínguez, Fernando, Valentín Fuster, Juan Miguel Fernández-Alvira, Leticia Fernández-Friera, Beatriz López-Melgar, Ruth Blanco-Rojo, Antonio Fernández-Ortiz, et al. "Association of Sleep Duration and Quality with Subclinical Atherosclerosis." *Journal of the American College of Cardiology* 73, no. 2 (January 14, 2019): 134–44. https://doi.org/10.1016/j.jacc.2018.10.060.

Frenzel, Max. "The Effects of Caffeine, Alcohol, and Exercise on Sleep: Analyzing the Surprising Results." *Medium*, December 4, 2018. https://medium.com/better-humans/the-effects-of-caffeine-alcohol-andexercise-on-sleep-analyzing-the-surprising-results-117330af2480.

Gritters, Jenni. "Why Strava's CEO Doesn't Work Evenings or Weekends." *Medium*, April 30, 2019. https://elemental.medium.com/why-stravasceo-doesn-t-work-evenings-or-weekends-a72093618711.

Irwin, M., J. McClintick, C. Costlow, M. Fortner, J. White, and J. C. Gillin. "Partial Night Sleep Deprivation Reduces Natural Killer and Cellular Immune Responses in Humans." *FASEB Journal: Official Publication of the Federation of American Societies for Experimental Biology* 10, no. 5 (April 1996): 643–53. https://doi.org/10.1096/fasebj.10.5.8621064.

James, LeBron, Mike Mancias, and Tim Ferriss. "LeBron James and His Top-Secret Trainer, Mike Mancias." *The Tim Ferriss Show*. September 27, 2018. https://tim.blog/2018/11/27/lebron-james-mike-mancias/.

Jensen, Tina Kold, Anna-Maria Andersson, Niels Erik Skakkebæk, Ulla Nordstrøm Joensen, Martin Blomberg Jensen, Tina Harmer Lassen, Loa Nordkap, et al. "Association of Sleep Disturbances with Reduced Semen Quality: A Cross-Sectional Study among 953 Healthy Young Danish Men." *American Journal of Epidemiology* 177, no. 10 (May 15, 2013): 1027–37. https://doi.org/10.1093/aje/kws420.

Mah, Cheri D., Kenneth E. Mah, Eric J. Kezirian, and William C. Dement. "The Effects of Sleep Extension on the Athletic Performance of Collegiate Basketball Players." *Sleep* 34, no. 7 (July 1, 2011): 943–50. https://doi.org/10.5665/SLEEP.1132.

Naska, Androniki, Eleni Oikonomou, Antonia Trichopoulou, Theodora Psaltopoulou, and Dimitrios Trichopoulos. "Siesta in Healthy Adults and Coronary Mortality in the General Population." *Archives of Internal Medicine* 167, no. 3 (February 12, 2007): 296–301. https://doi.org/10.1001/archinte.167.3.296.

Rea, Mark S., Mariana G. Figueiro, Katherine M. Sharkey, and Mary A. Carskadon. "Relationship of Morning Cortisol to Circadian Phase and Rising Time in Young Adults with Delayed Sleep Times." Clinical Study. *International Journal of Endocrinology*. Hindawi, 2012. https://doi.org/10.1155/2012/749460.

Sandhu, Amneet, Milan Seth, and Hitinder S. Gurm. "Daylight Savings Time and Myocardial Infarction." *Open Heart* 1, no. 1 (March 1, 2014). https://doi.org/10.1136/openhrt-2013-000019.

Shokri-Kojori, Ehsan, Gene-Jack Wang, Corinde E. Wiers, Sukru B. Demiral,

Min Guo, Sung Won Kim, Elsa Lindgren, et al. "ß-Amyloid Accumulation in the Human Brain after One Night of Sleep Deprivation." *Proceedings of the National Academy of Sciences* 115, no. 17 (April 24, 2018): 4483–88. https://doi.org/10.1073/pnas.1721694115.

Walker, Matthew. "Proof the Secret of a Good Sex Life Is Sleeping Apart." Daily Mail, November 1, 2018.

———. "Sleep Is Your Superpower." TED video, April 2019. https://www.ted.com/talks/matt_walker_sleep_is_your_superpower.

———. *Why We Sleep: The New Science of Sleep and Dreams*. London: Penguin Books, 2018.

5장. 운동

Barba, Christine. "'Re-Sculpt' Your Brain with Exercise and Lower Dementia Risk by up to 90 Percent, Says Neuroscientist Wendy Suzuki." Being Patient, March 27, 2019. https://www.beingpatient.com/wendy-suzukiexercise-brain/.

Pang, Alex Soojung-Kim. Rest: *Why You Get More Done When You Work Less*. New York: Basic Books, 2016.

PsiQuantum. "PsiQuantum." Accessed April 8, 2020. https://psiquantum. com/.

Servick, Kelly. "How Exercise Beefs Up the Brain." *Science*, October 10, 2013. https://www.sciencemag.org/news/2013/10/how-exercise-beefs-brain.

Suzuki, Wendy. "The Brain-Changing Benefits of Exercise." TED video. November 2017. https://www.ted.com/talks/wendy_suzuki_the_brain_changing_benefits_of_exercise/transcript.

Waitzkin, Josh. *The Art of Learning: An Inner Journey to Optimal Performance*. New York: Free Press, 2008.

Zahabi, Firas. "JRE MMA Show #32 with Firas Zahabi." *The Joe Rogan Experience Podcast*, June 19, 2018. https://www.youtube.com/watch?reload=9&v=xDsoWp743gM.

6장. 고독

Aristotle. *Aristotle's Politics: Writings from the Complete Works: Politics, Economics, Constitution of Athens*. Edited by Jonathan Barnes and Melissa Lane. Princeton, NJ: Princeton University Press, 2017.

Bratman, Gregory N., J. Paul Hamilton, Kevin S. Hahn, Gretchen C. Daily, and

James J. Gross. "Nature Experience Reduces Rumination and Subgenual Prefrontal Cortex Activation." *Proceedings of the National Academy of Sciences of the United States of America* 112, no. 28 (July 14, 2015): 8567–72. https://doi.org/10.1073/pnas.1510459112.

Cain, Susan. *Quiet: The Power of Introverts in a World That Can't Stop Talking.* New York: Broadway Books, 2013.

Cott, Jonathan. *Conversations with Glenn Gould.* Chicago, IL: University of Chicago Press, 2005.

Dunbar, R. I. M. "The Social Brain: Mind, Language, and Society in Evolutionary Perspective." *Annual Review of Anthropology* 32, no. 1 (2003): 163–81. https://doi.org/10.1146/annurev.anthro.32.061002.093158.

Etherwood. "Etherwood's Facebook Page." Facebook, October 4, 2016. https://www.facebook.com/etherwood/photos/a.492668237465654/1154606401271831/?type=1&theater.

———. "Most Wanted: Etherwood Dreams of a Mobile VW Studio." fabric london, June 12, 2015. https://www.fabriclondon.com/blog/view/mostwanted-etherwood-dreams-of-a-mobile-vw-studio.

Flint, Kate. "Reading Uncommonly: Virginia Woolf and the Practice of Reading." *The Yearbook of English Studies* 26 (1996): 187–98. https://doi.org/10.2307/3508657.

Harris, Michael. "Need to Inspire Creativity? Give Daydreaming A Shot." *Discover Magazine*, May 16, 2017. https://www.discovermagazine.com/mind/need-to-inspire-creativity-give-daydreaming-a-shot.

———. *Solitude: In Pursuit of a Singular Life in a Crowded World.* New York: Thomas Dunne Books, 2017.

Hirst, Jake. "Etherwood Returns with New Music..." UKF, October 23, 2017. https://ukf.com/news/etherwood-returns-new-music/20578.

Hunt, Melissa G., Rachel Marx, Courtney Lipson, and Jordyn Young. "No More FOMO: Limiting Social Media Decreases Loneliness and Depression." *Journal of Social and Clinical Psychology* 37, no. 10 (November 8, 2018): 751–68. https://doi.org/10.1521/jscp.2018.37.10.751.

Klinenberg, Eric. *Going Solo: The Extraordinary Rise and Surprising Appeal of Living Alone.* London & New York: Penguin Books, 2013.

Long, Christopher R., and James R. Averill. "Solitude: An Exploration of Benefits of Being Alone." *Journal for the Theory of Social Behaviour* 33, no. 1 (2003): 21–44.

https://doi.org/10.1111/1468-5914.00204.

Mellor, Felicity. "The Power of Silence." *Physics World*, April 3, 2014. https://physicsworld.com/a/the-power-of-silence/.

Newport, Cal. *Digital Minimalism: Choosing a Focused Life in a Noisy World.* New York: Portfolio, 2019.

Sivers, Derek. "About." Derek Sivers. Accessed April 8, 2020. https://sivers. org/about.

———. "No 'yes.' Either 'HELL YEAH!' or 'No.'" Derek Sivers, August 26, 2009. https://sivers.org/hellyeah.

———. "Parenting: Who Is It Really For?" Derek Sivers, July 26, 2017. https://sivers.org/pa.

———. "Relax for the Same Result." Derek Sivers, October 2, 2015. https://sivers.org/relax.

———. "Subtract." Derek Sivers, December 5, 2018. https://sivers.org/subtract.

———. "Workspiration with Derek Sivers." Workspiration, January 29, 2014. https://workspiration.org/derek-sivers.

Thoreau, Henry David. *Walden*. Princeton, NJ: Princeton University Press, 2004.

Waytz, Adam. "2014: What Scientific Idea Is Ready for Retirement?: Humans Are By Nature Social Animals." Edge, 2014. https://www.edge.org/response-detail/25395.

Wozniak, Steve, and Gina Smith. *IWoz: Computer Geek to Cult Icon: How I Invented the Personal Computer, Co-Founded Apple, and Had Fun Doing It.* New York: W. W. Norton & Company, 2006.

7장. 성찰

"A Stoic Response to Rejection." Daily Stoic. August 28, 2017. https://dailystoic.com/stoic-response-rejection/.

Aquinas, Thomas. *The Summa Theologica of St. Thomas Aquinas.* Translated by Fathers of the English Dominican Province. New York: Christian Classics, 1981.

Aurelius, Marcus. *Meditations*. Translated by Martin Hammond. London: Penguin Classics, 2006.

Epictetus. *Discourses and Selected Writings.* Edited by Robert Dobbin. London: Penguin Classics, 2008.

Godin, Seth. "Do Less." Porchlight Books, August 24, 2004. https://www.porchlightbooks.com/blog/changethis/2004/Do-Less.

———. *Small Is the New Big: And 183 Other Riffs, Rants, and Remarkable Business Ideas*. New York: Portfolio, 2006.

Godin, Seth and Tim Ferriss. "How Seth Godin Manages His Life – Rules, Principles, and Obsessions." *The Tim Ferriss Show*, February 10, 2016. https://tim.blog/2016/02/10/seth-godin/.

Holiday, Ryan. *Obstacle Is the Way*. London: Profile Books, 2015.

Jenkins, Tom. "One of the World's Best Chefs Gives His Cooks Three Days Off a Week." Fine Dining Lovers, September 8, 2017. https://www.finedininglovers.com/article/one-worlds-best-chefs-gives-his-cooksthree-days-week.

Kondo, Marie. *The Life-Changing Magic of Tidying Up: The Japanese Art of Decluttering and Organizing*. Berkeley: Ten Speed Press, 2014.

———. "Marie's Top 5 Productivity Tips." KonMari: The Official Website of Marie Kondo, February 4, 2019. https://konmari.com/marie-kondoproductivity-tips/.

McKeown, Greg. "The Simplest Way to Avoid Wasting Time." Greg McKeown, October 2, 2014. https://gregmckeown.com/simplest-wayavoid-wasting-time/.

Milner, Rebecca. "How I Get It Done: Organizational Guru Marie Kondo." The Cut, March 6, 2018. https://www.thecut.com/2018/03/marie-kondolifechanging-magic-tidying-up-interview.html.

Nilsson, Magnus. "Magnus Nilsson Speaking at Food on the Edge 2017." Food on the Edge, February 1, 2018. https://www.youtube.com/watch?v=UOOa0Eqv6hs.

Pieper, Josef. *Leisure: The Basis of Culture*. San Francisco: Ignatius Press, 2009.

Scattergood, Amy. "The Story behind Why Magnus Nilsson Is Closing Fäviken." *Los Angeles Times*, May 6, 2019. https://www.latimes.com/food/la-fo-magnus-nilsson-faviken-restaurant-sweden-closing-20190506-story.html.

Stubblebine, Tony. "Replace Your To-Do List with Interstitial Journaling to Increase Productivity." *Medium*, September 8, 2017. https://medium.com/better-humans/replace-your-to-do-list-with-interstitial-journalingto-increase-productivity-4e43109d15ef.

The School of Life. "Thomas Aquinas," November 13, 2014. https://www.theschooloflife.com/thebookoflife/the-great-philosophers-thomasaquinas/.

Witts, Sophie. "Noma 2.0 to Reduce Opening Hours and Raise Prices to Reduce Staff Stress." *Big Hospitality,* November 15, 2017. https://www.bighospitality.co.uk/Article/2017/11/15/Noma-2.0-to-reduce-openinghours-and-raise-prices-to-reduce-staff-stress.

Beard, Alison. "Life's Work: An Interview with Alice Waters." *Harvard Business Review*, May 1, 2017. https://hbr.org/2017/05/alice-waters.

Brown, Stuart L. "Consequences of Play Deprivation." Scholarpedia 9, no. 5(May 7, 2014): 30449. https://doi.org/10.4249/scholarpedia.30449.

Frenzel, Max F., David Jennings, and Terry Rudolph. "Quasi-autonomous Quantum Thermal Machines and Quantum to Classical Energy Flow." *New Journal of Physics* 18 (February 10, 2016): 023037. https://doi:10.1088/1367-2630/18/2/023037.

Gopnik, Alison. *The Philosophical Baby: What Children's Minds Tell Us about Truth, Love and the Meaning of Life*. London: Bodley Head, 2009.

———. "What Do Babies Think?" TED video, July, 2011. https://www.ted.com/talks/alison_gopnik_what_do_babies_think.

Gopnik, Alison, Andrew N. Meltzoff, and Patricia K. Kuhl. *The Scientist in the Crib: What Early Learning Tells Us about the Mind*. New York: William Morrow Paperbacks, 1999.

Hallowell, Edward M. *Shine: Using Brain Science to Get the Best from Your People*. Harvard, MA: Harvard Business Press, 2011. "Hermann Hesse – Facts." NobelPrize.org. Accessed April 10, 2020. https://www.nobelprize.org/prizes/literature/1946/hesse/facts/.

Hesse, Herman. *My Belief: Essays on Life and Art*. New York: Farrar, Straus & Giroux, 1974.

Hilbert, Matthias. *Hermann Hesse und sein Elternhaus - Zwischen Rebellion und Liebe: Eine biographische Spurensuche*. Stuttgart: Calwer Verlag GmbH, 2005.

Kinchin, Juliet, and Aidan O'Connor. *Century of the Child: Growing by Design 1900–2000*. New York: The Museum of Modern Art, New York, 2012.

Page, Karen, and Andrew Dornenburg. *The Flavor Bible: The Essential Guide to Culinary Creativity, Based on the Wisdom of America's Most Imaginative Chefs*. New York: Little, Brown and Company, 2008.

Pollan, Michael. *How to Change Your Mind: What the New Science of Psychedelics Teaches Us About Consciousness, Dying, Addiction, Depression, and Transcendence*. New York: Penguin Press, 2018.

Potts, Rolf. *Vagabonding: An Uncommon Guide to the Art of Long-Term World Travel*. New York: Villard Books, 2002.

Stuart, Mel. *Willy Wonka & the Chocolate Factory*. Paramount Pictures, 1971.

Waters, Alice. "Interview with Chef, Author and Slow Food Advocate Alice Waters." Julie Ann Wrigley Global Institute of Sustainability, March 20, 2019. https://sustainability.asu.edu/news/archive/interview-with-chefauthor-and-slow-food-advocate-alice-waters.

Watts, Alan. *Does It Matter?: Essays on Man's Relation to Materiality*. Novato, CA: New World Library, 2010.

———. *Psychotherapy East and West*. Novato, CA: New World Library, 1989.

———. *Wisdom of Insecurity: A Message for an Age of Anxiety*. London: Rider, 1987.

9장. 여행

Chambers, Veronica. "Lupita Nyong'o Talks Us Movie, Black Panther, and Working with Jordan Peele." *Marie Claire*, February 5, 2019. https://www.marieclaire.com/celebrity/a26102917/lupita-nyongo-us-interview-2019/.

Drew, Kimberly. "For the Love of Lupita Nyong'o." *Vanity Fair*, September 3, 2019. https://www.vanityfair.com/hollywood/2019/09/lupita-nyongocover-story.

Gayduk, Jane. "Beyond Stunts with Stefan Sagmeister." *Sixtysix Magazine*, July 10, 2019. https://sixtysixmag.com/stefan-sagmeister/.

Iyer, Pico. "Why We Travel." *Salon*, March 18, 2000. https://www.salon.com/2000/03/18/why/.

Kazantzakis, Nikos. *Zorba the Greek*. Translated by Peter Bien. New York: Simon & Schuster, 2014.

Kuralt, Charles. *A Life on the Road*. New York: Ballantine Publishing Group, 1990.

Melville, Herman. *Moby Dick*. Ware, Hertfordshire: Wordsworth Editions Ltd, 1993.

Potts, Rolf. *Vagabonding: An Uncommon Guide to the Art of Long-Term World Travel*. New York: Villard Books, 2002.

Sagmeister, Stefan. "Answers." Sagmeister Inc. Accessed April 13, 2020. http://sagmeister.com/answers/. "The Power of Time Off." TED video, July 2009. https://www.ted.com/talks/stefan_sagmeister_the_power_of_time_off.

Tzu, Lao. *Tao Te Ching: A New English Version*. Translated by Stephen Mitchell. New York: Harper Perennial Modern Classics, 2006.

Bloomberg. "Brunello Cucinelli Insists on Balance at His Business." *The Business of Fashion*, November 5, 2015. https://www.businessoffashion.com/articles/news-analysis/italian-fashion-brunello-cucinelli.

Bosker, Bianca. "The Binge Breaker." *The Atlantic*, November 2016. https://www.theatlantic.com/magazine/archive/2016/11/the-bingebreaker/501122/.

Carr, Nicholas. *The Shallows: What the Internet Is Doing to Our Brains*. New York: W. W. Norton & Company, 2011.

"Center for Humane Technology: Realigning Technology with Humanity." Center for Humane Technology. Accessed April 13, 2020. https://humanetech.com/.

Charnov, Eric L. "Optimal Foraging, the Marginal Value Theorem." *Theoretical Population Biology* 9, no. 2 (April 1, 1976): 129–36. https://doi.org/10.1016/0040-5809(76)90040-X.

Cucinelli, Brunello. "A Fair Working Life." Brunello Cucinelli, June 12, 2012. https://www.brunellocucinelli.com/en/il-giusto-lavoro.html.

———. "Code of Ethics of Brunello Cucinelli," June 20, 2011. investor. brunellocucinelli.com/yep-content/media/Code_of_Ethics.pdf.

Fromm, Erich. *The Anatomy of Human Destructiveness*. New York: Holt Paperbacks, 1992.

Fuchs, Eberhard, and Gabriele Flügge. "Adult Neuroplasticity: More Than 40 Years of Research." Neural Plasticity 2014 (2014). https://doi.org/10.1155/2014/541870.

Gazzaley, Adam, and Larry D. Rosen. *The Distracted Mind: Ancient Brains in a High-Tech World*. Cambridge, MA: MIT Press, 2017.

Harris, Tristan. "Essays." Tristan Harris, May 19, 2016. https://www.tristanharris.com/essays.

———. "How Technology Is Hijacking Your Mind — from a Magician and Google Design Ethicist." *Medium*, October 16, 2019. https://medium.com/thrive-global/how-technology-hijacks-peoples-minds-from-amagician-and-google-s-design-ethicist-56d62ef5edf3.

———. "Is Technology Amplifying Human Potential, or Amusing Ourselves to Death?" Daily Good, June 17, 2015. http://www.dailygood.org/story/1063/is-technology-amplifying-human-potential-or-amusingourselves-to-death-/.

Kim, Tammy D., Gahae Hong, Jungyoon Kim, and Sujung Yoon. "Cognitive Enhancement in Neurological and Psychiatric Disorders Using Transcranial Magnetic

Stimulation (TMS): A Review of Modalities, Potential Mechanisms and Future Implications." *Experimental Neurobiology* 28, no. 1 (February 2019): 1–16. https://doi.org/10.5607/en.2019.28.1.1.

Lendved, Nolan. "Lynda Barry at NASA: Drawing to Infinity and Beyond." *Wisconsin Institute for Discovery*, June 9, 2016. https://wid.wisc.edu/lynda-barry-at-nasa/.

Leroy, Sophie. "Why Is It So Hard to Do My Work? The Challenge of Attention Residue When Switching between Work Tasks." *Organizational Behavior and Human Decision Processes* 109, no. 2 (July 1, 2009): 168–81. https://doi.org/10.1016/j.obhdp.2009.04.002.

Li, Yunyun, Fang Liu, Qin Zhang, Xinghua Liu, and Ping Wei. "The Effect of Mindfulness Training on Proactive and Reactive Cognitive Control." *Frontiers in Psychology* 9 (June 20, 2018). https://doi.org/10.3389/fpsyg.2018.01002.

Malik, Om. "Brunello Cucinelli." On my Om, April 27, 2015. https://om.co/2015/04/27/brunello-cucinelli-2/.

Mandolesi, Laura, Francesca Gelfo, Laura Serra, Simone Montuori, Arianna Polverino, Giuseppe Curcio, and Giuseppe Sorrentino. "Environmental Factors Promoting Neural Plasticity: Insights from Animal and Human Studies." *Neural Plasticity* 2017 (2017). https://doi.org/10.1155/2017/7219461.

Mandolesi, Laura, Arianna Polverino, Simone Montuori, Francesca Foti, Giampaolo Ferraioli, Pierpaolo Sorrentino, and Giuseppe Sorrentino. "Effects of Physical Exercise on Cognitive Functioning and Wellbeing: Biological and Psychological Benefits." *Frontiers in Psychology* 9 (April 27, 2018). https://doi.org/10.3389/fpsyg.2018.00509.

Newport, Cal. *Deep Work: Rules for Focused Success in a Distracted World*. New York: Grand Central Publishing, 2016.

———. *Digital Minimalism: Choosing a Focused Life in a Noisy World*. New York: Portfolio, 2019.

Postman, Neil. *Technopoly: The Surrender of Culture to Technology*. New York: Vintage, 1993.

Rosen, L. D., A. F. Lim, J. Felt, L. M. Carrier, N. A. Cheever, J. M. Lara-Ruiz, J. S. Mendoza, and J. Rokkum. "Media and Technology Use Predicts Ill-Being among Children, Preteens and Teenagers Independent of the Negative Health Impacts of Exercise and Eating Habits." *Computers in Human Behavior* 35 (June 2014): 364–75.

https://doi.org/10.1016/j.chb.2014.01.036.

Shlain, Tiffany. "Do Yourself a Favor: Unplug This Shabbat." The Forward, March 2, 2017. https://forward.com/scribe/364784/do-yourself-a-favorunplug-this-shabbat/.

Shlain, Tiffany, and John Fitch. "Tech Shabbats with Tiffany Shlain." *Time Off*, June 10, 2018. https://anchor.fm/timeoff/episodes/Tech-Shabbats-With-Tiffany-Shlain-e1kcjd.

Skinner, B. F. *Science and Human Behavior*. Oxford, England: Macmillan, 1953.

Stenfors, Cecilia U. D., Stephen C. Van Hedger, Kathryn E. Schertz, Francisco A. C. Meyer, Karen E. L. Smith, Greg J. Norman, Stefan C. Bourrier, et al. "Positive Effects of Nature on Cognitive Performance across Multiple Experiments: Test Order but Not Affect Modulates the Cognitive Effects." *Frontiers in Psychology* 10 (2019). https://doi.org/10.3389/fpsyg.2019.01413.

Thoreau, Henry David. *Walden*. Princeton, NJ: Princeton University Press, 2004.

Zanto, Theodore P., and Adam Gazzaley. "Neural Suppression of Irrelevant Information Underlies Optimal Working Memory Performance." *The Journal of Neuroscience* 29, no. 10 (March 11, 2009): 3059–66. https://doi.org/10.1523/JNEUROSCI.4621-08.2009.

11장. 일의 미래

Aarstol, Stephan. *The Five-Hour Workday: Live Differently, Unlock Productivity, and Find Happiness*. Lioncrest Publishing, 2016.

———. "How to Make a 5-Hour Workday Work for You." *Entrepreneur*, July 27, 2016. https://www.entrepreneur.com/article/279772.

———. "My Company Implemented a 5-Hour Workday — and the Results Have Been Astounding." Thrive Global, October 3, 2018. https://thriveglobal.com/stories/my-company-implemented-a-5-hour-workdayand-the-results-have-been-astounding/.

Adeney, Pete. "About." Mr. Money Mustache, April 27, 2014. https://www.mrmoneymustache.com/about/.

———. "The 4% Rule: The Easy Answer to 'How Much Do I Need for Retirement?'" Mr. Money Mustache, May 29, 2012. https://www.mrmoneymustache.com/2012/05/29/how-much-do-i-need-forretirement/.

———. "Great News – Early Retirement Doesn't Mean You'll Stop Working." Mr. Money Mustache, April 16, 2015. https://www.mrmoneymustache.com/2015/04/15/

great-news-early-retirement-doesnt-mean-youll-stopworking/.

——. "Seek Not to Be Entertained." Mr. Money Mustache, September 20, 2017. https://www.mrmoneymustache.com/2017/09/20/seek-not-to-beentertained/.

Borges, Jorge Luis. *The Library of Babel*. Translated by Andrew Hurley. Boston: David R. Godine Publisher Inc, 2000.

Branson, Richard. "Flexible Working Is Smart Working." Text. Virgin, February 3, 2015. https://www.virgin.com/richard-branson/flexibleworking-smart-working.

——. "Give People the Freedom of Where to Work." Text. Virgin, February 25, 2013. https://www.virgin.com/richard-branson/give-people-thefreedom-of-where-to-work.

——. "My (Usual) Daily Routine." Text. Virgin, April 7, 2017. https://www.virgin.com/richard-branson/my-usual-daily-routine.

——. "Proof That Flexible Working Works." Text. Virgin, April 26, 2019. https://www.virgin.com/richard-branson/proof-flexible-working-works.

——. "The Way We All Work Is Going to Change." Text. Virgin, December 12, 2018. https://www.virgin.com/richard-branson/way-we-all-workgoing-change.

Fried, Jason, and David Heinemeier Hansson. *It Doesn't Have to Be Crazy at Work*. New York: Harper Business, 2018.

Fujimoto, Taro. "Work-Life Balance More Important Than Ever." *Japan Today*, March 9, 2009. https://japantoday.com/category/features/executive-impact/work-life-balance-more-important-than-ever.

Gloria, Kristine. "Artificial Intimacy: A Report on the 4th Annual Aspen Roundtable on Artificial Intelligence." The Aspen Institute, 2020. https://csreports.aspeninstitute.org/documents/AI2020.pdf.

Helgoe, Louise. *Introvert Power: Why Your Inner Life Is Your Hidden Strength*. Naperville, IL: Sourcebooks, 2013. "Impact." Deepmind. Accessed April 22, 2020. https://deepmind.com/impact. "Japan Debuts Legal Cap on Long Work Hours under Labor Reform Law, but for Now Only Big Firms Affected." *Japan Times*, April 1, 2019. https://www.japantimes.co.jp/news/2019/04/01/business/japan-debutslegal-cap-long-work-hours-labor-reform-law-now-big-firms-affected/#.XdtM8S-Q3zI.

Kay, Alan C. "Predicting the Future." *Stanford Engineering* 1, no. 1 (Autumn 1989): 1–6.

Komuro, Yoshie. "Life Balance." TEDx Talks, June 29, 2012. https://www.youtube.com/watch?v=2Y4E2uCuJaE.

Kreider, Tim. *We Learn Nothing: Essays*. New York: Simon & Schuster, 2013.

Lee, Kai-Fu. *AI Superpowers: China, Silicon Valley, and the New World Order*. Boston: Houghton Mifflin Harcourt, 2018.

———. "Automation Will Force Us to Realize That We Are Not Defined by What We Do." *Quartz*, October 10, 2018. https://qz.com/1383648/automation-will-remind-us-that-we-are-not-defined-by-what-we-do/.

———. "We Are Here to Create." Edge. Accessed April 22, 2020. https://www.edge.org/conversation/kai_fu_lee-we-are-here-to-create.

Markoff, John. "Business Technology; Talking to Machines: Progress Is Speeded - The New York Times." *New York Times*, July 6, 1988. https://www.nytimes.com/1988/07/06/business/business-technology-talking-tomachines-progress-is-speeded.html.

Metz, Cade. "In Two Moves, AlphaGo and Lee Sedol Redefined the Future." *Wired*, March 16, 2016. https://www.wired.com/2016/03/two-movesalphago-lee-sedol-redefined-future/.

Odell, Jenny. *How to Do Nothing: Resisting the Attention Economy*. Brooklyn, NY: Melville House, 2019.

Purtill, Corinne. "A Former Symbol of Silicon Valley's 'Crush It' Culture Now Regrets Working So Much." Quartz at Work, December 9, 2018. https://qz.com/work/1488217/a-former-symbol-of-silicon-valleys-crushit-culture-now-regrets-working-so-much/.

Russell, Bertrand. "In Praise of Idleness." *Harper's Magazine*, October 1932. https://harpers.org/archive/1932/10/in-praise-of-idleness/.

Schawbel, Dan. "Shark Tank Roundtable – Their Best and Worst Deals." *Forbes*, June 4, 2012. https://www.forbes.com/sites/danschawbel/2012/06/04/shark-tank-roundtable-their-best-and-worst-deals/#6938437f9ca7.

Schwab, Klaus. "Globalization 4.0 - What Does It Mean?" World Economic Forum, November 5, 2018. https://www.weforum.org/agenda/2018/11/globalization-4-what-does-it-mean-how-it-will-benefit-everyone/.

Silver, David. "AlphaZero and Self Play (David Silver, DeepMind)." *AI Podcast*, April 4, 2020. https://www.youtube.com/watch?v=e77NkSjny H4&feature=youtu.be."Standup Paddle Boarding Careers at Tower." Tower Paddle Boards. Accessed April 22, 2020. https://www.towerpaddleboards.com/v/towercareers.htm.

Tromp, John. "Counting Legal Positions in Go." John Tromp. Accessed April 22,

2020. https://tromp.github.io/go/legal.html.

Zuckerman, Andrew. "Kai-Fu Lee on the Power of A.I. to Transform Humanity." Time Sensitive. Accessed April 22, 2020. https://www.timesensitive.fm/episode/kai-fu-lee-power-artificial-intelligencetransform-humanity/.

옮긴이 | 손현선

연세대학교 영어영문학과와 한국외국어대학교 통번역대학원을 졸업하고 주한 미국대사관 수석 통역사로 일했다. 옮긴 책으로는『하버드 회복탄력성 수업』,『난 더 이상 상처에 속지 않는다』,『지혜롭게 산다는 것』,『어쩌다 싱글』,『보이지 않는 세계』,『땅의 것들』외 다수가 있다.

이토록 멋진 휴식

1판 1쇄 발행 2021년 7월 8일
1판 9쇄 발행 2024년 12월 13일

지은이 존 피치, 맥스 프렌젤
그린이 마리야 스즈키
옮긴이 손현선
발행인 박명곤 **CEO** 박지성 **CFO** 김영은
기획편집1팀 채대광, 김준원, 이승미, 김윤아, 백환희, 이상지
기획편집2팀 박일귀, 이은빈, 강민형, 이지은, 박고은
디자인팀 구경표, 유채민, 윤신혜, 임지선
마케팅팀 임우열, 김은지, 전상미, 이호, 최고은

펴낸곳 (주)현대지성
출판등록 제406-2014-000124호
전화 070-7791-2136 **팩스** 0303-3444-2136
주소 서울시 강서구 마곡중앙6로 40, 장흥빌딩 10층
홈페이지 www.hdjisung.com **이메일** support@hdjisung.com
제작처 영신사

ⓒ 현대지성 2021

"Curious and Creative people make Inspiring Contents"
현대지성은 여러분의 의견 하나하나를 소중히 받고 있습니다.
원고 투고, 오탈자 제보, 제휴 제안은 support@hdjisung.com으로 보내 주세요.

현대지성 홈페이지

이 책을 만든 사람들
기획·편집 채대광 **표지 디자인** 구경표 **본문 디자인** 임지선